가정용 게임기
컴플리트 가이드

차례 [가정용 게임기 컴플리트 가이드]

서장 ······ 003쪽

오디세이/텔레비전 테니스/PONG/텔레스포, 텔레스포 주니어
T.U.G/챔피언/챔피언 디럭스

제1장 ····· 007쪽

TV-FUN 시리즈/TV-JACK 시리즈/National 텔레비전 게임
히타치 비디오 게임/도시바 비디오 게임/칼라 텔레비전 게임 시리즈/채널F
시스템10/블랙 재규어6/블랙 재규어4/벨콘/비디오 카셋티 록
TV JACK 애드온 5000/슈퍼 비전 8000/텔스타 아케이드
STUNT CYCLE/비지콘/텔레비전 야구 게임/비디오 핀볼/레이싱 112
텔레비전 베이더/텔레비전 블록 시리즈/벽돌깨기
아타리VCS/컴퓨터 TV 게임

제2장 ···· 023쪽

카세트 비전 시리즈/인 텔레비전/퓨타 시리즈/오디세이2
맥스 머신/크리에이트 비전/다이나 비전/아르카디아
게임 퍼스컴 M5 시리즈/아타리2800/콜레코 비전/광속선/Vectrex

제3장 ···· 037쪽

패밀리 컴퓨터 시리즈/패밀리 컴퓨터 디스크 시스템/트윈 패미컴
SG-1000 시리즈/SC-3000 시리즈/오델로 멀티비전/세가 마크III
슈퍼 카세트 비전 시리즈/RX-78 GUNDAM/TV 보이/PV-1000
PV-2000 라쿠가키/마이비전

제4장 ··· 061쪽

PC엔진 시리즈/메가 드라이브 시리즈/슈퍼 패미컴 시리즈
네오지오 시리즈/레이저 액티브

제5장 ···· 081쪽

3DO 시리즈/PC-FX/FM TOWNS 마티/아타리 재규어/세가 새턴 시리즈
플레이스테이션 시리즈/NINTENDO64/64DD/버철보이/피핀 ATMARK/루피
드림캐스트 시리즈/플레이스테이션2 시리즈/Xbox/닌텐도 게임큐브 시리즈

제6장 ··· 115쪽

Xbox360/플레이스테이션3/Wii/WiiU/플레이스테이션4/Xbox One

매니악 대특집 ········ 129쪽

칼럼

013쪽, 027쪽, 036쪽, 049쪽, 071쪽, 077쪽,
095쪽, 101쪽, 103쪽, 119쪽, 128쪽

가정용 게임기 리스트 ················ 149쪽

※이 책에 게재된 제조사, 발매일, 가격은 모두 독자조사에 의한 것입니다.

본 서적의 표기 기준 등에 대해

롤플레잉게임…RPG, 액션게임…ACT, 슈팅게임…STG, 시뮬레이션게임…SLG, 퍼즐게임…PZL, 어드벤처게임…AVG, 기타…ETC

GAME CONSOLE COMPLETE GUIDE

서장

가정용 게임기의 탄생! 모든 것은 여기서 시작한다!

신화편

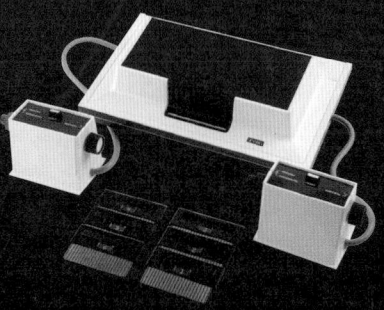

세계 최초의 가정용 게임기 『오디세이』.
영화 『2001: A Space Odyssey』에서 명명되었다는 점에서도
원조에 적합한 장대한 이름이 아닐 수 없다.

오디세이

제조사 / 마그나복스
발매일 / 1972년   가격 / 100달러

이것이 세계 최초의 가정용 게임기

미국의 대형 가전회사였던 마그나복스가 세계 최초로 상품화한 가정용 게임기. 할 수 있는 것이라곤 화면에 표시된 몇 개의 빛을 단순하게 움직이는 것뿐이었지만 당시로서는 획기적이었다. 전원이 되는 게임카드 6장을 넣어 빛을 바꾸고, 카드와 룰 북에 따라 화면에 붙인 오버레이 위에서 빛을 움직여 플레이하는 것이 오디세이의 기본 스타일이다. 본체에는 12종류의 게임이 동봉되었고, 6종류의 소프트와 광선총이 별도 발매되었다. 1974년 생산 종료까지 미국에서 약 20만대 판매. 일본에도 소량 수입되었지만 가정용 게임기를 세상에 정착시키지는 못했다.

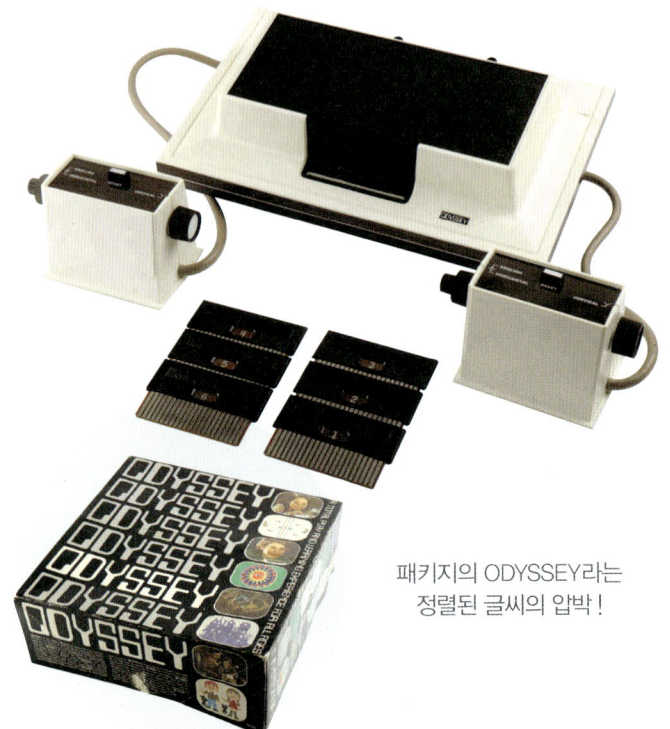

패키지의 ODYSSEY라는 정렬된 글씨의 압박!

오버레이와 보드게임

오버레이

일러스트가 그려진 반투명 필름을 화면에 붙여 플레이한다. 2가지 사이즈로 12종류, 총 24장이 들어 있다.

보드게임

파티 게임에서는 카드와 주사위를 가지고 화면과 연동해 플레이한다. 게임 판정은 플레이어가 한다.

별매로 광선총도 발매됐다 (당시 팜플렛에서 발췌)

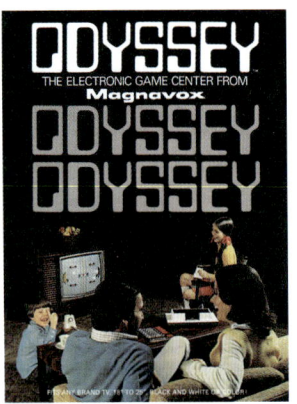

12종류의 게임을 플레이할 수 있으며 장르도 다양하다.

테이블 테니스

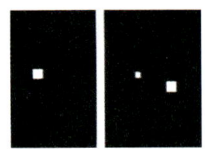

공의 궤도는 플레이어가 조작한다. 대전이라기보다는 마치 캐치볼처럼 플레이한다.

서브마린

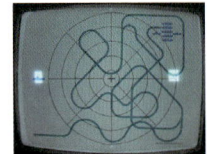

2인대전 슈팅. 한 명은 파란 선을 따라 빛을 움직이고, 다른 한 명은 어뢰로 상대를 맞춘다.

텔레비전 테니스

제조사 / 에폭
발매일 / 1975년 가격 / 19,500엔

일본 최초의 가정용 비디오 게임기 즐길 수 있는 게임은 1개뿐

굴지의 장난감 회사 에폭이 미국 마그나복스와 제휴해 발매한 일본 비디오 게임기 1호. 전자회사인 하코무선이 개발했다. 본체 안테나에서 UHF전파로 게임영상을 수신안테나에 보내는 무선 방식을 채용했다. 라켓으로 공을 치는 흑백 테니스 게임 1개뿐으로 1~2인 플레이가 가능하다. 가로 60cm라는 큰 사이즈에 본체의 패들 2개로 라켓을 상하좌우 움직여 플레이한다. 스코어 표시가 없어 본체에 수동 다이얼을 붙였다. 1만대 판매.

VIDEO GAME

제조사 / 에폭
발매일 / 1976년 가격 / 불명

실버 버전

PONG

제조사 / 아타리, 세이부 백화점 시어스 판매부, 나카무라 제작소(남코)
발매일 / 1976년 가격 / 24,800엔

미국에서 상륙한 볼 게임의 원조

아타리의 대히트 아케이드 게임 「PONG」의 가정용 버전으로 「홈 퐁」이라 불렸다. 미국에서는 대형백화점 시어스가 15만대를 판매했고, 그 후 아타리가 양산을 시작한다. 일본에서는 나카무라 제작소(남코)와 세이부 백화점이 수입 판매했다. 일본에서는 거의 보급되지 않았지만, 같은 볼 게임이 여러 회사에서 발매되어 붐을 일으켰다. PONG은 「ODYSSEY」를 참고해 개발했는데 본체에 칼라가 적용되고 스코어가 표시되는 진화를 이루었다.

퐁 최초의 가정용 게임기. 일본에서는 남코 등이 수입

PONG

제조사 / 시어스, 아타리
발매일 / 1975년 가격 / 불명

아타리 버전은 색상 배치 등이 다르다

텔레스포

| 제조사 / GA-다이신 |
| 발매일 / 1976년   가격 / 24,800엔 |

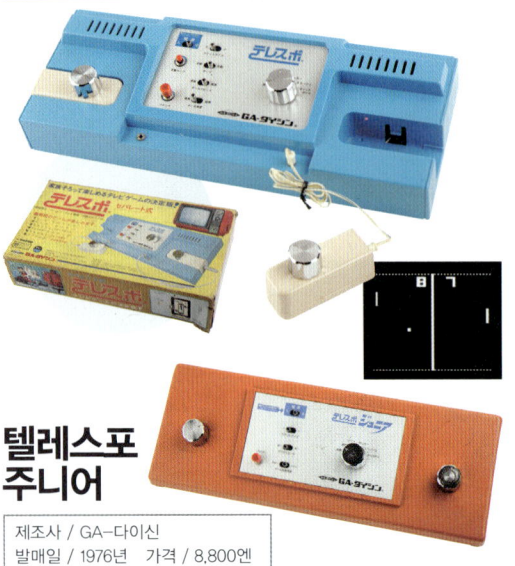

T.U.G

| 제조사 / 타카토쿠 |
| 발매일 / 1977년 |
| 가격 / 22,800엔 |

새빨간 하우징이 인상적이다. 내장 게임은 6종류

텔레스포 주니어

| 제조사 / GA-다이신 |
| 발매일 / 1976년   가격 / 8,800엔 |

RC 등을 제작하던 다이신흥업이 일본에서 가장 먼저 발매한 흑백 볼 게임. 당시 가장 많이 보급되어 있던 GI의 LSI를 적용해 일본 최초의 분리형 컨트롤러를 채용했다. 3종류의 본체 색상과 별매의 광선총 등 염가판도 있다.

캐릭터 상품으로는 반다이보다 앞서나가던 타카토쿠가 발매한 게임기. 흑백으로 4종류의 볼 게임과 2종류의 사격 게임을 내장하고 있다. 별매로 골드 광선총과 양손으로 조작하는 대형 라이플 세트가 있었다.

챔피언

| 제조사 / 팟켈 측기 |
| 발매일 / 1976년 |
| 가격 / 22,500엔 |

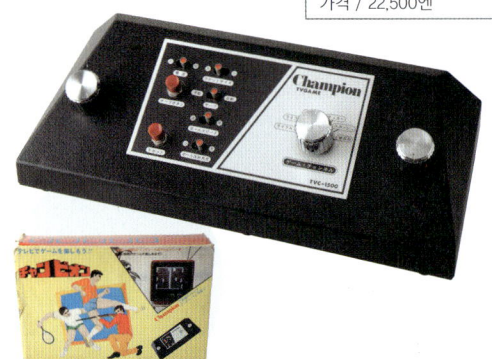

1970년대, 세계는 혼란스러웠다

다음 장에서 1970년대에 발매된 게임기를 소개할 예정인데, 그 전에 잠깐 쉬어 가는 차원에서 1970년대가 어떤 시대였는지 살펴보고 넘어가자.

1972년에서 1974년 사이에 미국에서는 「워터 게이트 사건」이 일어나 미국 사상 최초로 현직 대통령이 사임하는 사태가 발생했다.

일본에서는 1972년 연합적군에 의한 '아사마 산장사건'이 일어나 30명의 사상자가 발생했다. 1970년대의 세계 정세는 이렇게 혼란스러웠다.

이런 시대에 태어난 가정용 게임기는 혼돈의 시대답게 생기고 사라져갔다. 70년대생 게임기들의 생애는 매우 허망하다.

챔피언 디럭스

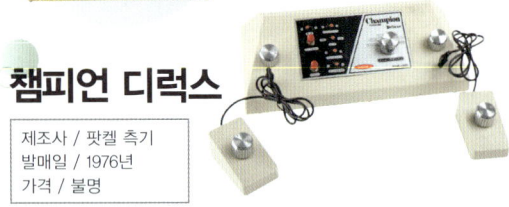

| 제조사 / 팟켈 측기 |
| 발매일 / 1976년 |
| 가격 / 불명 |

산업용 전기 컨버터 등을 생산하던 팟켈 측기의 게임기. GI의 LSI AY-3-8500을 채용하여 컬러화를 실현했다. 디럭스 타입은 4인 플레이를 지원한다. 이 회사는 TVmate 시리즈 등 다양한 게임기를 제작했다.

GAME
CONSOLE
COMPLETE
GUIDE

제 1 장

아타리의 번영과 몰락,
그래도 시간은 흐른다

창세편

발매 상황에서 잠시 부진은 있었으나 『스페이스 인베이더』와 『팩맨』이라는 인기 작품이 발매되어 폭발적으로 보급된 『아타리VCS』. 하지만 행복한 시간은 길게 이어지지 않았다.

TV-FUN model 601

제조사 / 토미
발매일 / 1977년   가격 / 9,980엔

토미가 시리즈로 전개했던 가정용 게임기

반다이의 「TV-JACK」시리즈와 같은 시기에 전개되었던 토미의 가정용 게임기. 하드웨어에는 전부 OKI에서 개발한 LSI가 쓰였다. 이 시리즈로는 다양한 수요에 맞춘 model 401부터 902까지, 전체 8종류가 발매되었다. model 301은 카탈로그와 전문지에 소개되었지만 발매 중지된다. model 601은 시리즈 중 가장 많이 보급된 기종으로, 먼저 나온 model 501과 마찬가지로 칼라 타입의 볼 게임 3종류를 내장했다. 작은 본체에 AC어댑터도 동봉해 1만엔 이하의 가격으로 발매됐다. 컬러는 갈색과 흰색 2종류. 과자 회사인 이무라야의 캠페인 경품으로도 쓰였다.

MODEL 601은 3가지 게임을 내장

축구
테니스 게임을 바탕으로 골의 범위를 좁히고, 장애물을 선수로 교체

테니스
전형적인 퐁테니스 게임. 1인용과 2인대전을 즐길 수 있다.

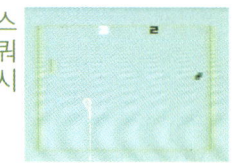
스쿼시
벽을 치는 테니스. 다른 게임처럼 3가지 라켓 사이즈 선택 가능.

21세기 텔레비전 게임을 주장하다
왼쪽이 model 301, 오른쪽이 model 401

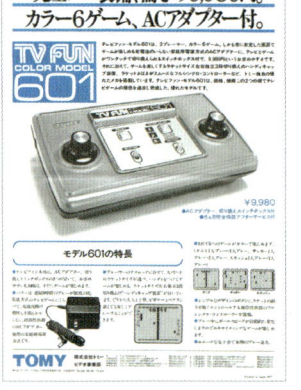

TV-FUN model 401

제조사 / 토미
발매일 / 1977년   가격 / 18,000엔

나뭇결 무늬의 본체가 눈길을 끄는 시리즈 최초 모델. GI의 LSI AY-3-8500을 채용하여 흑백으로 4종류의 볼 게임을 내장하고 있다. 해외에서도 판매.

당시 거실 분위기에 어울리는
나뭇결 무늬의 디자인

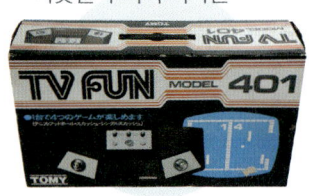

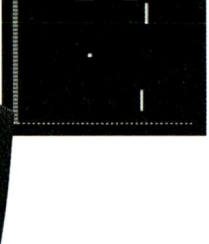

GAME CONSOLE COMPLETE GUIDE

TV-FUN model 501

제조사 / 토미
발매일 / 1977년
가격 / 13,000엔

시리즈 최초의 칼라 모델로 3종류의 볼 게임 내장. '전지 필요 없음'을 내세웠다

TV-FUN model 602

제조사 / 토미
발매일 / 1977년
가격 / 12,800엔

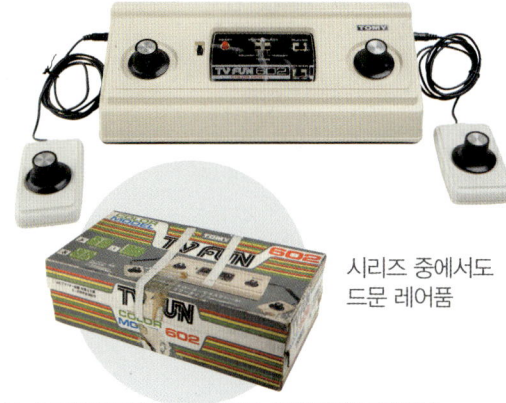

시리즈 중에서도 드문 레어품

Model 601의 자매기로, 더블로 4인 플레이를 지원한다. 개체 수가 얼마 안 되는 레어품.

TV-FUN model 701

제조사 / 토미
발매일 / 1977년
가격 / 16,000엔

8방향으로 움직이는 아날로그 레버 채용

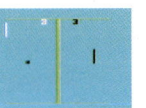

아날로그 레버를 채용. 일본 최초의 농구, 그리드 볼을 추가한 8종류의 게임을 내장했다.

TV-FUN model 801

제조사 / 토미
발매일 / 1977년
가격 / 18,000엔

6종류의 볼 게임에 사격 게임이 추가. 원통형의 외장 패들과 광선총이 동봉되었다.

TV-FUN model 901

제조사 / 토미
발매일 / 1978년
가격 / 18,000엔

핸들 모양의 컨트롤러가 눈길을 끄는 신 모델

칼라로 4종류의 볼 게임에 모토크로스의 스탠드 게임 내장. model 902에 비해 개체 수가 적다.

TV-FUN model 902

제조사 / 토미
발매일 / 1978년
가격 / 9,800엔

시리즈 마지막 모델로, 스탠드 사이클과 레이스 게임이 있다.

새빨간 색상이 매력적인 TV-FUN 시리즈 최종모델

TV-JACK 1000

| 제조사 / 반다이 |
| 발매일 / 1977년　가격 / 9,800엔 |

TV를 차지하라!
화제가 된 타모리의 TV 광고

토미의 「TV-FUN」과 같은 시기에 시리즈로 발매되었던 반다이 최초의 가정용 게임기. 일부 부품에 「TV-FUN」과 같은 칩이 쓰였고, 게임 내용이 중복된 모델도 있다. 하드웨어 개발은 과학기술연구소가 담당. 이 시리즈로 일체형 5종류와 팩 교환식 2종류가 발매되었다. TV-JACK 1000은 시리즈 제1탄으로, 4종류의 볼 게임을 내장했고 당시로서는 1만엔 이하의 저가 모델에 속한다. 초기형은 검은색 본체에 전원 어댑터가 별매였는데, 보급형은 본체가 흰색으로 바뀌고 전원 어댑터가 추가되었으나 가격은 동결. 타모리를 광고 모델로 기용해 대대적인 TV 광고를 집행해 유명세를 탔다.

↑ 이것이 TV-JACK 1000의 초기형

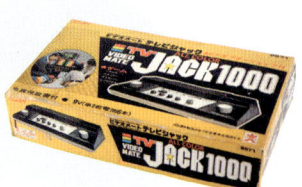
시리즈의 광고 모델은 타모리. 데뷔 초에는 안대를 썼다

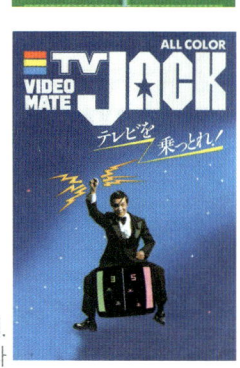
『테니스』
전형적인 볼 게임. 게임의 사운드는 TV가 아닌 본체 스피커에서 나온다.

TV-JACK 1200

| 제조사 / 반다이 |
| 발매일 / 1977년　가격 / 12,800엔 |

TV-JACK 1000의 4게임을 바탕으로 외장 패들 컨트롤러가 추가되어 4인 플레이를 지원한다. 발매 고지부터 디자인이 2번 크게 변경되어 기존 모양이 되었다.

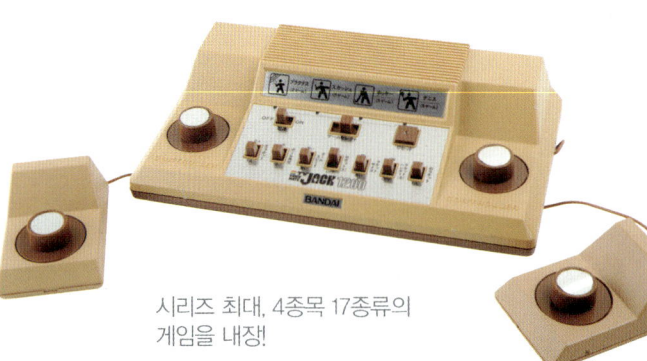

시리즈 최대, 4종목 17종류의 게임을 내장!

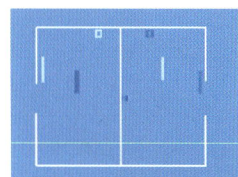
『하키』
테니스 게임의 패턴을 바꿔서 하키로 만들었다. 4인 동시 플레이를 지원.

TV-JACK 1500

| 제조사 / 반다이 |
| 발매일 / 1977년　가격 / 16,000엔 |

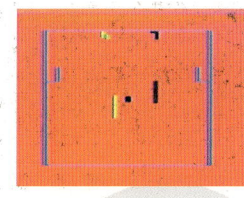

『바스켓』
볼 게임의 어레인지 버전. 라켓으로 바스켓 코트에 공을 넣는 방법으로 플레이한다.

아날로그 레버로 조작성 향상

컨트롤러에 아날로그 레버를 채용했다. 바스켓과 그리드 볼을 추가한 8종류의 게임을 플레이할 수 있다. 토미의 「TV-FUN 701」과 동일.

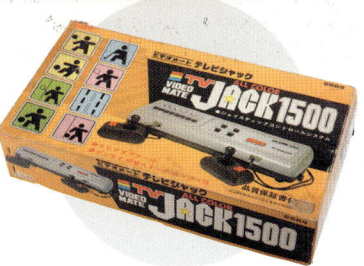

TV-JACK 2500

| 제조사 / 반다이 |
| 발매일 / 1977년　가격 / 29,000엔 |

미사일을 발사하여 상대 로켓에 명중시키는 슈팅게임. 5가지 패턴이 준비되어 있으며 2인 대전도 지원한다.

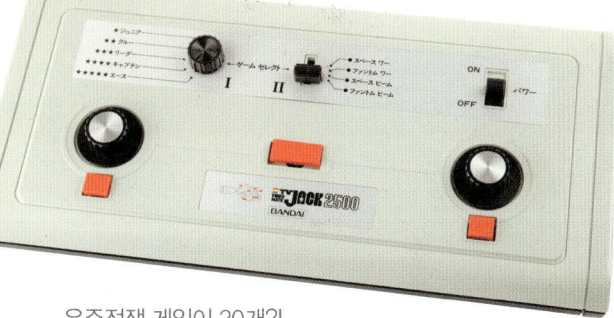

『미사일 게임』
미사일을 피하며 모습을 감추거나 보호막을 치는 등 난이도를 바꾸어가며 플레이할 수 있다.

우주전쟁 게임이 20개?!
울퉁불퉁하지 않은 매끈한 디자인

TV-JACK 3000

| 제조사 / 반다이 |
| 발매일 / 1977년　가격 / 38,000엔 |

8종류의 볼 게임에 레이스 게임을 추가한 하이엔드 모델. 테니스와 하키는 4인 동시 플레이를 지원한다.

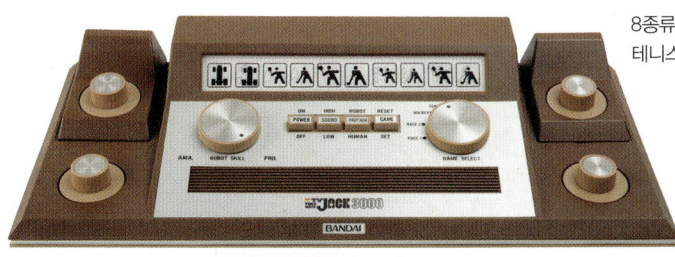

레이싱 게임 탑재!
TV-JACK 시리즈 최고급품

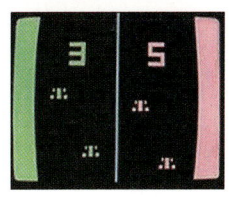

『카 레이스』
전방에서 달리는 차를 추돌하지 않도록 자신의 차를 운전하는 게임. 2인 플레이도 가능.

National 텔레비전 게임 [TY-TG40]

제조사 / 마츠시타 전기
발매일 / 1977년 가격 / 24,800엔

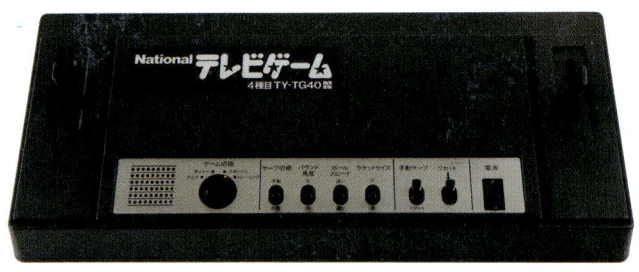

패키지가 어떤 게임을 플레이할 수 있는지 말해준다

미국의 가정용 게임기 인기를 눈여겨본 가전회사 중 가장 빨리 움직인 것이 마츠시타 전기. 당시 가장 유명했던 GI의 LSI를 채용해 흑백으로 4종류의 볼 게임을 내장했고, 컨트롤러는 패들이 아닌 레버 방식을 채용. 풀 칼라의 저렴한 게임기가 발매되자 시장에서 빠르게 철수했다.

히타치 비디오 게임

제조사 / 히타치 제작소
발매일 / 1977년 가격 / 24,800엔

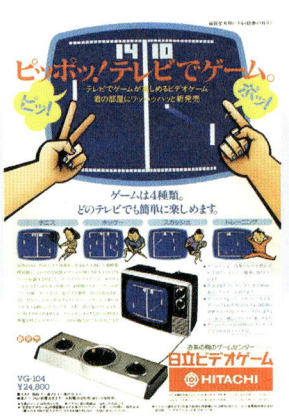

PONG 계열 게임을 4가지 내장
'기술의 히타치'다운 메커니컬 디자인

「National 텔레비전 게임」과 같이 흑백의 볼 게임(테니스, 하키, 스쿼시, 트레이닝) 4종류를 플레이할 수 있다. 본체 뒷면에 에폭의 로고가 있어 라이선스를 얻어 판매했을 가능성이 높다. 가전회사다운 메탈릭한 바디에 사이즈가 크다. 유통량이 적어 거의 나오지 않는 레어품.

도시바 비디오 게임 [TVG-610]

제조사 / 도시바
발매일 / 1977년 가격 / 9,800엔

본체 패키지

광선총 패키지

에폭의 「시스템 10」과 같은 가정용 게임기. 본체 뒷면에는 에폭의 로고가 있다. 볼 게임 10종류와 사격 게임을 내장해 최대 4명까지 플레이할 수 있다. 별매인 광선총도 에폭의 제품. 농염하고 스포티한 디자인과 고급스러운 마감이 특징이다.

힙한 일러스트가 그려진 패키지에서는 아이가 아빠를 탓하고 있다

아케이드 게임 잡학 01

게임 다방과 『브레이크 아웃』

가정용 게임보다 오랜 역사를 가진 것이 아케이드 게임이다. 미국에서는 1972년 아타리의 『퐁』이 크게 유행했다. 일본에서 아케이드 게임이라는 것이 사람들에게 알려지게 된 계기는 『벽돌깨기』로 불린 『브레이크 아웃』인데 이것도 아타리의 작품이다.

『브레이크 아웃』은 후일 애플 컴퓨터를 창업하는 스티브 잡스와 스티브 워즈니악이 참여했다는 것으로 유명하다. 실제로 게임을 개발한 것은 아니고 기판의 리비전 개정에 참여했다고 한다. 하지만 그때의 경험이 전설적인 PC 『Apple II』 개발에 큰 영향을 미쳤다고 한다.

일본에서는 벽돌깨기가 히트함으로써 '테이블 캐비닛'이 다방을 중심으로 급속도로 보급된다. 이렇게 게임센터를 겸한 다방을 속칭 게임 다방이라 불렀는데, 벽돌깨기에 빠져든 샐러리맨들에게 큰 인기를 끌었다.
참고로 테이블 캐비닛을 고안한 회사는 타이토이다. 1986년 『알카노이드』라는 벽돌깨기 게임을 발매했고, 이것이 2차 벽돌깨기 붐을 일으킬 정도의 대히트작이 되었다. 매우 간단한 게임이라 누구나 플레이할 수 있고 결국 빠져들게 되는데, 그것이 『브레이크 아웃』이다.

COLUMN.01

칼라 텔레비전 게임6

제조사 / 닌텐도
발매일 / 1977년   가격 / 9,800엔

닌텐도의 첫 가정용 게임기, 가격도 매력적이었다

「15」의 염가판으로 미쓰비시전기와 공동 개발한 일체형 기기. 테니스, 하키, 배구(각각 싱글과 더블)의 6종류를 플레이할 수 있다. 크림색인 초기형에서 패들 조작성이 개선되어 전원 어댑터에도 대응한다. 유사품이 2만엔 전후였던 당시에 칼라에 1만엔 이하의 가격을 실현하여 타사를 압도했다. 하지만 「15」에서 게임을 9개 줄이고, 컨트롤러도 본체에 연결되어 있기 때문에 5000엔 비싸더라도 「15」쪽이 인기였다. 이는 비싼 「15」를 팔기 위한 닌텐도의 판매 전략이었다고 한다.

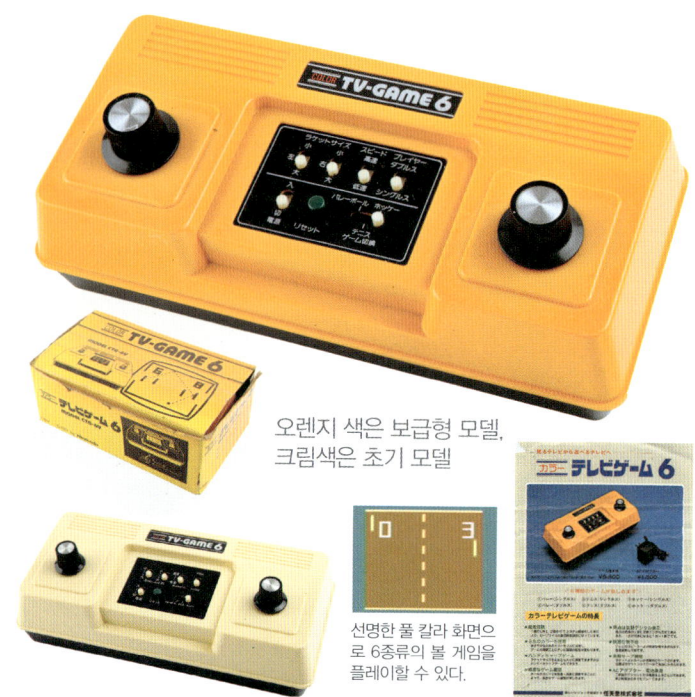

오렌지 색은 보급형 모델, 크림색은 초기 모델

선명한 풀 칼라 화면으로 6종류의 볼 게임을 플레이할 수 있다.

칼라 텔레비전 게임15

제조사 / 닌텐도
발매일 / 1977년   가격 / 15,000엔

닌텐도 혼이 담긴 혼신의 작품
일체형 게임기 중 최다 판매

「6」과 같이 발매되어 테니스와 탁구, 하키, 사격 게임 등 15종류의 게임을 플레이할 수 있다. 컨트롤러가 분리형이라 본체에서 떨어져서 플레이할 수 있고 초기형에서 조작성도 개선되어 고급감을 연출했다. 단순히 가격과 디자인만이 아닌 쉬운 조작성, 즐거움, 내구성 등 닌텐도가 장난감에서 키워온 노하우가 여기에도 적용되었다. 당시 일체형 게임기 중에서 가장 많이 팔린 기종으로, 「6」과 합치면 약 80만대 이상을 판매해 가정용 게임기 시장의 선두에 섰다.

게임 종류가 많고, 패들이 본체에서 분리되었다

채널F

| 제조사 / 페어차일드 반도체 |
| 발매일 / 1976년　가격 / 170달러 |

세계 최초의 팩 교환식 게임기
참신한 게임도 속속 등장

세계 최초의 CPU를 채용한 팩 교환식 게임기로 페어차일드 반도체가 미국에서 발매. CPU 덕분에 블랙잭과 미로게임 등 종래의 볼 게임과는 다른 새로운 타이틀을 낼 수 있었다. 대응 소프트는 총 26개. 수도꼭지 모양의 컨트롤러는 상하좌우 이동 외에 당기고 돌리는 조작도 지원한다. 일본에서는 1977년 AER과 마루베니 주택판매기기가 수입 판매했다. 마루베니는 초고가 정책으로 본체 128,000엔, 소프트 9,800엔을 책정해 얼마 팔리지 않았다.

일본판에만 2ch 로고가 있다

사양
- CPU/페어차일드　F8(1.79MHz)　■ RAM/64 BYTE　■ VRAM/2K BYTE　■ 해상도/128*64　■ 표시색상/8색

시스템10

| 제조사 / 에폭 |
| 발매일 / 1977년　가격 / 15,000엔 |

당시 최다 10게임 내장
소총 디자인은 실제 총이 모델

NEC의 LSI를 채용하여 볼 게임과 사격게임 10종류를 내장. 클래식한 컬러 조합으로 패들 4개를 얹어 4인 동시 플레이와 라켓의 상하 이동이 가능하다. 광선총은 독일의 대형 권총 「모젤」을 본땄으며 개머리판을 붙이면 소총이 됐다. 볼 게임의 경우, 라켓 상단에서 튕기면 속구를 날릴 수 있고 하단에서 튕기면 지그재그로 튕겨나간다. 여러 경품에 사용되었고, 대대적인 광고를 통해 약 20만대를 판매했다. 염가판 「M2」도 발매.

본체 단품과 광선총 세트가 발매되었다

M2도 발매. 이쪽은 광선총이 동봉되었다

블랙 재규어6

| 제조사 / 타카라 | 발매일 / 1977년 | 가격 / 14,800엔 |

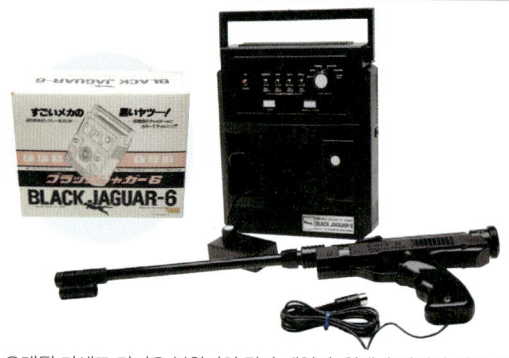

오래된 카세트 라디오 분위기의 칼라 게임기. 위에 손잡이가 달려 있으며 퐁 테니스 계열 게임 4종류와 부속된 광선총으로 플레이하는 게임 2종류를 내장하고 있다. 자매 기기로 광선총의 기능을 생략한 『블랙 재규어4』도 있었다.

블랙 재규어4

| 제조사 / 타카라 | 발매일 / 1977년 | 가격 / 8,900엔 |

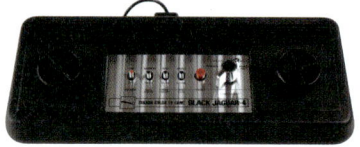

벨콘

| 제조사 / 츠쿠다 | 발매일 / 1977년 | 가격 / 29,800엔 |

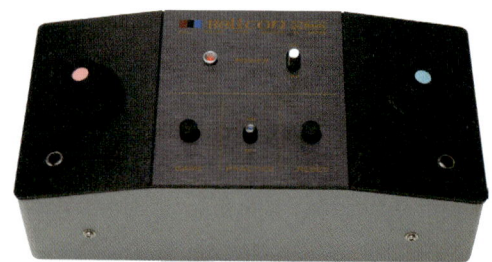

심플하며 중후한 디자인이 특징으로 이후 14,800엔으로 가격인하

그때까지 유사 칼라 표시였던 동종 게임과는 달리 세계 최초로 풀 칼라를 실현한 게임기로 3종류의 퐁 테니스 계열 게임을 내장. 츠쿠다의 로고마크인 종과 컴퓨터를 조합해 '벨콘'이란 이름을 붙인 걸까? 거의 눈에 띄지 않는 레어품.

비디오 카셋티 록

| 제조사 / 지엘(타카토쿠) | 발매일 / 1977년 | 가격 / 9,800엔 |

음악 소프트를 등장시킨 시대를 앞서간 기기

일본 최초의 팩 교환식 게임기. 처음엔 단품으로, 이후엔 소프트와 광선총 동봉 등 여러 형태로 판매되었다. 초기에는 패들 컨트롤러를 채용했지만 곧바로 레버 타입으로 교체. 기본 세트에는 소프트 1개가 동봉되어 있었다. 대응 소프트는 총 6개로 이펙터, 리듬박스라는 음악 소프트도 발매. 본체는 입출력 기능만 있어 저렴했지만, 소프트 중에는 「카 레이스」와 「탱크 게임」 등 1만엔을 넘는 것도 있었다. 팩 슬롯이 단단해 한 번 들어가면 잘 나오지 않았다.

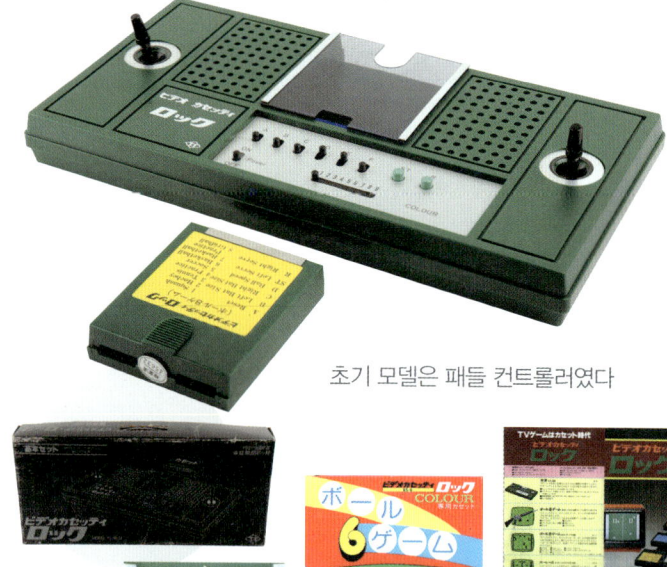

초기 모델은 패들 컨트롤러였다

TV-JACK 애드온 5000

| 제조사 / 반다이 |
| 발매일 / 1978년   가격 / 19,800엔 |

인기 타이틀을 기대했으나 발매되지 않고 끝나다

반다이 최초의 팩 교환식 게임기. 본체에는 전원과 조작부만 있고 팩에 LSI가 들어 있었다. 컨트롤러는 8방향 아날로그 스틱과 1버튼, 본체에는 텐키 등이 있었는데 쓰지 않는 버튼도 많았다. 처음부터 소프트 2개가 동봉되어 있었다. 초기형은 본체가 갈색이고 후기형은 청색이다. 후기형은 이젝트 스위치가 사라지고 동봉 소프트의 종류가 다르다. 「스페이스 인베이더」이식 발표로 은밀하게 주목을 받았는데 결국 발매에는 이르지 못했다.

초기형은 갈색이었다

슈퍼 비전 8000

| 제조사 / 반다이 |
| 발매일 / 1979년   가격 / 59,800엔 |

스페이스 인베이더가 집으로! 그래픽도 아름답다

TV-JACK 시리즈의 최종 모델로, 처음으로 CPU를 얹은 팩 교환식 게임기이다. 인베이더 게임을 이식하여 본체에 동봉했다. 컨트롤러에 붙어 있는 텐키 스위치 부분에는 게임에 따른 오버레이를 덧씌워 플레이할 수 있다. 1970년대의 일본제 가정용 게임기로는 최고 품질로, 섬세한 그래픽과 사운드 기능을 갖췄다. 「빔 갤럭시안」「서브마린」등 총 7종의 소프트가 발매되었는데 높은 가격이 발목을 잡아 시장에서 일찍 철수했다.

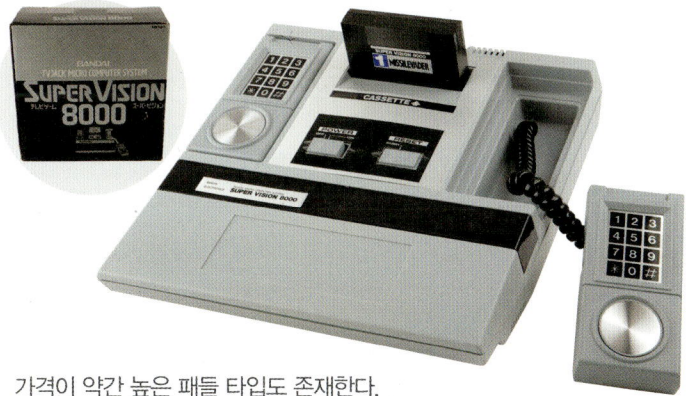

사양
- CPU/NEC D780C (Z80호환CPU) 3.58MHz
- RAM/1KB   ■ 그래픽/256*192   ■ 사운드/AY-3-8910(PSG음원)

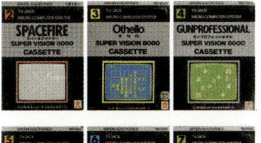

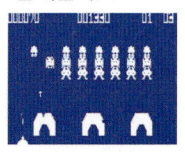

가격이 약간 높은 패들 타입도 존재한다.

동봉 소프트 「미사일 베이더」CPU를 채용하여 인베이더를 오리지널에 가까운 형태로 재현했다. 움직임이 매우 부드럽다.

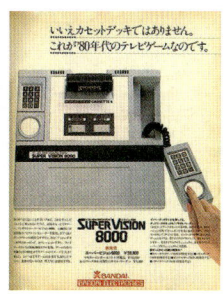

텔스타 아케이드

제조사 / 스나카와 산업, 콜레코
발매일 / 1978년   가격 / 29,800엔

가정용 게임기 사상 가장 유니크한 형태 중 하나

삼각형 부분이 게임 소프트

핸들과 시프트 레버, 패들 컨트롤러, 광선총 등 당시 게임기에 있던 요소를 전부 채용한 이색적인 게임기. 삼각형 팩을 본체 상단에 꽂아 플레이한다. 대응 소프트는 총 4개. 미국 제품이지만 일본에도 수입 판매되었다.

STUNT CYCLE

제조사 / 아타리
발매일 / 1978년   가격 / 불명

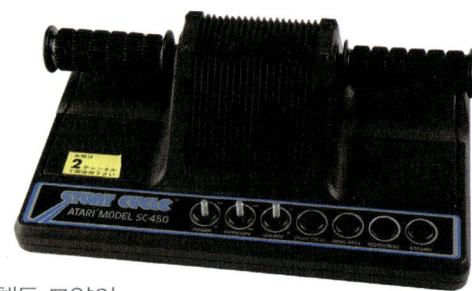

핸들 모양의 컨트롤러가 운치 있다

패키지에 스턴트 실사 장면을 사용해 구매 욕구를 자극했다

아타리가 1976년에 발매한 아케이드 게임의 가정용 버전. 바이크의 스턴트 점프에서 따온 것으로 핸들 컨트롤러를 비틀어서 엑셀을 입력하면 최하단의 버스를 단번에 뛰어넘는다. 소량이지만 일본에도 수입되었다.

지금보다 개성이 강했던 1970년대 게임기

게임업계의 진화 속도는 대단히 빨라서 1년 전의 게임기가 과거가 되어버린다는 말이 전혀 이상하지 않다.

그러나 이 책을 읽어보면 알겠지만 70년대는 비교적 느긋하게 진화해 왔다고 생각한다. 각자 개성을 가지고 있는 것 같기도 하고 그렇지 않은 것 같기도 하다고나 할까? 이를테면 게임 내용은 비슷한데 게임기의 모양과 패키지가 확 바뀌는 식이다.

특별히 70년대의 게임기에 대해서는 그 정도로 즐길 수 있으면 다행이었다. 지금에야 '진정한 차세대 전쟁이다, 패권전쟁이다'라는 치열한 단어가 일상적으로 나오지만, 급속도로 진화를 거듭해온 가정용 게임기 업계에도 이런 느긋한 시대가 있었다.

참고로 일본의 가정용 게임기 혁명은 1980년대에 들어서면서부터이다. 그 중심은 닌텐도의 『패밀리 컴퓨터』라는 점을 모두가 인정할 것이다. 세계사에 빗대자면 산업혁명급의 임팩트, FC의 등장으로 역사의 시계 바늘은 순식간에 돌아가며 보다 가속하고 있다.

비지콘

| 제조사 / 도시바 |
| 발매일 / 1978년　가격 / 54,800엔 |

게임도 가능한 교육기기 하지만 보급되지 않았다

일본 기기로서 처음으로 CPU를 채용한 팩 교환식 게임기. 본체는 미국 RCA의 가정용 게임기 「STUDIO II」를 바탕으로 했으며, 그림그리기와 계산 게임 등 5종류의 소프트가 내장되어 있어 팩이 없어도 플레이할 수 있었다. 컨트롤러로는 텐키 패드와 함께 조이스틱을 연결할 수 있다. 대응 소프트는 총 6개로 그중에는 일본 오리지널 「스모」도 있었다. 본체에 금속 부품을 많이 사용해 가전회사다운 고급스러운 질감을 표현했다. 게임도 가능한 교육기기로서 발매되었으나 비싼 가격이 발목을 잡아 지명도와 판매량은 저조했다.

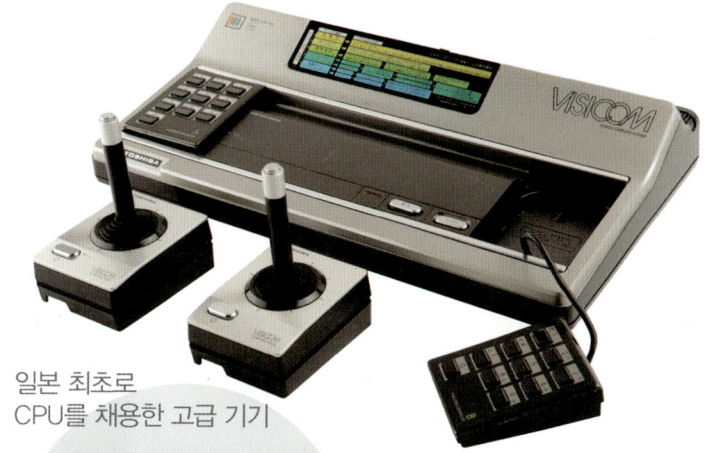

일본 최초로 CPU를 채용한 고급 기기

사양

- CPU/RCA1802(1.78MHz)
- ROM/2K바이트
  (본체 내장 소프트 5종 포함)
- RAM/768바이트
- 해상도/64*32　발색수/4색 칼라
- 사운드/단음, 고정주파수
- 사이즈/450*251*92mm(가로*세로*높이)
- 무게/2.2kg

『스포츠팬』

야구와 스모를 플레이할 수 있다. 야구는 가로 화면으로 표시되고 스모는 누르기, 던지기, 밀기로 승부한다.

『산수 드릴』

사칙연산, 숫자 맞추기, 숫자 배열 바꾸기의 3가지 게임을 수록했다. 두뇌전인 2인 플레이가 재밌다.

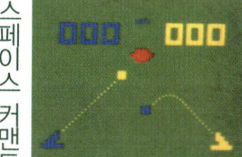

『스페이스 커맨드』

연속으로 나오는 UFO를 맞추는 1인용, 기지에서 등장하는 UFO를 서로 쏘는 2인용을 플레이할 수 있다.

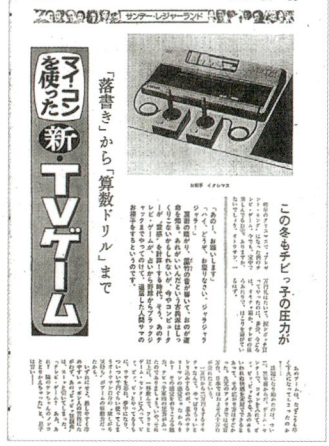

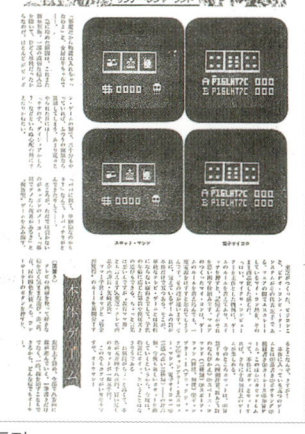

선데이 마이니치 1978년 11월 5일호 '비지콘' 특집

텔레비전 야구 게임

| 제조사 / 에폭 |
| 발매일 / 1978년　가격 / 18,500엔 |

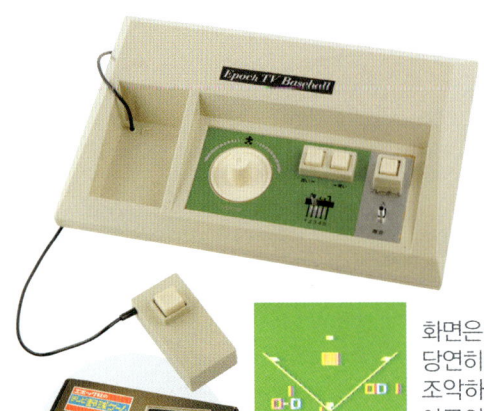

화면은 당연히 조악하지만 야구의 재미는 확실히 재현했다

「야구판」의 에폭이 일본에서 처음으로 발매한 야구 전용 게임기. NEC의 CPU를 채용하여 기존 LSI에서는 어려웠던 다채로운 플레이를 즐길 수 있다. 2인 플레이 전용으로, 수비측이 본체 컨트롤러, 공격측이 패드를 사용한다.

비디오 핀볼

| 제조사 / 토요산업, 아타리 |
| 발매일 / 1978년　가격 / 38,700엔 |

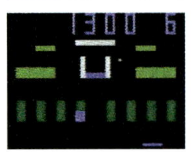

핀볼에 특화하여 총 7종류의 게임을 플레이할 수 있다

스티브 잡스가 설계에 참여했다는 아타리 「브레이크 아웃」의 가정용 버전. 벽돌깨기와 핀볼 등 7가지 게임을 내장했다. 포물선을 그리면서 떨어지는 볼의 움직임이 당시로서는 대단했다. 사운드는 본체에서 나온다.

레이싱 112

| 제조사 / 닌텐도 |
| 발매일 / 1978년　가격 / 18,000엔 |

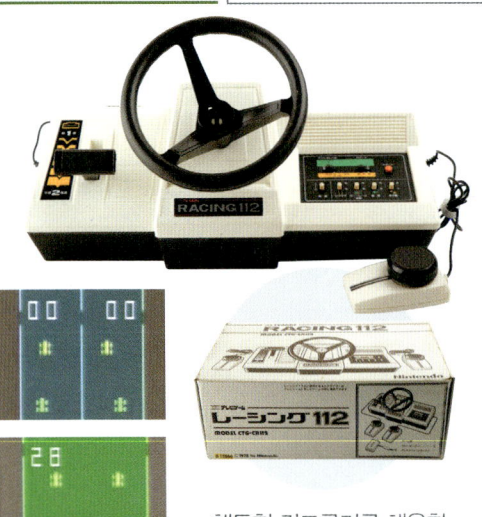

핸들형 컨트롤러를 채용한 닌텐도의 레이싱 게임

설정을 조합해 112가지를 플레이할 수 있는 레이싱 게임. 적의 차량을 추월해 제한시간 안에 골인하면 클리어. 시프트 레버로 속도를 2단계로 조정할 수 있고, 2인용은 패들을 사용한다. 여러 번 가격 인하되었고 판매 대수는 16만 대 정도.

텔레비전 베이더

| 제조사 / 에폭 |
| 발매일 / 1980년　가격 / 16,500엔 |

집에서 즐기는 인베이더 게임

1만엔대로 플레이하는 인베이더로 유명하여 50만대가 팔렸다. 기기 성능상 한 번에 표시할 수 있는 인베이더는 8마리까지이고 물리치면 후열에서 인베이더가 나타난다. 보너스 포인트의 UFO와 스테이지 클리어 뒤에는 지그재그 비행하는 UFO도 나온다.

텔레비전 블록

벽돌깨기 게임 드디어 일본에 상륙

| 제조사 / 에폭 |
| 발매일 / 1979년   가격 / 13,500엔 |

아케이드의 벽돌깨기를 가정용으로 이식했다. 아타리의 LSI를 채용했기 때문에 알맹이는 아타리의 「비디오 핀볼」과 동일하다. 본체는 어린이를 의식한 디자인이 되었고, 소리는 TV에서 나오도록 개량되었다. 벽돌깨기부터 포물선을 그리는 농구, 양쪽 측면 버튼을 사용하는 플리퍼 핀볼 등 7가지 게임이 내장되어 있다. 벽돌깨기 한 종류를 바꾼 『텔레비전 블록MB』도 있었는데, 이쪽은 에폭의 게임기로는 유일하게 전용 어댑터를 채용했다.

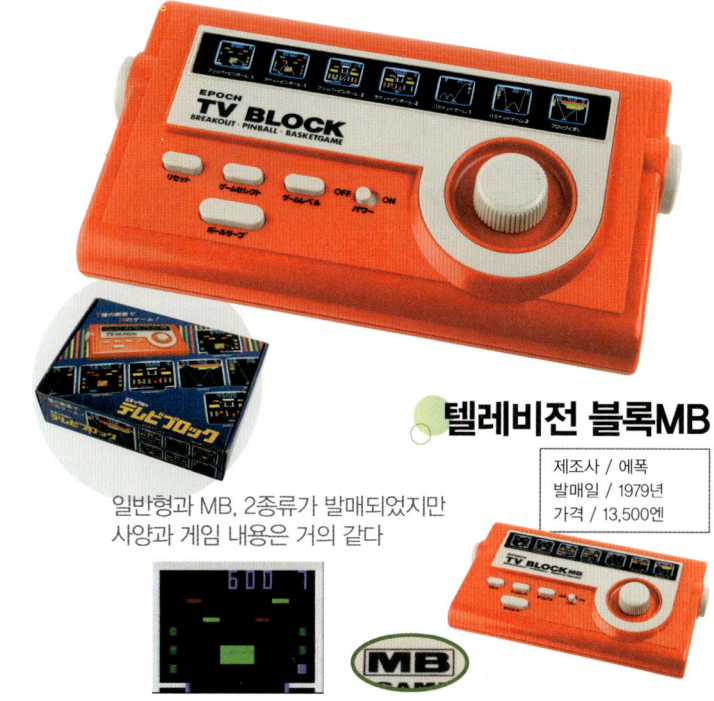

일반형과 MB, 2종류가 발매되었지만 사양과 게임 내용은 거의 같다

텔레비전 블록MB

| 제조사 / 에폭 |
| 발매일 / 1979년 |
| 가격 / 13,500엔 |

벽돌깨기

닌텐도가 독자 개발한 최초의 가정용 게임

| 제조사 / 닌텐도 |
| 발매일 / 1979년   가격 / 13,500엔 |

닌텐도가 개발한 벽돌깨기로 독자적인 어레인지가 이루어졌다. 본체에는 6종류의 벽돌깨기 게임이 내장됐다. 벽돌 모양이 다를 뿐 아니라 공을 튕기는 순간에 서브 버튼을 누르면 공의 궤도를 바꿀 수 있고, 시간을 겨루는 타임어택, 특정 블록을 깨면 모든 블록이 무너지는 요소도 있다. 당시 입사 2년차인 미야모토 시게루가 본체 디자인을 담당했다. 닌텐도 공식 게임 대회도 열려 상위자에게는 메달과 트로피가 수여되었다. 약 40만대 판매되었다.

닌텐도다운 세련된 디자인에 패키지도 알아보기 쉽다

아타리 VCS

제조사 / 아타리
발매일 / 1977년　가격 / 200달러

1500만대 판매를 기록한 전설의 게임기!

아타리가 1977년에 발매한 팩 교환식 게임기. 서드파티 개념과 「스페이스 인베이더」의 대히트로 전 세계에서 1500만대를 판매하여 가정용 게임기 시장을 만들었다. 일본에서도 여러 회사가 수입했다. 1979년에는 에폭이 「카세트 TV게임」이란 상표로 57,300엔에 판매했지만 일본에서 시장을 만들기엔 역부족이었다. 1982년경 미국에서는 조악한 게임 소프트가 난립하여 '아타리 쇼크'라 불리는 경제 혼란과 게임 시장의 쇠퇴를 부른 것으로 유명하다.

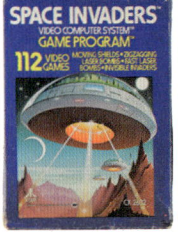

VCS는 비디오 컴퓨터 시스템의 머리글자

『스페이스 인베이더』의 이식과 대히트로 단숨에 매출을 올렸다

사양
- CPU/8비트 6507(6502커스텀)　■ 그래픽/Television Interface Adaptor 총 128색(동시발색 4색)　■ 해상도/192*160

컴퓨터 TV 게임

제조사 / 닌텐도
발매일 / 1980년　가격 / 48,000엔

닌텐도 게임기 중에서 가장 희귀한 기기

닌텐도가 1978년에 발매한 아케이드 게임기 「컴퓨터 오델로」의 가정용 버전. 아케이드의 기판을 그대로 사용했기 때문에 본체 사이즈가 크고 전원부의 무게가 2kg에 이른다. 모노 오델로 게임만 있으며, CPU와의 대전과 2인 대전을 지원한다. 컴퓨터가 처리하는 동안에 「힘들다 힘들다」 하는 닌텐도다운 개그 연출이 들어간다. 본체 내부에 CPU를 채용했으며, 아케이드 부품을 이용해 가격이 올라간 탓에 거의 팔리지 않았다고 한다.

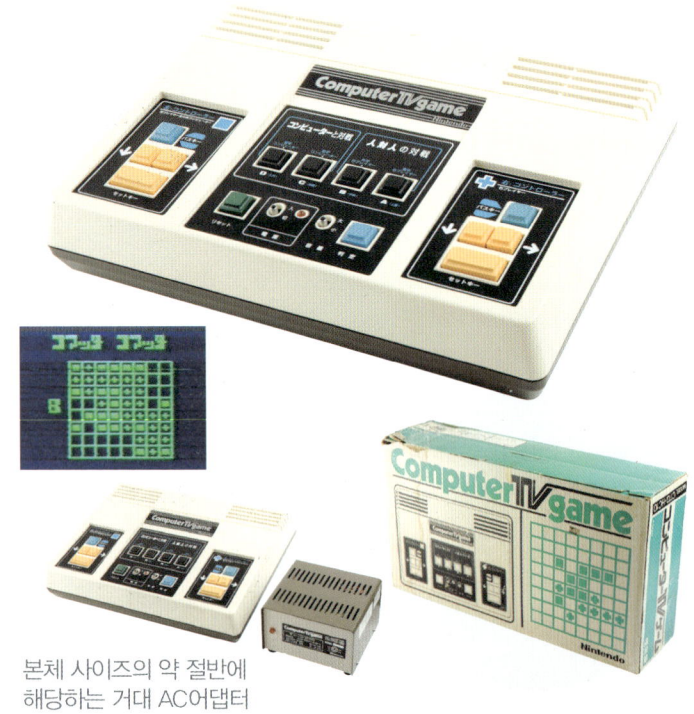

본체 사이즈의 약 절반에 해당하는 거대 AC어댑터

GAME
CONSOLE
COMPLETE
GUIDE

제 2 장

한때 유행했던 벡터스캔

여명편

벡터스캔은 도형의 모양에 따라 브라운관의 휘점과 레이저 등을 직접 움직여 그려 나가는 방식을 말한다. 가정용 게임기 「광속선」을 한 번 접해본다면 누구나 벡터스캔의 아름다움에 사로잡힐 것이다.

카세트 비전

제조사 / 에폭
발매일 / 1981년　가격 / 13,500엔

팩 교환식 게임기를 뿌리내리게 하다

소프트를 바꿔가며 플레이한다는, 당시로서는 생소했던 가정용 게임기의 기본 스타일을 일본에 정착시킨 기기이다. 에폭이 개발해온 일체형 게임기을 집대성한 것으로 CPU를 본체가 아닌 팩에 탑재해 낮은 가격을 실현했다. 이런 방법으로 과거의 소프트를 활용하고, 총 11개의 풍부한 라인업을 갖췄다. 큰 도트의 조악한 화면, 빈약한 사운드, 구식 컨트롤러는 여전했지만 용이함과 저가격으로 FC 발매 전까지 가장 많이 판매된 팩 교환식 게임기였다. 약 45만대를 판매했으며 1983년에는 파격의 염가판 『카세트 비전 Jr.』를 발매했다.

사양
- CPU/없음　■해상도/54*62
- 발색수/8색

카세트 비전 Jr.

제조사 / 에폭
발매일 / 1983년　가격 / 5,000엔

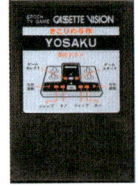 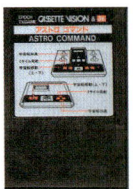

팩에 취급설명서를 붙여 나름 세심한 배려를 했다

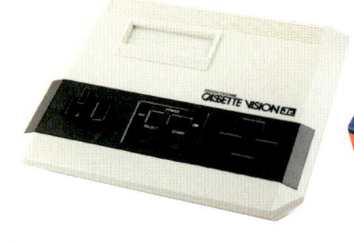 

조작성이 향상됐지만 일부 소프트는 대응하지 않는다

---

01 나무베기 요사쿠
발매일 / 1981년 7월
가격 / 4,980엔

기념할 만한 제1탄 소프트 헤이헤이호가 인상적이다

카세트 비전을 대표하는 게임. 멧돼지와 뱀을 피하면서 나무 두 그루를 베어낸다. 나무를 베고 도끼를 휘두르고 점프하는 등 그 시절 게임으로는 액션이 풍부하다. 요사쿠가 쓰러지면 하늘로 떠오르는 모습과 음악이 쌩뚱맞다.

02 베이스볼
발매일 / 1981년 7월
가격 / 4,980엔

2인 플레이 전용의 심플한 야구게임

1978년에 발매되었던 「텔레비전 야구게임」과 동일. 투구 코스는 5종류에서 고를 수 있고 속도를 조절할 수 있지만, 손바닥을 보이면 간파된다. 수비와 외야만 패들 컨트롤러로 움직인다. 시합은 9회까지로 콜드게임이나 연장은 없다.

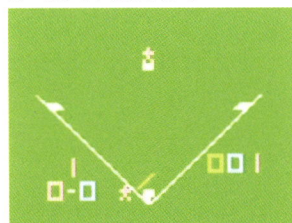

03 갤럭시안
발매일 / 1981년 8월
가격 / 4,980엔

남코의 명작게임을 이식 오프닝의 연출도 멋지다

남코의 갤럭시안과는 내용이 다르지만, 남코의 라이선스를 받아 개발했다. 3종류의 편대로 공격해오는 적을 물리치는 고 정화면 슈팅게임이다. 클리어하면 운석을 피하면서 모함과 도킹한다. 「문 크레스타」에 가까운 내용이 되었다.

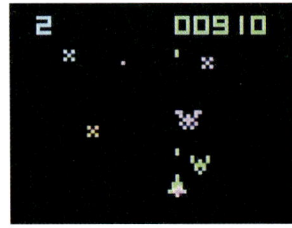

GAME CONSOLE COMPLETE GUIDE

04 빅 스포츠12
발매일 / 1981년 10월
가격 / 4,980엔

**폼 테니스와 사격의
12가지 게임을 플레이하다**

8종류의 폼 테니스 계열 게임과 별매의 광선총을 연결하면 4종류의 사격 게임을 플레이할 수 있다. 원래는 「SUPER 10」이라는 일체형 기기의 내장 게임으로 개발되었다. 패들 컨트롤러로 최대 4명까지 플레이할 수 있다.

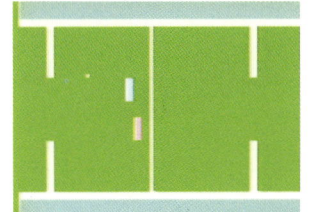

05 배틀 베이더
발매일 / 1982년 3월
가격 / 4,980엔

**그 유명한 인베이더가
가정용 게임기에 이식**

1980년에 발매됐었던 「텔레비전 베이더」와 같다. 48마리의 인베이더 중 선두 열의 8마리만 볼 수 있으며 물리칠 때마다 위에서 인베이더가 내려온다. 클리어 후에 볼 수 있는 지그재그 UFO를 높은 위치에서 잡으면 고득점이 가능하다.

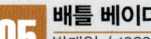

06 파쿠파쿠 몬스터
발매일 / 1982년 7월
가격 / 4,980엔

**도트는 크지만
제대로 플레이할 수 있는 팩맨**

팩맨풍의 도트 게임. 쫓아오는 몬스터 2마리를 피하면서 모든 도트를 먹으면 클리어. 도트는 3번 지나가야 먹을 수 있고, 파워도트로 몬스터를 물리친다. 벽이 보이지 않는 스테이지도 있다.

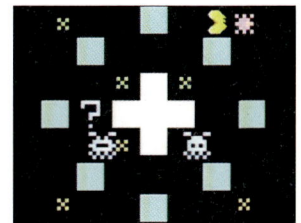

07 뉴 베이스볼
발매일 / 1982년 6월
가격 / 4,980엔

**베이스볼의
진정한 파워업!**

베이스볼의 기본 시스템은 유지하면서 CPU전의 1인 플레이가 가능해졌고 타격, 수비 연습, 관전 등 5가지 모드를 채용했다. 신기능으로 번트와 에러가 도입되었고 그 외에도 세세한 점이 개량되었다.

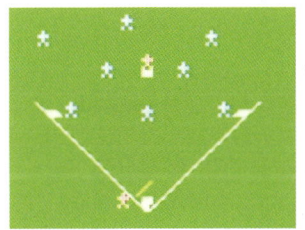

08 몬스터 맨션
발매일 / 1982년 10월
가격 / 4,980엔

**사랑하는 하나코를 구하라!
타로군의 대활약**

타로를 조작해 몬스터를 피하면서 최상층에 있는 하나코를 구하는 액션게임. 모든 사다리와 체크 포인트를 지나가면 최상층으로 갈 수 있다. 돌멩이와 몬스터를 뛰어넘거나 십자가로 물리치면서 고득점을 노려보자.

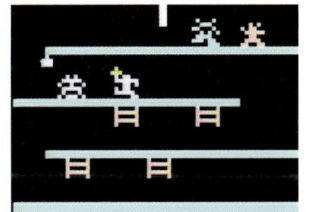

09 아스트로 커맨드
발매일 / 1983년 8월
가격 / 4,980엔

**스크램블풍의
본격파 슈팅**

종래의 1화면 구성과 다른 본격적인 횡스크롤 슈팅게임. 카세트 비전 Jr.와 같이 발매되었다. 우주선을 위아래로 가속해 앞으로 이동하면서 에너지를 보급하고, 전체 4스테이지를 클리어한다. 마지막은 보스전이다.

11 몬스터 블록
발매일 / 1984년 3월
가격 / 4,980엔

**두뇌파 액션 퍼즐
몬스터를 물리쳐라!**

돌을 날려서 몬스터를 밀어버리는 액션 퍼즐게임. 숫자 순서로 블록을 연결하여 고득점을 노려보자. 연결한 블록을 날리는 성가신 몬스터는 미리 잡아두지 않으면 힘들어진다. 파워 블록으로 날려버리자.

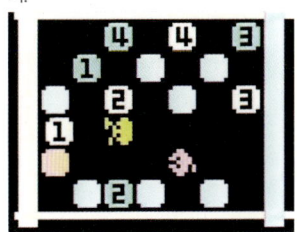

12 엘리베이터 패닉
발매일 / 1982년 3월
가격 / 3,980엔

**카세트 비전의 최후를
장식한 타이틀**

몬스터 맨션의 속편으로 슈퍼 카세트비전 이후 발매되었다. 몬스터와 바닥의 구멍을 피하면서 엘리베이터로 위층으로 간다. 가격은 기존보다 1000엔 저렴하고, 하우징의 색상도 밝은 흰색이다.

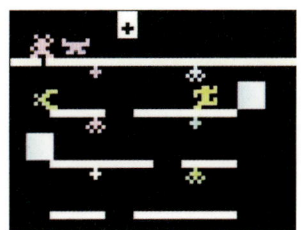

발매되지 않았던 전설의 소프트가 있었다!

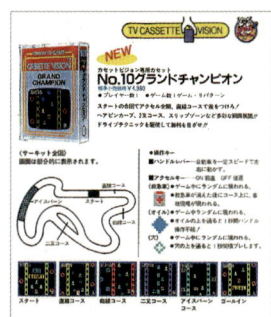

카세트 No.10의 탑뷰식 레이싱 게임인 「그랜드 챔피언」. 패키지와 광고지 등으로 발매 고지를 했지만 발매 직전에 버그가 발견되었다. 이후 수정이 되었으나 판매 중지되고 말았다.

인 텔레비전

| 제조사 / 반다이, 마텔 |
| 발매일 / 1982년　가격 / 49,800엔 |

시크하고 어른스러운 디자인의 16비트 게임기

미국의 장난감 회사 마텔이 1980년 발매한 가정용 게임기를 반다이가 일본에 발매했다. 텐키와 원형 패드, 16개의 버튼이 있는 복잡한 컨트롤러(양측면에 2개) 위에 조작 방법이 그려진 게임시트를 덧씌워서 플레이한다. 대응 소프트는 풍부해서 스포츠 게임만 9개가 있었다. 16비트 CPU에 의한 섬세한 그래픽과 부드러운 움직임이 장점으로 비트 타케시를 광고 모델로 기용했다. 적극적 홍보에도 불구하고 높은 가격 탓에 다음해에는 저가격의 「아르카디아」로 갈아타며 겨우 1년 만에 철수했다. 미국에서는 나름 인기가 있어 「인 텔레비전 II」도 발매되었다.

가정용 게임기 최초로 16비트를 채용했다

사양
- CPU/CP1610
- 해상도/160*96
- 발색수/16색
- 사운드/AY-3-8914
- 스프라이트/8장

패키지에 대응 게임이 소개되어 구매 욕구를 자극했다

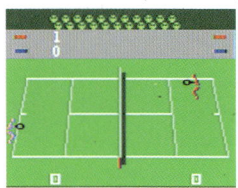

16비트 CPU로 타 기종보다 매우 높은 표현력을 자랑했다

비트 타케시를 광고 모델로 기용해 적극적 홍보에 나섰다

대응 게임 (일부 발췌, 해외에서는 아래를 포함해 약 130개 소프트 발매)

- 베이스볼
- 테니스
- 골프
- 사커
- 복싱
- 스타 스트라이크
- 시 배틀
- 오토 레이싱
- 포커 & 블랙잭
- 룰렛
- 호스 레이스
- 스페이스 아르마다
- 스키
- 볼링
- 풋볼
- 스너프
- 트리플 액션

기타

HISTORY OF CONSOLE GAME

세계최초의 비디오 게임 「Tennis for Two」와 「스페이스 워!」

세계최초의 비디오 게임은 1958년 미국 뉴욕주의 브룩헤이븐 국립연구소가 공개한 「Tennis for Two」이다. 물리학자인 윌리 히긴 보섬은 견학자의 자세로 보다 과학에 다가가고자 한 것이다. 상용화되지 않았고 특허 등도 신청하지 않았지만, 후일 "만약 신청한다면 비디오 게임의 특허는 미국이 가지게 되겠지"라고 말했다고 한다.

그리고 몇 년 뒤인 1962년 메사추세츠 공과대학(MIT)의 한 학생이 우주전쟁을 모티브로 「스페이스 워!」라는 컴퓨터 게임을 발명했다. 원래는 『PDP-1』이라는 미니컴에서 구동하는 데모로 개발했는데 학생들은 곧 「스페이스 워!」에 사로잡혔다. 이 게임은 저작권이 없었으므로 미국 각지의 PDP-1 사용자에게 퍼진다.

유타 주립대학에서 이 게임을 만난 사람이 아타리의 창업자인 놀란 부시넬. 그는 「스페이스 워!」를 개량해 1971년 세계 최초의 아케이드 게임인 『컴퓨터 스페이스』(낫싱 어소시에이트)를 상업화했다. 하지만 컴퓨터 게임을 본 적이 없던 사람들에겐 조작이 어려워 상업적으로 성공하지 못했다. 하지만 부시넬은 포기하지 않고 1972년 비디오 게임 사업을 위한 회사를 세웠다. 「맥주를 마시며 한 손으로 플레이하는 가벼운 놀이」 개념의 「퐁」이 대박을 침으로써 아타리는 급성장한다.

미국에서 인기를 얻었던 『스페이스 워!』 PDP-1의 오리지널 버전은 대전형이었다.

Vol.1

퓨타

제조사 / 토미
발매일 / 1982년   가격 / 59,800엔

어린이를 위한
온리원 하비 PC

그림그리기 툴과 프로그래밍 기능을 내장했으며 게임까지 할 수 있는 PC로서 유명했다. 16비트 CPU 채용으로 「한테이」「카케」「이케」라는 가타가나의 커맨드 표기에 의한 일본어 베이직이 특징이다. 키보드에는 저렴한 고무버튼을 적용해 본체 하우징도 장난감을 의식한 디자인이 되었다. 꽤 비쌌지만 네이밍의 임팩트와 교육기기라는 이미지로 지명도는 대단했다. 대응 소프트는 총 26개. 코나미 등과의 라이선스에 의한 타이틀도 포함되었지만, 기본은 토미 자사 개발이었다. 일본과 해외를 합쳐 약 12만대가 출하되었다고 한다.

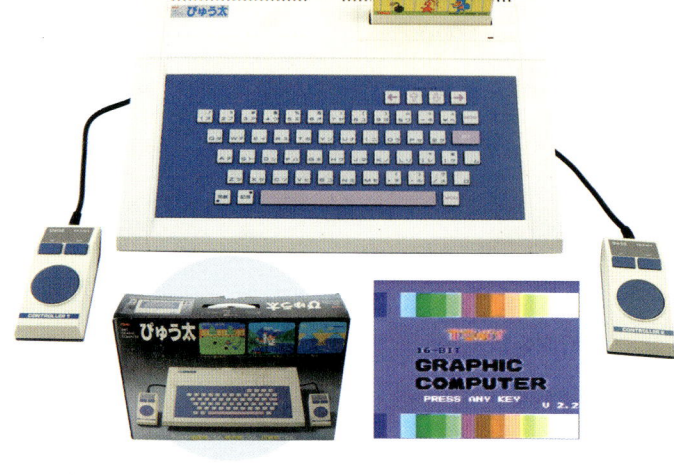

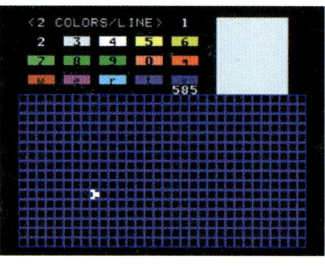

그래픽 드로잉(그림그리기) 기능을 가지고 있지만 손으로 그리는 타입이 아니라 매우 번거롭다

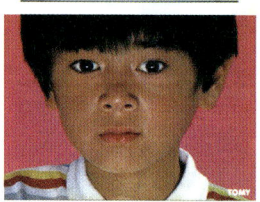

사양

- CPU/MS9995 ■ 그래픽/TMS9918 ■ 해상도/256*192, 16색 발색 ■ 스프라이트/8*8 혹은 16*16의 32장 ■ 메모리/ROM 내장 20K 바이트, RAM CPU 내장 256 바이트, TMS9918용 16K 바이트 ■ 사운드/유사음 4종, 3화음 ■ 키보드/JIS규격 56key ■ 무게/1.7kg

퓨타 Jr.

제조사 / 토미
발매일 / 1983년   가격 / 19,800엔

퓨타의 염가형으로 게임에 특화했다

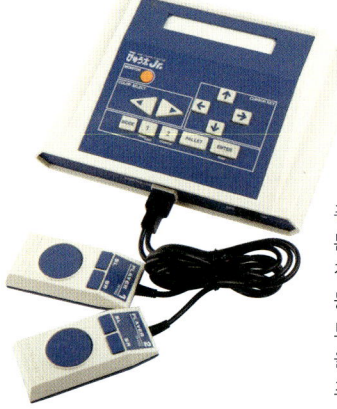

퓨타의 염가판으로 일본 최초의 16비트 게임 전용기. 그림그리기 기능은 그대로이지만 키보드를 없애서 저가격을 실현했다. 1개의 소프트가 동봉되었다.

퓨타 MkII

제조사 / 토미
발매일 / 1984년   가격 / 29,800엔

일본어 베이직에서 일반적인 영어 베이직으로 바뀌었고 키보드도 플라스틱으로 바뀌었다. 가격도 기존 모델의 절반 수준으로 내려갔다. 전용 게임 타이틀도 있어 이전 모델에서 플레이하려면 전용 어댑터가 필요하다.

키보드가 플라스틱으로 바뀌어 타이핑 정밀도가 크게 개선되었다

퓨타 소프트 소개

펌프맨
발매일 / 1982년　가격 / 4,800엔

**기념비적 제1탄 소프트
폭탄의 불씨를 꺼라!**

울타리 밖의 남자가 던지는 폭탄에 물을 끼얹어 불을 끄는 게임. 도화선에 명중해야 물이 파랗게 되고, 명중하지 못하면 물이 투명해지므로 플레이어의 위치를 잘 컨트롤해보자. 물이 부족하면 우측 위의 수도에서 보급해야 한다. 종종 폭탄을 늘리는 방해 벌레가 나오므로 물을 끼얹어 물리치자. 방해 벌레를 잡을 때마다 보너스 점수가 들어온다. 폭탄을 그냥 두면 폭탄이 움직이며 미니 방해벌레가 나오고 플레이어도 작아져서 미니 방해벌레와의 추격전이 시작된다. 일정 시간 도망치면 원래대로 돌아오지만 잡히면 끝이다.

도화선이 붙어 있는 등 폭탄의 상태에 따라 득점이 다르다. 움직이는 폭탄을 맞추면 점수가 올라간다.

몬스터 인
발매일 / 1982년　가격 / 4,800엔

**아케이드용 스페이스 패닉의 아류?
몬스터 알의 쟁탈전**

유니버설의 아케이드 게임「스페이스 패닉」의 아류작으로 6층짜리 몬스터 성이 무대이다. 플레이어를 조작해 바닥에 구멍을 파서 몬스터를 빠뜨려 전멸시키면 클리어다. 몬스터가 구멍에 빠지면 빨리 묻어서 물리치자. 시간이 흐르면 최상층의 몬스터 알은 효과음과 함께 점멸하기 시작하고 마지막에는 대폭발을 일으키므로 재빨리 1층까지 떨어뜨려야 한다. 스테이지에 따라서는 황색 문이 있어서 들어가면 다른 층으로 워프할 수 있다. 워프하는 위치만 기억하면 게임 진행이 매우 편해진다. 퍼즐성도 없고 게임 내용도 단조로워서 당시 인기는 별로였다.

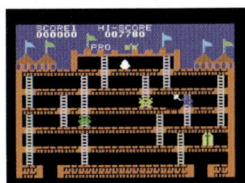

4번 눌러야 구멍이 생긴다. 스테이지가 진행함에 따라 몬스터가 늘어나고 움직임이 빨라지므로 난이도가 높다.

스크램블
발매일 / 1982년　가격 / 4,800엔

**아케이드 판을 충실히 재현한
횡스크롤 슈팅게임**

코나미의 아케이드 게임「스크램블」의 이식판. 명작「그라디우스」의 원형이기도 한 횡스크롤 슈팅게임으로 지상과 공중 양쪽에서 폭탄을 발사할 수 있다는 것이 특징이다. 당시엔 지상의 급유탱크를 파괴해 에너지를 보급한다는 구성이 참신했다. 지형과 공격이 다른 총 5스테이지로 구성되었다. 적 기지에서의 다이나믹한 스크롤에 의한 아름다운 그래픽 등 오리지널을 충실히 재현했다. 토미의 FL(형광표시관)게임처럼 아케이드판이 아니며 최종 보스전도 추가되어 있다. 이것 외에 코나미의 이식으로는「터빈」「프로거」(판매는 세가) 등이 있다.

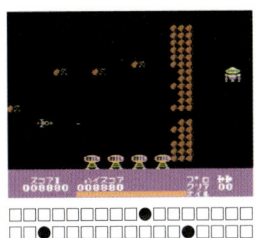

Mr.Do(미스터 도)
발매일 / 1983년　가격 / 4,800엔

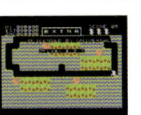 

**집에서 플레이할 수 있는
게임기는 퓨타뿐!**

아케이드의 이식작. 땅을 파서 적을 잡는 내용은「디그더그」를 닮았지만, 오리지널 요소도 있어 열광적인 팬이 많다. 삐에로인 Mr.Do를 조작해서 땅을 파면서 체리를 전부 먹든가 몬스터를 전멸시키면 클리어이다. 그 외에도 모든 문자를 맞추면 클리어가 된다. 튕겨나오는 공을 던지거나 사과를 떨어뜨려 적을 잡을 수 있다. 엑스트라 몬스터가 나와서 파놓은 구멍을 따라 쫓아오기도 하는데, 따라오는 몬스터를 잡으면 사과로 변한다. SFC로 이식되기 전까지 가정용 게임기에서 플레이할 수 있는 것은 MSX를 제외하면 퓨타뿐이었다.

체리를 연속으로 먹으면 리드미컬한 효과음이 울린다. 명곡을 모은 BGM도 매력 중 하나이다.

미키 에슬레틱 랜드
발매일 / 1983년　가격 / 4,800엔

**가정용 게임기 최초로
디즈니 캐릭터가 등장**

미키가 주연인 횡스크롤 액션으로 미니를 만나기 위해 총 5스테이지의 에슬레틱에 도전한다. 제한시간 안에 쐐기와 벌, 두더지, 멧돼지 등을 피하면서 목적지로 가자. 장애물에 부딪치거나 다리에서 떨어지면 시간을 잃는다. 미키는 화면 좌측에 고정되어 있고 배경이 빠르게 스크롤되며 게임이 진행된다. 따라서 진행방향에서 오는 장애물을 대처할 여유가 있고 게임 템포가 좋다. 진행 상태와 제한시간의 관계가 한눈에 파악되는 UI도 우수하다. 퓨타의 게임으로는 캐릭터가 크고 묘사가 깔끔하며 속도와 밸런스가 좋은 작품으로 완성되었다.

점프와 앉기, 멈추기 등으로 장애물을 절묘한 타이밍으로 피하는 액션이 요구된다.

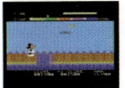 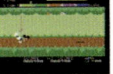

레스큐 콥터
발매일 / 1984년　가격 / 4,800엔

**당시의 기술을 집대성한
본격 3D 슈팅게임**

가정용 게임기에서 와이어 프레임에 의한 입체 표현을 실현한 의욕작. 인질 구출로 유명한「쵸프리프터」의 3D판 같은 느낌이다. 헬리콥터를 조종해 일본 근해에 표류하는 사람을 구조하는 것이 목적이다. 연료가 떨어질 것 같으면 항공모함으로 가서 연료를 보급하자. 표류자는 한 번에 15명까지 헬기에 실을 수 있고 100명 전원을 구조하면 팡파레가 울린다. 구조에 실패하여 구명보트에 탄 사람이 파도에 휩쓸리는 모습도 리얼하다. 헬기 조작은 적응이 될 때까지 약간 어렵다. 참고로 초창기 퓨타에서 플레이하려면 별매 3D어댑터가 필요했다.

긴박감 넘치는 구출극. 헬기를 선회시키는 조작이 어렵다.

오디세이2

제조사 / 북미 필립스
발매일 / 1982년   가격 / 49,800엔

미국답게 대담함과 합리성을 융합하다

세계최초의 가정용 게임기「ODYSSEY」의 피를 이어받은 후속 기기. 1978년 필립스가 미국에서 발매한 것을 일본에서 수입 판매했다. 본체에 키보드가 포함되었고 50여 종의 소프트를 갖췄으나, 발매 다음해에 29,800엔으로 가격을 인하했다. 그래도 얼마 팔리지 않았다. 소프트는 원제목을 그대로 직역한 것이 많았는데, 그중에는「중세기사의 모험」이라는 키보드에 보드게임 시트를 씌워서 플레이하는 RPG도 있었다. 독특하게도 팩에 손잡이가 달려 있어 꺼내기 쉽다.

맥스 머신

제조사 / 코모도어
발매일 / 1982년   가격 / 34,800엔

장난감 가게에서 판매되던 게임 PC

『AMIGA』와『VIC-1001』등 저가 PC로 유명한 코모도어가 일본에서 발매한 하비 PC로, 세계적으로 히트한『코모도어64』의 하위 호환기에 해당한다. 게임 소프트는 2,980엔으로 저렴했고 HAL연구소도 개발에 참여했다. 대응 소프트는 20개 발매되었는데「스페이스 인베이더」와「헤이안쿄 에일리언」등 유명 타이틀을 흉내 낸 것이 많다.「플랫 멤브레인 키보드」라 불리는 오목한 모양의 버튼이 독특하다. 별매의 베이직 소프트가 있으면 프로그래밍도 가능했다.

사양
- CPU/6510 ■ 해상도/320*200 ■ 발색수/16색 ■ 사운드/MPS 6581

코모도어64 이전에 발매된 하비 PC

크리에이트 비전

| 제조사 / 체리코 |
| 발매일 / 1982년   가격 / 54,000엔 |

별매품으로 PC가? 비주얼 센스가 빛난다

코메자와 완구의 관계사였던 체리코가 홍콩의 VTECH에서 수입한 고급 기기. 「홈 비디오 게임 퍼스널 컴퓨터 시스템」이라 이름 붙였는데, 별매의 베이직 소프트와 프린터, 테이프 레코더를 연결하면 PC가 된다는 점을 대대적으로 홍보했다. 컨트롤러 2개를 본체에 수납하면 키보드가 되는 설계는 매우 멋지다. 대응 소프트는 8개로 「동키콩」과 닮은 「폴리스 점프」와 「팩맨」을 닮은 「크레이지 팩」 등 어레인지 게임이 많다.

사양
- CPU/6502A ■ 해상도/256*192 ■ 발색수/16색
- 메모리/16KB ■ 사운드/유사음 4음, 3화음

다이나 비전

| 제조사 / 아사히 통상 |
| 발매일 / 1982년   가격 / 49,800엔 |

호환기의 세계적 등장 일본판은 전설의 게임기

홍콩의 전자회사가 전 세계에 판매한 가정용 게임기를 아사히 통상이 수입 판매했다. 본체 내부는 미국에서 판매했던 『아르카디아2001』과 같다. 일본에서는 P.I.C가 『엑셀러』라는 이름으로 판매하는 등, 전 세계의 여러 회사가 호환기를 발매했다. 게임은 당시 흔했던 컨트롤러에 오버레이를 덮어 씌워 플레이하는 형태이다. 본체는 많이 팔렸으나 일본판 패키지는 매우 드물어서, 여러 가지로 수수께끼의 게임기이다.

대응 소프트 중 하나인 「크레이지 클라이머」. 반다이의 『아르카디아』와 호환성이 있다.

아르카디아

| 제조사 / 반다이 |
| 발매일 / 1983년   가격 / 19,800엔 |

내 청춘의 아르카디아
매력적인 소프트가 가득

일본에서 아르카디아 호환기로서는 가장 많이 보급된 기기. 비싼 값으로 고전한 『인 텔레비전』을 교훈 삼아 반다이가 저가격 게임기로서 젊은 층에 어필했다. 컨트롤러는 인 텔레비전과 같은 모양이지만, 패드 부분에 레버를 붙여 조이스틱으로 만들었다. 그리고, 반다이의 캐릭터 비즈니스의 강점을 살려「기동전사 건담」과「도라에몽」 등 인기 애니메이션을 모티브로 한 캐릭터 게임을 일본 최초로 판매했다. 전체 19개의 대응 소프트를 준비했지만, FC 등의 경쟁기기에 밀리고, 본체 가격을 9,800엔으로 내렸으나 기세를 회복하지 못했다.

사양
- CPU/8비트
- 해상도/208*128
- 발색수/8색

인기 캐릭터 총집합! 역시 반다이!

게임 소개

『닥터 슬럼프 아라레짱』
아라레의 「응챠?」로 니코찬 대왕(가분수 대왕)을 저지한다. 로보비탄A로 에너지를 충전해 「응챠포」로 격퇴한다.

『기동전사 건담』
건담을 조작해 지상전의 가르마 부대를 격멸하여 샤아 전용 자쿠와 무사이가 기다리는 우주에서 대결한다. 총 2스테이지.

『초시공요새 마크로스』
발키리와 적의 전함에서 출격하는 리가드와의 공방전. 발키리를 변형시켜서 원자로를 파괴하여 빨리 탈출하자.

『도라에몽』
미로 속의 도라야키를 전부 먹자. 「?」 마크에는 타케콥터 혹은 쥐가 들어 있다. 「루트 16」 비슷한 게임이다.

대응 소프트

- 사이드 어택
- 스페이스 미션
- 에일리언 베이더
- 스페이스 벌쳐
- 미사일 워
- 슈퍼 카브라
- 스페이스 스쿼드론
- 캣 트랙스
- 이스케이프 맨

- 로봇킬러
- R2D탱j크
- 호피버그
- 정글러
- 스페이스 파이레츠
- 아스트로 인베이더

기타

게임 퍼스컴 M5 시리즈

| 제조사 / 타카라 |
| 발매일 / 1982년   가격 / 59,800엔 |

일본의 기술이 낳은 휴대 가능한 하비 PC

오피스 컴퓨터 업계의 소드와 타카라가 공동 개발한 하비 퍼스컴. 소드는 『M5』로, 타카라는 장난감 유통 경로를 이용해 『게임 퍼스컴』으로 판매했다. B5라는 놀라운 크기에도 불구하고 콤포지트 출력과 확장단자가 충실해서 당시 나왔던 제품군 중에서 두각을 나타냈다. 베이직과 그래픽 툴, 언어를 시작으로 남코와 코나미의 인기 소프트를 이식하는 등 강력한 라인업으로 유명했다. 대응 소프트는 약 50개. 몽키 펀치가 참가한 「업업 벌룬」이라는 게임도 있었다. 타카라 판은 게임 퍼스컴 혹은 게임 퍼스컴M5라고 표기된 2가지 패키지가 있다.

사양
- CPU/Z80 ■ 해상도/256*192 ■ ROM/8KB(최대 16KB) ■ RAM/20KB (그중 VRAM은 16KB) ■ 표시색상/16색 ■ 사운드/SN76489

M5
| 제조사 / 소드 |
| 발매일 / 1982년   가격 / 49,800엔 |

베이직-I이 동봉되어 프로그래밍할 수 있는 매뉴얼이 충실하다. PC 판매점을 중심으로 유통되었다.

M5Jr
| 제조사 / 소드 |
| 발매일 / 1983년   가격 / 29,800엔 |

M5의 염가판. AC 어댑터를 내장했고 베이직-I와 비디오 출력, 주변기기로의 접속단자가 생략되었다.

M5Pro
| 제조사 / 소드 |
| 발매일 / 1983년   가격 / 39,800엔 |

M5와 같은 모양이지만 베이직-I는 동봉되지 않았다. 별매인 조이스틱 컨트롤러로 게임을 플레이할 수 있다.

게임 소개

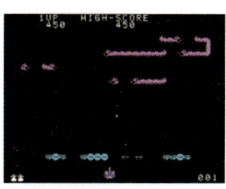

『트럭 어택』

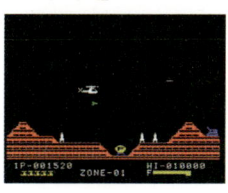

『슈퍼 코브라』

다수 이식되었다 유명 아케이드 게임이

아타리2800

제조사 / 아타리 인터내셔널, 닛폰 Inc 일본지사
발매일 / 1983년   가격 / 24,800엔

흑선이 일본에 상륙했으나 FC의 폭풍 앞에 격침되다

전 세계 47개국, 1200만 세대에 보급된 세계 최대의 비디오 게임기 제조사 아타리의 『아타리VCS』. 그 자매품이 일본에 상륙했다. 「E.T」「레이더스」같은 히트 영화의 게임을 포함한 25개 타이틀을 동시발매. TV광고를 통한 대대적 홍보로 일본 경쟁사들을 위협했다. 대응 소프트는 총 36개. 조이스틱과 패들을 조합한 독특한 컨트롤러를 본체에 4개 연결할 수 있고 원판인 『아타리VCS』의 소프트도 구동됐다. 하지만 FC의 압도적 인기에 눌려 1년도 안 되어 철수한다.

사양

- CPU/8비트 6507(6502커스텀) ■ 그래픽/Television Interface Adaptor 총 128색(동시발색 6색) ■ 해상도/192*160

아타리 VCS의 일본 전용 기기. 필체의 디자인이 다르다

콜레코 비전

제조사 / 콜레코
발매일 / 1982년   가격 / 170달러

동키콩을 끌어와 거인 아타리에 도전하다

미국 게임시장을 석권한 아타리에 대항하기 위해 완구 제조사인 콜레코가 발매한 기기. 성능은 『MSX』와 거의 같았고 당시로서는 톱 클래스의 품질이었다. 닌텐도와 세가, 유니버설 등의 인기 아케이드 게임을 높은 완성도로 이식하여 기기 보급을 견인했다. 닌텐도가 유일하게 타사에 라이선스를 허가한 「동키콩」이 본체에 내장되어 인기에 불을 붙였다. 대응 소프트는 150개 이상. 『아타리VCS』의 소프트가 구동되는 어댑터도 있었다. 일본에는 발매되지 않았다.

아타리VCS의 소프트를 플레이할 수 있다

미국에서 대히트한 아케이드판 동키콩을 이식. FC와 비교해도 손색이 없었다. 세가의 잭슨도 인기.

광속선

| 제조사 / 반다이 |
| 발매일 / 1983년 가격 / 54,800엔 |

모니터와 일체화된 이색 기기

9인치 전용 모니터와 일체형 기기로, 선으로 그려진 캐릭터가 빠르게 움직이는 벡터스캔 방식을 채용했다. 벡터스캔은 CAD와 항공레이더 등에 쓰이는 좌표를 선으로 이어 도형을 그리는 방식인데, 브라운관 TV의 주사선으로는 표시되지 않았다. 화면은 흑백이므로 오버레이를 붙여 플레이한다. 별매의 컨트롤러를 추가하면 2인 플레이도 가능하다. 본체에 슈팅게임 「마인스톰」을 내장했고 대응 소프트는 총 12개. 렌탈과 유료 플레이라는 판매 방법을 동원했으나 가격이 높아 얼마 보급되지 않았다. 기기 자체의 독특성으로 매니아들에게 인기가 높다.

독특함을 내뿜는 압도적인 캐비닛.

한 번 플레이하면 누구나 매력에 사로잡힌다

괴이한 분위기의 본체 패키지

Vectrex (벡트렉스)

| 제조사 / GCE |
| 발매일 / 1982년 가격 / 199달러 |

광속선의 바탕이 된 것은 미국 GCE의 『Vectrex』. 광속선과는 달리 미국에서는 생명이 길었고, 라이트 펜과 3D 고글 등의 주변기기도 발매되었다.

광속선의 해외 버전

대응 소프트

- 아머 어택
- 크린 스위프
- 립오프
- 바르작크
- 코스믹 커즘
- 기타 7개

게임 소개

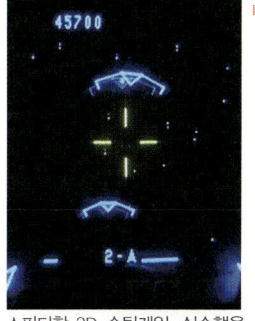

『할마게돈』

스피디한 3D 슈팅게임. 실수했을 때 유리창에 금이 가는 연출이 리얼하다. 미국에서는 인기가 있었다고 한다.

『스크램블 워즈』

코나미의 명작 「스크램블」의 이식작. 점과 선의 표현이 오리지널과는 다른 분위기이지만 완성도는 높다.

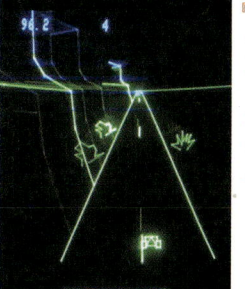

『하이퍼 체이스』

속도감 있는 레이싱 게임으로 배경 변화를 3D로 잘 표현하고 있다. 아날로그 스틱에 대응한다.

아케이드 게임의 잡학 02

『스페이스 인베이더』라는 현상

'일본에서 가장 유명한 아케이드 게임은?' 이라는 질문을 한다면 『스페이스 인베이더』라는 답이 가장 많이 나올 것이다. 이 책을 읽는 3040 세대에게는 느낌이 안 오겠지만 이 작품은 1978년에 발매된 아케이드 게임이며, 사회현상을 일으킬 정도로 엄청나게 위대한 작품이었다. 이 책에서 소개하는 가정용 게임기 중에도 인베이더 게임을 내세운 기종이 있다.

13페이지의 컬럼에서 소개한 테이블 캐비넷은 완전 초창기의 업라이트식 캐비넷을 대신해 여기서도 대활약한다. 인베이더 다방, 혹은 인베이더 하우스라고 불렸던 상점은 매일 긴 줄이 생길 정도로 인기가 좋았다. 사실인지는 모르겠으나 100엔 동전이 동이 났고, 인베이더 다방의 100엔 동전을 회수하기 위해 4톤 트럭이 돌아다녔다는 전설이 전해진다.

참고로 당시는 아류 게임들이 대거 등장했는데 대부분이 라이선스를 무시한 무법 상태였다. 게임성을 조금 바꾼 것은 양반이고 완전히 복사 수준으로 베낀 것도 많았다. 물론 이것은 인베이더에만 한정된 이야기가 아니다. 업계가 생성되던 그 시기에는 히트작이 나올 때마다 무수한 복사판이 나왔다. 그리고 이를 바로잡기 위한 제조사의 노력이 이어졌다.

COLUMN.02

GAME
CONSOLE
COMPLETE
GUIDE

제 3 장

압도적 지배의 시작, 이제 누구도 막을 수 없다!

패미컴 탄생편

『패밀리 컴퓨터』의 탄생으로 세계의 게임산업 발전에 가속도가 붙었다. 만약에 패미컴이 나오지 않았다면 게임이 시민권을 얻는 일은 생기지 않았을지도 모른다. 그 정도로 위대한 게임기이다.

패밀리 컴퓨터

제조사 / 닌텐도
발매일 / 1983년 7월 15일   가격 / 14,800엔

가정용 게임기 세상에 뿌리내리다

닌텐도의 첫 소프트 교환식 게임기. 압도적 그래픽 성능을 저렴한 가격에 실현해 「게임기=패미컴」으로 인정받았다. 컨트롤러에 십자버튼을 채용했다. 초기형은 AB 버튼이 사각 고무였는데 누르면 박혀서 나오지 않는 문제가 발견되어 나중에 동그란 플라스틱으로 개량되었다. 2P 패드에는 마이크를 장착했다. 「슈퍼 마리오 브라더스」를 비롯한 많은 히트작과 서드파티의 지지로 일본에서 대응 게임이 1250개 이상 발매되었고, 20년 이상 게임기가 생산되었다. 게임기 생산대수는 일본 내 1935만대, 전 세계에서 6191만대에 이른다.

초기 컨트롤러는 버튼 모양이 다르다

사양

- CPU/6502계열 커스텀 마이크로 프로세서 (1.79MHz) ■ 메모리/메인 메모리 8kb, 비디오 메모리 64kb ■ 그래픽/52색중 25색 동시 발색 ■ 해상도 256*240, 스프라이트 표시 1화면 동시 64개 표시, 스프라이트 표시 사이즈/8x8 혹은 8x16

팩의 디자인은 소프트에 따라 다양

다양한 컬러와 LED 등도 팩 수집의 즐거움 중 하나. 접촉 불량으로 켜지지 않을 때 팩 단자에 입김을 부는 건 전 세계가 마찬가지였다. 팩 제작은 5개 회사를 제외하고는 모두 닌텐도에 의한 OEM 생산이었다.

광선총 시리즈

제조사 / 닌텐도
발매일 / 1984년   가격 / 3,800엔

위는 건 단독 패키지로 정가는 3,000엔이었다

화면을 향해 쏘면 타겟이 반응하는 게임. 건벨트를 착용하면 건맨 기분을 느낄 수 있다. 대응 소프트는 「와일드 건맨」, 「덕 헌트」, 「호건즈 어레이」 3개이다.

로봇 / 자이로 세트

제조사 / 닌텐도
발매일 / 1985년 가격 / 9,800엔*

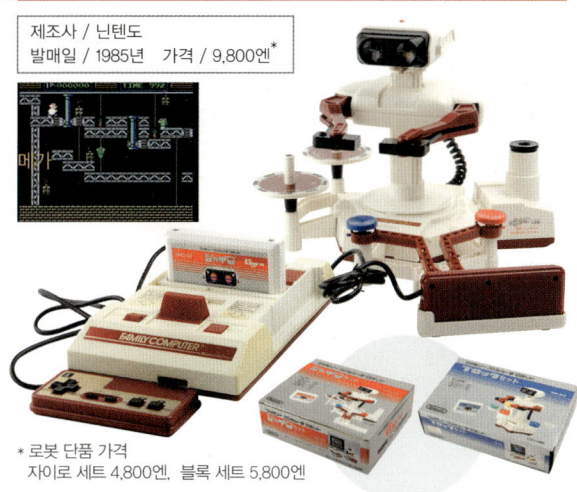

* 로봇 단품 가격
자이로 세트 4,800엔, 블록 세트 5,800엔

게임화면에 연동하여 로봇이 움직인다. 자이로 세트는 회전하는 커서를 이동하면 화면의 게이트가 열고 닫힌다. 참신한 놀이였지만 대응 소프트는 2개뿐. 해외에서는 나름 인기가 있었다.

패밀리 베이식

제조사 / 닌텐도
발매일 / 1984년 가격 / 14,800엔

허드슨과 샤프의 공동개발로, 베이직에 의한 게임 프로그램을 직접 만들 수 있다. 메모리가 늘어난 「V3」도 있다.

데이터 레코더

제조사 / 닌텐도
발매일 / 1984년 가격 / 9,800엔

패밀리 베이직으로 만든 게임 데이터를 저장하는 데 사용

베이직으로 만든 프로그램을 카세트테이프에 저장해주는 주변기기. 카세트 플레이어로도 사용할 수 있다.

패미컴은 해외에서는 「NES」로 이름을 바꾸어 발매

「Nintendo Entertainment System」의 약칭. 일본의 패미컴과는 형태 자체가 다르며 기본적으로 호환성도 없다. 또한 처음부터 광선총을 동봉했다.

패밀리 트레이너

제조사 / 반다이
발매일 / 1986년 가격 / 8,500엔

전용 매트 위에서 발로 밟거나 점프해서 즐기는 체감 게임으로 조깅과 에어로빅 등 대응 소프트는 10개.

조이카드Mk2

제조사 / 허드슨
발매일 / 1986년 가격 / 1,980엔

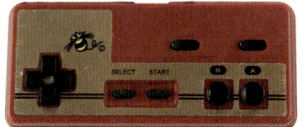

연사 기능을 추가한 컨트롤러로 순정 제품보다 크다. 당시 타카하시 명인의 16연사 붐을 타고 인기를 얻었다.

누구라도 간단하게 16연사가 가능

팩스 파워글러브

제조사 / 팩스
발매일 / 1990년 가격 / 19,800엔

활용에는 상당한 연습이 필요

글러브 모양을 가진 FC의 컨트롤러로 손과 팔을 움직여서 조작한다. 설명서상의 조작이 매우 미묘해서 오히려 이것이 매니아들을 사로잡았다.

패미컴 3D시스템

제조사 / 닌텐도
발매일 / 1987년 가격 / 6,000엔

대응 소프트는 7개이고 눈에 부담을 준다는 문제가 있었다

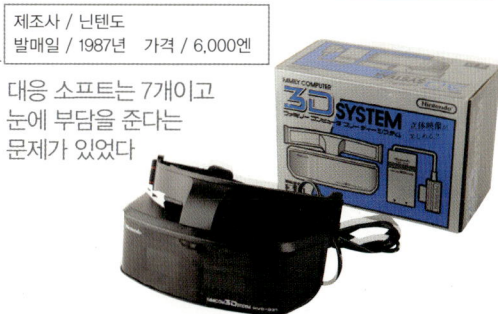

전용 고글을 쓰면 게임화면을 입체적으로 볼 수 있다. 대응 소프트는 7개. 샤프 판 및 세가의 3D안경과 호환된다.

동키콩

발매일 / 1983년 7월 15일
가격 / 3,800엔 제조사 / 닌텐도

**기념비적인 FC 소프트 제1탄
마리오의 데뷔작**

닌텐도를 대표하는 타이틀. 미야모토 시게루의 첫 참여작이자 마리오가 처음 등장한 게임이다. 심플한 스테이지 반복이 대부분이었던 당시, 마리오를 조작해 콩에게 납치당한 레이디를 구한다는 참신한 스토리성으로 미일 양국에서 대히트를 기록했다. 1981년 아케이드판의 이식인데, 소프트 용량상 콩이 레이디를 데려가는 데모와 콘베이어 벨트가 있는 2스테이지가 삭제되어, 전체 3스테이지 구성이 되었다. 원래 FC 자체가 아케이드판 동키콩을 이식하기 위해 설계된 것이어서 초기작으로서 본체 보급에 공헌했다.

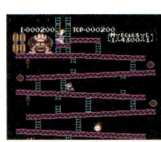

기획 초기에는 뽀빠이 게임이었는데 판권 문제로 캐릭터가 바뀌었다. 스테이지의 철골은 그 시절의 흔적이다.

한 자리에 멈춰 있으면 뒤에서 불덩어리가 따라온다. 해머를 잡으면 경쾌한 음악과 함께 나무통을 부술 수 있다.

마리오 브라더스

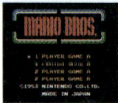

발매일 / 1983년 9월 9일
가격 / 3,800엔 제조사 / 닌텐도

**최초의 마리오 형제 주연
2인 동시 플레이가 대단하다**

닌텐도의 간판 캐릭터인 마리오와 루이지가 처음으로 주인공이 된 액션게임. 아래에서 위의 적을 때려서 기절시킨 후, 발로 차서 물리친다는 설정이 참신했다. 모든 적을 물리치면 다음 스테이지로 가는데 마지막 남은 한 마리는 고속으로 달려와 긴장감이 올라간다. 보너스 스테이지가 있고 제한시간 안에 얼마나 많은 코인을 가져가는지가 포인트였다. POW블록은 때리면 땅에 닿은 모든 적 캐릭터가 뒤집어지고, 반대로 뒤집어진 캐릭터는 원래대로 돌아온다. 이 작품은 누가 뭐래도 2인 플레이가 인기. 협력 혹은 방해 플레이로 질리지 않는다.

FC 최초의 동시 플레이로 협력하거나 경쟁하는 것도 본 작품의 매력 중 하나이다.

뽀빠이의 영어놀이

발매일 / 1983년 11월 22일
가격 / 3,800엔 제조사 / 닌텐도

**FC로 공부도 한다?
놀면서 배우는 학습 소프트**

런칭 타이틀로서 발매된 「뽀빠이」를 기본으로 3가지 모드를 준비했다. 게임A는 일본어를 표시하는 영어단어의 철자를 순서대로 맞추는 게임. 게임B는 문자 개수만 표시되므로 매우 어렵다. 10회 틀리면 브루투스에게 아기를 떨어뜨린다. 2인용 모드에서는 뽀빠이와 브루투스로 나뉘어 올리브가 던지는 알파벳을 빨리 모아 단어를 완성하는 쪽이 이긴다. 틀리면 처음부터 다시 해야 하므로 밀당과 전략이 중요하다. 「동키콩Jr. 산수놀이」도 발매되었지만 아이들의 반응은 신통치 않아, FC 본체를 사기 위한 구실이 되는 경우가 많았다.

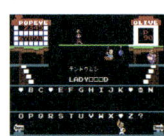

올리브가 지정한 일본어에 해당하는 영어 철자를 찾아 순서대로 편치, 어린이에게는 조금 어려웠을 수 있다.

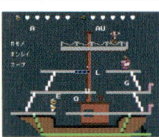

알파벳이 지그재그로 내려오므로 잘못해서 잡아버리는 경우도 있었다.

슈퍼 마리오 브라더스

발매일 / 1985년 9월 13일
가격 / 4,800엔 제조사 / 닌텐도

**모두가 흠뻑 빠졌다
화면 오른쪽에는 로망이!!**

세계에서 가장 많이 팔린 게임 소프트로 기네스북에 올라간 액션게임의 금자탑. 일본에서 세계로 붐을 일으켜 패미컴을 반석의 위치에 올려놓았다. 당시의 흑백 1화면 게임과는 달리 지상과 지하, 하늘, 물속이라는 스테이지 구성에 달리기, 점프, 수영이라는 풍부한 액션으로 이후 게임과 개발자에게 큰 영향을 미쳤다. 디스크가 발매되기 전, 겨우 32KB 안에 전체 8월드 32스테이지를 집어넣었고 워프존 등 다양한 이스터 에그와 벽 뚫기, 무한증식 등의 비기도 발견되어 인기를 모았다. 그 유명한 BGM도 게임을 띄우는 데 공헌했다.

워프존 발견과 바로가기에 모두가 놀랐을 것이다. 숨겨진 요소를 찾는 것도 즐기는 방법 중 하나이다.

드래곤 퀘스트

발매일 / 1986년 5월 27일
가격 / 5,500엔 제조사 / 에닉스

**가정용 게임기 최초
본격 RPG 세계를 모험하다**

매니아들만 즐길 수 있는 어려웠던 RPG를 국민용으로 만들어준 것이 드래곤 퀘스트이다. 참여 스탭도 호화롭다. 시나리오는 호리이 유우지, 캐릭터 디자이너는 토리야마 아키라, 음악은 스기야마 코이치가 담당했다. 플레이하면서 게임 룰을 자연스럽게 이해할 수 있도록 구성되었다. 성과 마을, 필드를 자유롭게 돌아다니며 몬스터와 싸워 레벨을 올린다. 던전에서 보물을 찾아 마왕을 물리치고 공주를 구한다는 장대한 이야기를 대리 체험할 수 있어 설렘이 멈추지 않았다.

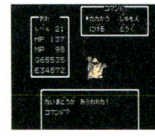

가정용 게임기이기에 오래 즐기는 게임이 가능했을 것이다. 알기 쉽게 만드는 데 집중한 호리이 유우지의 센스가 빛난다.

게임 시작할 때부터 최후의 용왕성이 보이는 연출이 얄밉다. 거기에 이르기까지의 여정은 길지만 즐겁기도 했다.

프로야구 패밀리 스타디움

발매일 / 1986년 12월 10일
가격 / 3,900엔 제조사 / 남코

**야구게임의 정석
매년 선수 데이터 갱신**

야구게임의 시대를 닦은 명작. 선수마다 타율과 구속, 스태미나라는 요소가 추가되어 어느 팀의 어느 선수를 기용하느냐에 따라 전략성이 생겼다. 공을 때렸을 때의 타격감과 외야 플라이를 잡았을 때 컨트롤러에서 전해지는 확실한 손맛이 야구팬의 마음을 사로잡았다. 매년 선수 데이터가 전년도의 것으로 갱신되어 FC만으로도 9타이틀이 발매되었다. 「패미스타87」까지는 실명 선수 이름을 썼지만 NPB의 라이선스가 성립, 시기가 시기인 탓에 대부분 G혹은 T팀을 골랐다. 「패미스타93」이 나오기 전까지는 가공의 이름이 쓰였다. 발매 당시 은퇴한 왕정치와 야스다 타케시가 등록되었다.

프로야구를 좋아한다면 패미스타가 성격, 시기가 시기인 탓에 대부분 G 혹은 T팀을 골랐다.

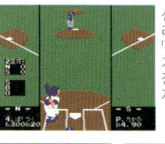

신규참가 팀이라는 설정으로 「남코 스타즈」가 나온다. 가장 약한 초보자용 팀이다.

파이널 판타지

발매일 / 1987년 12월 18일
가격 / 5,900엔 제조사 / 스퀘어

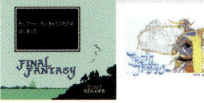

기념할 만한 시리즈 제1탄
영화 같은 연출이 압권

RPG라 하면 드래곤 퀘스트의 아류뿐이던 당시에 RPG의 새로운 축을 만든 것이 파이널 판타지였다. 디렉팅은 사카구치 히로노부, 캐릭터 디자인은 아마노 요시타카, 사운드는 우에마츠 노부오가 담당했다. 오프닝의 연출, 아름다운 그래픽과 음악, 캐릭터의 깊이 있는 스토리는 색다른 체험이었다. 전투시 사이드뷰에 따른 캐릭터의 애니메이션을 처음 채용했고, 일찍이 RPG의 정석들을 도입했다. 드래곤 퀘스트 3의 발매를 앞둔 시점이라 존재감이 약했지만, 시리즈화됨에 따라 인기가 급상승하여 패미컴에서「3」까지 발매되었다.

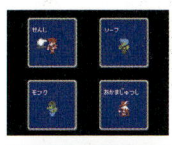

시리즈의 필수요소라 할 만한 크리스탈과 비공정, 잡 시스템, 환상적인 세계관 등을 모두 갖췄다.

지금은 당연하게 보이는, 전투에서 캐릭터와 적이 옆으로 서서 싸우는 것을 처음 도입한 것이 파이널 판타지이다.

록맨

발매일 / 1987년 12월 17일
가격 / 5,300엔 제조사 / 캡콤

시원시원한 정통파 액션
내 보스의 능력에 흐뭇

세계에서 대히트한 액션게임. 캡콤이 처음으로 가정용에 투입한 오리지널 게임이다. 세계정복을 노리는 악의 과학자 닥터 와이리에게 라이트 박사가 만든 히어로인 록맨이 도전한다는 쉬운 설정이다. 각 스테이지의 보스를 이기면 특수무기를 얻고, 이것으로 적의 약점을 찌르는 공격 시스템은 획기적이었다. 시작하는 스테이지를 고를 수 있고, 고르는 순번에 따라 싸움이 유리해진다. 옐로우 데빌과 카피록맨 같은 강적에게 고전한 사람도 많을 것이다. 난이도는 높지만 액션성이 좋다. FC에서는 6개 작품이 발매되었다.

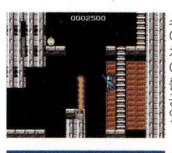

스테이지 내부에는 짓궂은 장치가 총동원되어 있다. 낙사를 거듭하며 공략할 필요가 있다.

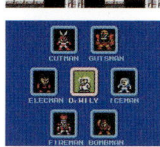

보스 6마리를 물리치면 Dr.와이리와 붙게 되는데, 새로운 스테이지가 4개 추가된다. 이런 연출이 즐겁다.

챌린저

발매일 / 1985년 10월 15일
가격 / 4,900엔 제조사 / 허드슨

머리에 남는 경쾌한 BGM에
100화면의 방대한 스테이지

스테이지 4개를 무대로 모험을 즐기는 액션게임. SCENE2에서는 열차를 타고 방대한 필드를 탐색한다. 파워젤로 성가신 불덩어리들을 물리치고 고래에게 던져 체력을 회복한다. 바위틈을 지나갈 때의 상쾌함, 미스터리 존과 개미지옥의 스릴, 3가지 보물을 모아서 마지막 보스 앞에 도착했을 때의 성취감이 대단하다. SCENE4의 최종 결전은 짧지만 그곳까지 긴 여정이었기에 클리어했을 때의 감동이 크다. 열차에 나이프를 16곳 꽂으면 마지막 스테이지로 워프한다는 거짓말이 유행하기도 해서 도전한 사람이 많았다.

처음 열차에 올라타는 장면이 인상적이다. 그 분위기를 BGM이 한껏 띄워준다.

마지막 던전 최상부에 있는 돈 왈도라도에 나이프를 4번 쏘아야 한다. BGM이 매우 멋있다.

잇키 (농부의 반란)

발매일 / 1985년 11월 28일
가격 / 4,900엔 제조사 / 선소프트

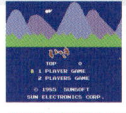

농부의 반란이 모티브인 이색작
혼자서도, 둘이서도 반란이다!

봉건시대를 무대로 곤베에를 조작해 탐관오리를 물리친다는 농부의 반란이 모티브이다. 모든 방향에서 달려오는 닌자를 낫으로 공격하면서 넓은 필드에 떨어져 있는 동전을 주우면 다음 스테이지로 진행된다. 3배속으로 달려오는 샤아 전용 닌자, 잡히면 일정 시간 움직일 수 없는 아줌마가 성가신 상대이다. 선소프트 게임의 정석이 된 삼각김밥 던지기도 등장한다. 각 스테이지를 클리어할 때 표시되는 키워드를 전부 모으면 선물을 증정하는 캠페인도 했었다.「잇키 모에바이르」,「잇키 온라인」이라는 속편도 나왔다. 2인 플레이도 가능.

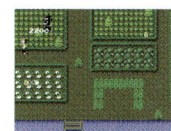

화면 끝까지 가지 않으면 스크롤하지 않으므로 만나는 순간 닌자와 부딪쳐 죽는 사고가 많았다.

죽창은 위쪽으로만 공격 판정이 있어 점수는 올라가지만 실질적으로 피우는 다운된다.

스펠랑카

발매일 / 1985년 12월 7일
가격 / 4,900엔 제조사 / 아이렘

허약하지만 사랑받는 주인공
툭하면 죽는다

동굴을 탐험하며 지하에 잠들어 있는 보물 산을 찾는 것이 목적. 게임 사상 최약체인 주인공은 조금 높은 곳에서 떨어져도 사망, 로프에 닿지 못해도 사망, 어쩌다 내리막길에서 점프해도 사망해서 바로 게임이 오버되기도 한다. 판정이 까다로운 만큼 동작 하나하나에 스킬이 가득하다. 동굴의 퍼즐은 난해한 것이 많지만 찾아내는 기쁨도 큰. 보물을 손에 넣으면 2주차가 시작되는데 클리어할 때마다 난이도가 올라간다. 아이렘의 소프트는 기동시에 LED가 빛나는 것이 특징(후기형에서는 폐지). 속편인「2」도 있다.

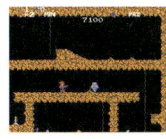

별것도 아닌 행동도 사망으로 연결된다. 고스트가 가까이 오면 바뀌는 BGM이 나름 팬 많다.

패키지에 귀신이 붙어 있는 건 이번 작만의 특징. LED 삭제 버전은 매니아들 사이에 프리미엄이 붙어 있다.

근육맨 머슬 태그매치

발매일 / 1985년 11월 8일
가격 / 4,900엔 제조사 / 반다이

모두 가지고 있던 소프트
승부의 키는 생명의 구슬!

단순한 캐릭터 게임이라고 생각하면 착각. 반다이 최초의 FC용 소프트이면서 원작의 인기와 맞물려 밀리언 셀러를 기록할 정도의 인기작이다. 초인 8명에 의한 태그매치 전투 액션으로 펀치와 킥, 백드롭 등 기본은 단조로운 싸움이지만, 미트군이 던지는 생명의 구슬을 잡으면 필살기에 의한 대역전이 가능하다. 스테이지도 통상 링 이외에 얼음 링과 부들부들 떨리는 전기 링 등이 있어 취향이 의심될 지경. 특히 2인 대전에 의한 태그매치가 뜨거웠다. 공식 게임대회도 열려 상위 8명에게는 마음에 드는 초인을 넣은 골드 팩이 증정되었다.

2인 플레이에서는 필살기로는 유일하게 나는 도구를 가진 브로켄맨 쟁탈부터 시작하게 된다.

일정 시간마다 미트군이 나와 생명의 구슬을 던진다. 이것을 상대보다 먼저 잡는 것이 승리의 관건이다.

패미컴 소프트 소개

타케시의 도전장
발매일 / 1986년 12월 10일
가격 / 5,300엔 제조사 / 타이토

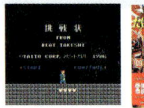

**사랑받는 No.1 쓰레기 게임
자유도, 난이도 최고봉**

비트 타케시가 감수한 액션 어드벤처. 「상식이 위험하다」라는 예측 불허의 특이한 발상에 유저의 평가가 극과 극으로 나뉘는 게임이기도 하다. 출셋길에서 낙오된 샐러리맨이 보물을 찾아간다는 모험물로 자유도가 높고 난이도도 상당히 높다. 이를테면 「1시간 동안 게임을 방치하면 보물지도가 떠오른다」 같은 공략본이 없으면 클리어 불가능한 수준의 퍼즐도 많았다. 공략본을

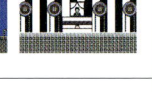

위한 공략본까지 팔릴 정도, 엔딩과 배드엔딩의 개그도 화제였다. FC의 탤런트 게임으로는 유일하게 100만 개 이상을 판매하는 등 당시에는 여러모로 유명했다.

행인을 때려죽이면 경찰에 쫓긴다. 집에 돌아가지 못하면 처자식이 다투고 짜 공격해온다.

2P 마이크로 노래하는 「당신을 위해서라면 어디라도」, 가라오케 「GOOD」 기준을 알 수 없어 모두가 힘들어했다.

캡틴 츠바사
발매일 / 1988년 4월 28일
가격 / 5,500엔 제조사 / 테크모

**축구 게임의
새로운 가능성을 열다**

인기 만화를 바탕으로 원작의 중학생 편부터 주니어 유스 편까지를 그린 축구 시뮬레이션. 이 게임이 획기적인 것은 상황과 장면에 맞추어 필드를 달리는 선수들에게 지시를 내리면서 경기를 진행하는 리얼타임 시뮬레이션 시스템을 도입했기 때문이다. 선수들은 액션별로 「근성」이라는 기력을 소비하므로 팀원에게 골고루 공을 돌리는 전략적인 팀플레이가 중요했다. 드라

브 슛으로 대표되는 필살슛이 불만 했다. 원작의 호쾌하고 과장된 장면을 훌륭하게 표현한 게임. 속편 「2」에서는 오리지널 스토리로 진행된다.

볼거리는 뭐니 뭐니 해도 필살슛. 멋진 움직임과 실황중계가 환상적으로 어우러진다.

주니어 유스를 시작하기 전 미사키를 찾는 어드벤처가 흥미롭다. 제한시간 안에 찾지 못하면 이후 경기에 나오지 않는다.

도라에몽
발매일 / 1986년 12월 12일
가격 / 5,500엔 제조사 / 허드슨

**익숙한 비밀도구가
큰 도움이 된다**

도라에몽 게임 중에서도 최고의 완성도를 선보이며, 캐릭터 게임으로 100만개를 넘는 대히트를 기록. 같은 시기에 나온 「닌자 핫토리 군」과 어깨를 나란히 하는 명작이다. 극장판 세 작품을 모티브로 지상, 공중, 바다 스테이지에서 도라에몽을 조작해 노진구를 구출한다. 원작의 설정을 살리면서도 오리지널 요소가 많고 많은 비밀도구로 퍼즐과 액션이 즐겁다. 기본은 탑뷰와 사이

드뷰 액션이지만 2스테이지의 가로 세로 나누는 슈팅은 참신하다. 나통통이 있을 때 2P 패드의 마이크로 외치면 단 한 번만 화면의 적들을 전멸시킬 수 있었다.

나통통과 왕비실이 공격을 도와준다. 둘을 구하느냐 마느냐에 따라 게임의 난이도가 크게 바뀐다.

해저에서 보물상자를 지키는 거대 문어. 무서운 BGM과 함께 도라에몽에게 달려든다. 얼굴 표정이 좋은 느낌.

데빌 월드
발매일 / 1984년 10월 5일
가격 / 4,500엔 제조사 / 닌텐도

**움직이는 미로가 특징
벽에 걸리면 끝!**

팩맨 종류의 게임이지만 닌텐도다운 유니크한 요소가 추가된 액션게임. 위에 있는 데빌의 지시에 따라 화면이 상하좌우로 스크롤한다는 점이 특징. 주인공 타마곤은 앞으로 나아가기 시작하면 벽에 부딪칠 때까지 멈추지 않고 도망쳐야 한다. 단 십자가와 성서를 얻으면 적을 계란프라이로 만들 수 있다. 보너스 스테이지에서는 통로의 화살표를 밟아 화면을 마음대로 스크

롤시키면서 상자를 모은다. 2인 동시 플레이를 지원하며 상부상조와 우정 파괴가 가능하다. 닌텐도 소프트 가격 인상 시점과 맞물려 패키지 디자인이 2가지 있다.

위의 데빌이 방향을 지시하며, 양쪽 아래쪽의 눈알맨이 롤러를 돌려 화면을 움직인다.

때때로 화면 주위를 회전하는 아이스크림을 먹으면 보너스 점수를 얻는다.

드래곤볼 신룡의 수수께끼
발매일 / 1986년 11월 27일
가격 / 5,300엔 제조사 / 반다이

**원작 초기의 드래곤볼 찾기
오공과 동료들이 등장**

인기 만화의 탑뷰 액션게임으로 모든 드래곤볼을 모으는 것이 목적. 게임 중 여러 곳에서 캐릭터의 대화 장면이 들어가 이야기의 상태를 알려준다. 각 스테이지의 보스전만 사이드뷰로 바뀐다. 최초의 피라후편까지는 원작에 따라 이야기가 진행되지만 중반부터는 오리지널 스토리로 이어지며, 쿵후대회는 달, 정글과 고층빌딩이라는 총 14스테이지가 준비되어 있다. 신룡에게 비

는 소원은 4가지 중에서 고른다. 종반에는 회복 아이템의 여부도 중요하다. 캐릭터 중에는 「크리리앙」 등 원작자가 오리지널로 준비한 것도 있다.

걷기만 해도 체력이 떨어진다. 오공이 좋아하는 음식으로 체력을 회복하자.

보스전은 사이드뷰 방식으로 초반에는 강적은 야무치. 낭이뿅뿅권만 맞지 않으면 어렵지 않다.

아이스 클라이머
발매일 / 1985년 1월 30일
가격 / 4,500엔 제조사 / 닌텐도

**아이스 산의 꼭대기로!
2인 동시 플레이로 우정 파괴**

정상을 목표로 얼음을 깨고 나아가는 액션게임. 점프의 곡선이 독특하고 이동이 어렵다. 고속으로 움직이는 구름과 바닥에 닿는 곳이 좁으면 생각대로 나아가지 못하기도 한다. 반대로 조금만 더 하면 될 것 같은 절묘한 밸런스가 승부욕을 돋운다. 이 게임이 제값을 하는 경우는 2인 협력 플레이이다. 둘이 협력하는 것이 중요한데, 누군가가 버려지면 나아가지 못하거나 죽어버

린다. 상대를 배려하면서 올라가자. 하지만 마지막에 새를 잡고 탈출할 수 있는 것은 1명뿐이다. 적 캐릭터와 과일도 귀엽다. 남녀 가리지 않고 뿌리 깊은 팬이 많다.

긴 시간 동안 같은 층에 머물러 있으면 선글라스 백곰에게 강제로 밀려나게 된다.

주인공이 포포와 나나를 조작한다. 상부상조가 필요한데 어느 사이에 서로를 방해하고 있다.

포트피아 연쇄살인사건

발매일 / 1985년 11월 29일
가격 / 5,500엔 제조사 / 에닉스

**FC 최초의 본격 어드벤처
범인이 유명해졌다**

호리이 유지가 시나리오를 담당했다. 원래는 일본 PC용 타이틀로서 키보드를 입력하는 게임이었지만, FC로 오면서 커맨드 선택식이 채용되어 이후 게임에 영향을 미친다. 플레이어는 주인공 야스를 조작해 보스와 함께 살인사건을 해결한다. 사건이 일어난 저택의 지하에는 3D 미로가 펼쳐져 있는데, 한 번 헤매고 나오지 못해 좌절한 사람도 많았다. 이 작품은 약간의 효과음 외에 BGM이 없지만 그것이 오히려 긴박감 있는 연출로 활용되었다. 패스워드 등의 저장 기능이 없어서 클리어할 때까지 쭉 플레이해야 했다.

벌레 안경으로 태양을 보거나 스트립바에 몇 번이나 들어간 경우도 많을 것이다.

용량 문제로 대사는 읽기 쉽도록 조정되었다. 이는 나중에 드래곤 퀘스트로 이어졌다.

봄버맨

발매일 / 1985년 12월 19일
가격 / 4,900엔 제조사 / 허드슨

**시리즈 첫 번째 작품
멋진 폭파 장면이 자극적**

폭탄으로 벽과 적을 하나씩 날려버리는 액션게임. 주인공은 「로드 러너」의 적 캐릭터 로봇. 총 50스테이지 구성으로 각 스테이지는 2화면 분량의 넓이로 횡스크롤한다. 가능한 한 적을 끌어와 폭탄을 설치하고 벽에 숨어 한 번에 터트리는 것이 기본이다. 한 번 잘못해도 자폭할 수 있다. 아이템을 얻으면 설치 가능한 폭탄 수가 많아지고 화력이 올라가며, 리모콘에 의한 원격조작과 벽 뚫기, 무적 시간의 연사 등 파워업 했을 때의 플레이가 재미있다. 이후 여러 게임기로 속편이 나왔다. 1편이지만 완성도가 매우 높다.

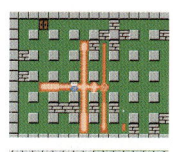

폭탄의 위력이 강할수록 자폭할 가능성이 높아지므로 전략적인 폭탄 깔기가 중요하다.

숨겨진 캐릭터와 비기가 풍성. 패스워드를 입력하는 전설의 0스테이지와 우라 245스테이지 등 버그기술도 있다.

마계도 일곱섬 대모험

발매일 / 1987년 4월 14일
가격 / 4,980엔 제조사 / 캡콤

**이것이야말로 진정한 대모험!
캡콤의 숨겨진 명작**

유명한 「마계촌」과는 달리 지명도가 낮다. 아케이드판 「히가에마루」를 바탕으로 한 탑뷰 액션게임으로 원래는 「마계촌」의 속편으로 만들어졌기 때문에 그 흔적이 게임 여러 곳에 남아 있다. 일곱섬의 무대로 나무통과 돌을 던져서 적을 물리치고 섬의 비밀을 하나씩 풀어나간다. 배를 이용해 섬에서 섬으로 이동한다. 이 작품은 섬을 클리어해나가는 단순한 구조가 아니라, 진정한 보스를 잡기 위해 다시 섬에 돌아오는 등, 게임 전개가 상당히 짜임새 있다. 손에 넣은 보물의 숫자에 따라 엔딩이 바뀌어서 오래 즐길 수 있는 타이틀이다.

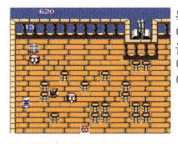

득점이 그대로 적 라이프가 된다. 적을 물리치거나 아이템을 얻으면 라이프가 늘어난다.

정박한 해적선을 찾아내어 선장을 물리치면 섬으로 가는 열쇠를 얻을 수 있다.

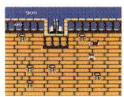

미궁조곡 미론의 대모험

발매일 / 1986년 11월 13일
가격 / 4,900엔 제조사 / 허드슨

**마인에게 빼앗긴 악기를
되찾아라!**

주인공 미론을 조작하여 마인 마하리토에게 빼앗긴 악기와 음악, 공주를 구하는 액션게임. 게임 제목에 「조곡」을 쓰는 만큼 BGM의 완성도가 높다. 주목할 부분은 보너스 스테이지로 회차를 거듭할 때마다 악기가 늘어나 마지막에는 일곱 악기의 앙상블이 이루어진다. 4층 구조의 복잡한 미궁의 의문을 풀어나가는데 최초의 난관은 우물이다. 그 외에도 함정의 방, 같은 장소가 루프하는 방황의 방, 가짜 마하리토 방 등이 있다. 타이틀 화면에 붙어 있는 연사 기능은 일부 비기에 필요하다. 「미론의 미궁조곡」이라는 이름으로 GB에도 이식.

왈츠풍의 BGM도 매력 중 하나. 자유도가 높아 스스로 공략 루트를 선택할 수 있다.

중요 아이템은 동전을 모아 상점에서 구입 가능. 매장에 따라 가격이 다르다.

구니스

발매일 / 1986년 2월 21일
가격 / 4,900엔 제조사 / 코나미

**패미컴 황금기를 대표하는
명작 액션게임**

영화를 게임화했다. 코나미 소프트로서는 「트윈비」에 이어 100만장 판매를 달성했다. 주인공 마이키를 조작해 횡스크롤로 구현된 동굴을 탐험하며 납치된 동료 6명을 구해내는 것이 목적. 액션 자체는 어렵지 않지만 스테이지 구성이 복잡해 기억력이 필요하다. 각 스테이지의 특정 위치에서 액션을 취하면 숨겨진 아이템이 나타난다. 패턴을 기억하면 쉽게 얻을 수 있다. 이 작품은 MSX판이 원작으로 패미컴판과는 게임 내용이 다르다. 디스크 시스템의 덮어쓰기용 소프트로 출시되었고, 속편인 「구니스2 프라텔리 최후의 도전」도 발매.

BGM은 신디 로퍼가 부른 영화의 주제가를 어린이답게 지한 것으로 귀에 남는 명곡.

공격은 킥 외에도 새총과 폭탄이 있다. 쓰러지는 갱의 모습이 호쾌하다.

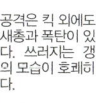

메탈 슬레이더 글로리

발매일 / 1991년 8월 30일
가격 / 8,900엔 제조사 / HAL연구소

**패미컴의 한계를 뛰어넘은
프리미엄 소프트**

닌텐도 이와타 사장의 출신지이기도 한 HAL연구소가 3년 2개월간 개발한 장대한 스페이스 어드벤처. 세밀한 그래픽으로 캐릭터의 표정과 세세한 버릇, 동작을 구현했다. FC용 소프트 중에서도 최대급인 8M 용량에 특수칩을 얹어 영상을 표현했다고 한다. 라스트 배틀의 스피디하고 입체적인 애니메이션은 FC를 뛰어넘은 놀라운 수준이다. SFC 이후 발매되었기에 생산 수량이 적어 프리미엄 소프트로 유명하다. 패키지에는 만화가 요시미루의 포스터가 동봉되었다. SFC의 다운로드 소프트로서 리메이크판도 나왔다.

요시미루가 캐릭터 디자인과 스토리를 담당했다. 미소녀 캐릭터가 많은 점이 특징.

FC에서 애니메이션화 하겠다는 집념이 대단했다. 당시에는 디스크 시스템용으로 만들어졌다고 한다.

패밀리 컴퓨터 디스크 시스템

제조사 / 닌텐도
발매일 / 1986년　가격 / 15,000엔

소프트를 덮어씌울 수 있는 패미컴의 주변기기

미츠미의 퀵디스크 미디어로 게임을 공급한 주변기기. 당시의 일반적인 FC 소프트의 3배 이상 용량을 가졌고 게임데이터의 저장 기능도 갖고 있었다. 가격도 팩의 절반 정도로 대용량을 살린 RPG와 어드벤처가 많이 발매됐다. 디스크를 상점에 가져가면 500엔에 다른 소프트로 덮어씌워주기도 했다. 또한 디스크를 이용한 네트워크 구상을 발표하여, 디스크팩스를 통한 게임 전국대회 등이 열렸다. 하지만 팩의 대용량화와 배터리 백업 기능 채용으로 디스크 시스템은 조용히 그 역할을 마친다. 소프트는 총 198타이틀, 본체는 400만대 판매 기록을 세웠다.

하면 할수록 디스크 시스템 ♪

마스코트 캐릭터인 디스쿤

황색은 일반 디스크 카드, 청색은 디스크 팩스에 대응

A면과 B면이 있다. 황색은 필름이 노출되어 만지면 망가지기도 한다. 청색은 휴대를 전제로 보호 셔터가 붙어 있다. NINTENDO의 각인이 드라이브와 맞물려 정품으로 인식된다.

트윈 패미컴

제조사 / 샤프
발매일 / 1986년　가격 / 32,000엔

빨강과 검정이 있으나 성능은 같다

AV 출력단자를 가진 패미컴과 디스크 시스템의 일체형 기기. 각각 단품으로 구입하는 것보다 비쌌다. 본체 색상은 2가지로 빨강과 검정이고, 후기 타입은 컨트롤러에 연사 기능이 있다. 이미지 캐릭터는 타카하시 명인.

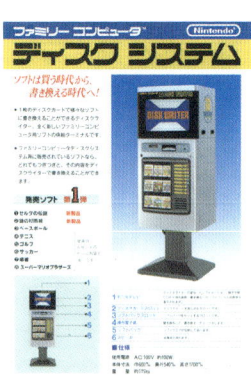

디스크의 덮어씌우기는 상점에 있는 디스크라이터로 가능했다

디스크 팩스, 게임 스코어 등을 송신하기 위한 기기로 전국 완구점에 설치되었다. 점원에게 부탁해서 진행한다. 1993년에 철수했고 덮어씌우기 서비스는 2003년 9월에 종료.

젤다의 전설

발매일 / 1986년 2월 26일
가격 / 2,600엔 제조사 / 닌텐도

디스크 시스템 제1탄
'다른 사람에게는 비밀이야'

디스크 시스템의 런칭 타이틀로 시리즈 제1탄. 액션 RPG(공식적으로는 액션 어드벤처)의 시조격으로 패미컴에는 없었던 참신한 아이디어와 심오함으로 대히트를 기록했다. 128화면으로 구성된 필드맵을 한 화면씩 스크롤하는 설렘과 부족한 힌트로 퍼즐을 풀고 여러 아이템을 자력으로 찾아내는 재미가 매력이다. FC 후기에는 롬팩 버전도 나왔지만 음질은 디스크 버전이 좋다. 클리어 후의 우라젤다에 모두가 놀랐는데, 처음에 이름을 ZELDA로 쓰면 플레이할 수 있다. 압도적 완성도로 디스크 시스템 보급에 공헌했다.

라이프가 꽉 찼을 때만 소드를 쓸 수 있다. 던전에서 보스에게 다가갈 때 들리는 울음에 가슴이 두근거렸다.

돌을 밀고 폭탄을 놓고 나무를 태워서 찾아내는 숨겨진 방. 가끔 '문 수리비를 가져다'라는 함정도 있다.

슈퍼 마리오 브라더스2

발매일 / 1986년 6월 3일
가격 / 2,500엔 제조사 / 닌텐도

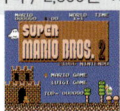 

시리즈에서도 손꼽히는 난이도
덮어쓰기 매출 1위

1의 마이너 체인지로 시리즈에서도 손꼽히는 높은 난이도로 유명하다. 독버섯과 돌풍 등의 새로운 요소가 추가되었고, 루이지의 능력에 변화가 생겨 마리오에 비해 점프력은 높지만 미끄러지는 캐릭터가 됐다. 숨겨진 스테이지인 월드9를 8번 클리어하면(1회 클리어마다 타이틀 화면에 스타가 늘어난다) 스페셜 월드가 나온다. 수많은 월드 중 월드8보다 어렵다는 것이 월드4. 높은 테크닉이 요구되어 좌절한 사람이 많았다. 디스크 시스템이 미발매된 해외에는 「꿈공장 도키도키 패닉」을 마리오로 바꾼 게임이 「2」로 발매되었다.

시작부터 팔렛펄럭에 당하지 않으면서 버섯을 먹는 기술이 필요하요. 슛츠 바로 앞에는 누가 봐도 이상한 독버섯이 있다.

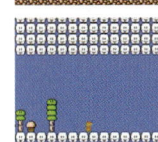

전작에서는 버그 기술이었던 월드9로 가면 NO 워프, NO 컨티뉴로 클리어야 한다. 하지만 한 번 죽으면 바로 게임오버다.

수수께끼의 무라사메 성

발매일 / 1986년 4월 14일
가격 / 2,600엔 제조사 / 닌텐도

디스크 시스템의
오리지널 소프트 제2탄

에도시대를 무대로 주인공 타카마루를 조작해 총 9스테이지를 공략하는 탑뷰 액션게임. 괴물 무라사메에게 지배당한 각 성의 성주를 물리치고 마지막으로 무라사메와 의문의 생명체들을 물리치면 클리어. 무기는 칼과 던지는 도구인데 적의 종류에 따라 알아서 바뀐다. 그 외에도 '투명의 술'과 '이나즈마의 술'이라는 인술을 쓸 수 있다. 사방에서 공격해오는 닌자와 보스는 강하고 난이도는 상당하다. 호쾌한 음악과 좋은 템포는 역시 닌텐도라 할 만한 수준이다. 젤다와 함께 광고되었지만 발매가 늦어 지명도는 낮은 편이다.

성안에 있는 공주를 만나면 잔기 숫자를 늘릴 수 있는데, 적이 공주로 둔갑한 경우에는 반대로 공격당한다.

무기의 파워업에는 4방향으로 공격 가능한 비차, 3way 공격의 뿔, 3연사의 오쇼 등이 있다.

 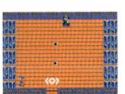

메트로이드

발매일 / 1986년 8월 6일
가격 / 2,600엔 제조사 / 닌텐도

메트로이드
오모로이드

진지하고 어두운 SF 호러 액션게임. 주인공인 사무스 아란을 조작하여 혹성 제베스의 3지역을 공략한다. 무기질적 분위기의 넓은 영역을 돌아다니며 의문을 풀어간다. 처음엔 아이템과 통로를 더듬어 가지만, 벽과 바닥의 방향에 연결되는 숨겨진 통로를 찾아내면 활동 영역이 넓어지고 파워업 아이템과 공격을 활용하면 효율적인 싸움이 가능하다. 몸을 둥그렇게 말거나, 둥그란 몸으로 공격하거나, 아이스빔으로 적을 발판 삼아 올라가는 등 게임이 진행되면서 액션도 풍부해진다. 아이템과 플레이 시간에 따라 굿엔딩을 볼 수 있다.

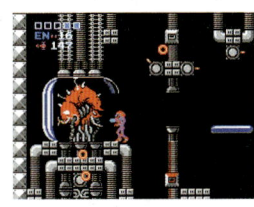

최후의 적 마더 브레인. 격파하면 카운트다운이 시작되므로 제한 시간 안에 탈출해야 한다.

발리볼

발매일 / 1986년 7월 21일
가격 / 2,500엔 제조사 / 닌텐도

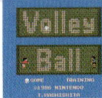 

패미컴 최초의
본격 배구 게임

닌텐도 스포츠 게임 중에서도 높은 완성도를 자랑한다. 일본팀을 조작해 세계 각국의 팀과 경기를 벌이는 1인용과 2인 대전플레이가 있다. 페인트와 퀵 공격, 크로스 어택 등 실전에서 본격 배구를 즐길 수 있다. 당시 규칙을 따라서 지금과는 다른 점이 몇몇 있지만 기본 플레이 방법은 같다. 조작은 약간 어려워서 연습용 트레이닝 모드가 준비되어 있다. 게임에 적응하면 뜨거운 랠리를 펼칠 수 있다. 강렬한 어택을 성공시키고 적의 공격을 막았을 때는 호쾌하다. 198만장 판매로 실제로는 젤다보다 많이 팔렸다.

공의 위치에 따라 조작할 수 있는 선수가 자동으로 바뀌지만, 처음에는 그냥 보고도 지나가는 경우가 있다.

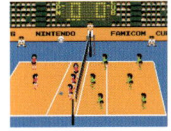

우선은 리시브, 토스, 어택의 기본을 마스터하자. 공의 그림자를 잘 봐서 타이밍 좋게 공격한다.

프로레슬링

발매일 / 1986년 10월 21일
가격 / 2,500엔 제조사 / 닌텐도

장외 난투도 가능한
프로레슬링의 결정판!

디스크 시스템의 스포츠 게임 제2탄. 개성 있는 레슬러 6명 중에서 한 명을 골라 싱글매치전을 한다. 상대와 힘겨루기를 시작하면 연타를 하면서 팔심기로 승부를 짓는다. 더 아마존의 흉기 공격에는 반칙기술이 있어, 심판에게 '나는 하지 않았다'라고 하는 특이한 제스처를 취하는 것이 재미있다. 로프 반동을 이용한 라리어트와 로프에 올라가 장외를 향한 플라잉 보디어택 등 다이나믹한 전개도 매력. 체력 게이지가 없어서 레슬러의 호흡 상태로 스태미너 소모를 판단하고 폴을 할 때는 3카운트로 승리한다. 2인 대전도 재미있다.

압상이에 가까운 스타맨의 플라잉 크로스 촙은 최강이다.

마지막 보스는 의문의 복면 레슬러 그레이트 퓨마. 모든 레슬러의 필살기를 쓰는 강적이다.

패미컴 탐정구락부II
뒤에 선 소녀 (전·후편)

발매일 / 1986년 5월 23일(전편)·6월 14일(후편)
가격 / 2,600엔 제조사 / 닌텐도

호러와 미스터리가 융합한 학원 어드벤처

전작「패미컴 탐정구락부 사라진 후계자」에서 3년 전으로 거슬러 올라가 탐정 조수로 활약하며 사건을 조사한다. 여학생 살인사건이 일어난 우시미츠 고등학교를 무대로「뒤에 선 소녀」라 불리는 학교 괴담과 과거 사건과의 연결고리를 풀어나간다. 이야기가 진행되면서 두 사건이 하나의 진실로 이어지는 의외의 결말이 기다린다. 기분 나쁜 세계관과 BGM, 좋은 템포, 거듭된 반전 등 치밀한 구성으로 가장 좋아하는 어드벤처라 꼽는 팬이 많다. 충격적인 후반의 연출은 명장면. SFC에서 리메이크판도 발매.

같은 디스크 시스템의 어드벤처인「패미컴 옛날이야기 신 오니가시마」와는 달리 시종일관 진지한 분위기가 이어진다.

악마성 드라큘라

발매일 / 1986년 9월 26일
가격 / 2,980엔 제조사 / 코나미

채찍을 쓰는 액션이 신선 코나미의 디스크 제1탄

「그라디우스」「고에몽」에 이은 코나미의 간판 타이틀. 벨몬드 일족의 혈통을 가진 주인공 시몬이 드라큘라 성에 들어가 싸운다. FC라고는 생각할 수 없을 정도로 세밀한 배경과 리얼한 캐릭터, 적응되면 재미있는 채찍, 포기 직전에 나타나는 회복 아이템, 호러영화 같은 독특한 세계관과 BGM, 절묘한 게임 밸런스 등으로 인기를 얻었다. 투명계단 등의 비기도 화제였다. 후기에는 롬팩이 발매되어 속도도 많이 나왔지만 이 작품이 가장 호평받았다. FC의 히트작이 아케이드로 역이식되는 드문 사례를 만들었다.

마지막 보스는 역시 드라큘라 백작인데 격투 끝에 물리치고 안심하고 있으면 반전이…

골프 JAPAN 코스

발매일 / 1987년 2월 21일
가격 / 3,500엔 제조사 / 닌텐도

대회 경품으로 골드 디스크 증정

네트워크를 이용해 전국의 플레이어와 실력을 겨뤘던 청 디스크 제1탄. 인터넷이 없던 시대에 패미컴에 의한 통신의 가능성을 보여준 의욕작이다. 본 작품은 FC 초기의 롱셀러 타이틀「골프」의 진화판이다. 바뀐 캐릭터의 마리오로 전체 18홀 4라운드로 스코어를 겨룬다. 플레이어는 특정 상점에 설치된 디스크 팩스를 통해 자신의 게임 데이터를 닌텐도에 보내 랭킹을 등록할 수 있었다. 상위 입상자 5000명에게는 오리지널 코스가 수록된 골드 디스크가 증정되었다. 속편「골프 US 코스」도 발매되어 전국대회가 열렸다.

지금으로부터 30년도 전에 네트워크에 대응한 게임을 플레이했다는 것은 경이적이다.

나카야마 미호의 두근두근 하이스쿨

발매일 / 1987년 12월 1일
가격 / 3,500엔 제조사 / 닌텐도

원조 연애 게임? 전화 서비스가 유명했다

청 디스크 대응 소프트 제3탄. 당시 랭킹을 겨루는 다른 게임과는 달리 클리어 후의 응모로 경품을 받을 수 있었다. 스토리는 아이돌인 것을 숨기고 두근두근 고등학교에 다니는 나카야마 미호(애칭 미호링)와 주인공의 러브 로맨스이다. 대화는 커맨드 선택 외에 표정의 선택지가 있어 두 가지 조건을 갖추지 못하면 진행할 수 없다. 게임 중에 나오는 전화번호로 실제로 전화를 걸면 미호링의 목소리로 힌트를 받을 수 있었다. 추첨을 통해 16,000명에게 전화카드 혹은 오리지널 비디오를 경품으로 증정.

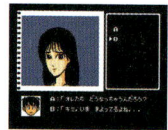

실제로 전화를 거는 이벤트는 매우 유명했다. 녹음된 소리라는 것을 알아도 두근두근했던 사람이 많을 것이다.

커맨드와 표정의 선택이 연속되는 장면에서는 하나만 틀려도 바로 끝나버린다. 부지런히 저장하자.

돌아온 마리오 브라더스

발매일 / 1988년 11월 30일
가격 / 400엔 제조사 / 닌텐도

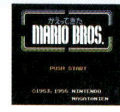

광고가 붙어 저렴한 가격으로 부활

디스크 시스템 덮어씌우기 전용 타이틀. 나가타니엔의 광고가 삽입되어 100엔의 저렴한 가격으로 덮어씌울 수 있었다. 오리지널보다 캐릭터가 커지는 등 조작성이 좋아졌고 아케이드에 가깝게 만들어졌다. 중간의 광고에는 마리오와 엔카 가수 키타지마 사부로가 나온다. 게임에서는 오리지널과 약간 다른「나가타니엔 월드」가 추가되어 고득점을 기록하면 1989년까지 캠페인에 응모할 수 있는 암호가 나왔다. 게임 오버 시에는 1회만 플레이할 수 있는 부활 슬롯에 도전할 수 있어서, 모든 그림에 따라 마리오가 부활한다.

디스크 전환 시 광고가 재미있어서 로딩할 때 스트레스를 받지 않게 만들어져 있다.

타임 트위스트
역사의 구석에서… (전·후편)

발매일 / 1991년 7월 26일
가격 / 2,600엔 제조사 / 닌텐도

디스크 최후의 오리지널 역사에 묻힌 명작

악마에 몸을 빼앗긴 주인공이 과거 시대의 사람들에게 빙의되어 자신의 몸을 되찾는다는 어드벤처게임.「마녀사냥의 중세 프랑스」「나치독일의 포로수용소」「알렉산더 대왕 어린 시절의 그리스」등 실제로 일어난 비극의 역사 속에서 악마와 계약해 욕망을 실현하려는 시간의 권력자들을 보여준다. 무거운 스토리이긴 하지만 사랑스러운 캐릭터와 유머 넘치는 대화로 오락성을 훼손하지 않고도 플레이어에게 소중한 무언가를 느끼게 해준다. 수학퍼즐과 역사문제 등의 퍼즐도 준비되어 성취감도 충분하다.

1991년 발매 당시, 이미 SFC가 나와 있었으므로 디스크 시스템의 게임이 주목받기 어려웠다.

패미컴 소프트 소개

기기괴계 노도편

발매일 / 1987년 8월 26일
가격 / 3,800엔 제조사 / 타이토

**타이토의 디스크 제1탄
모에 캐릭터의 시작?**

아케이드 게임에서 가정용으로 제대로 어레인지되었다. 무녀 사요를 조작해 부적과 제령봉으로 요괴를 물리치고 납치된 칠복신을 구하는 것이 목표. 아이돌 이토 미키가 이미지 모델로 기용되어 매뉴얼에서는 무녀 모습으로 해설하고, 2P 캐릭터로도 등장. 이 작품은 귀여운 캐릭터와 우수한 게임 밸런스로 인기를 얻어 속편도 발매된다. 「사요」는 타이토의 간판 캐릭터로서 모에 캐릭터의 시작이라고도 일컬어진다. 초회판에는 칠복신의 공덕 스탬프가 동봉되어 디스크 소프트이지만 패키지 사이즈가 크다.

지도 위의 마이리에 들어가면 중간 보스 요괴가 나오고, 물리치면 칠복신을 해방시킬 수 있다.

튀어나와 대작전

발매일 / 1987년 3월 12일
가격 / 3,400엔 제조사 / DOG

**패미컴 최초의 3D 액션
입체 화면을 즐기다**

「수정의 드래곤」,「클레오파트라의 보물」등 스퀘어를 중심으로 7개 회사가 결성한 DOG(디스크 오리지널 그룹) 브랜드에서 나온 타이틀. 「스페이스 해리어」같은 3D 슈팅게임으로, 별매의 튀어나와 안경을 쓰면 화면이 입체적으로 보인다. 게임은 단순명쾌하여 적과 장애물을 피하면서 계속 달려간다. 구멍을 넘을 때의 부유감이 큰 점프가 호쾌하다. 각 스테이지의 보스전에서만 은 하늘을 날면서 총알을 쏜다. 지상의 스크롤과 다가오는 장애물 움직임이 매우 매끄러워 당시 스퀘어의 기술력이 돋보인다.

이 작품의 세일즈 포인트라고 할 수 있는 3D 모드는 눈이 매우 피로해지므로 오랫동안 플레이하지 말자.

호쾌한 BGM도 인상적이다. 화면 스크롤이 매우 부드럽기 때문에 조작성은 발군이다. 호쾌한 점프가 눈길을 끈다.

사라진 프린세스

발매일 / 1986년 12월 20일
가격 / 5,000엔 제조사 / 이매지니어

**자유도는 높지만
난해한 어드벤처**

미디어와 콜라보한 「은하전승」,「성검 사이코 칼리버」와 같은 WAVE JACK 시리즈 중 하나. 큰 황색 패키지가 특징으로 많은 특전이 동봉되어 있다. 실종된 라비아 왕국의 왕녀와 5종류의 신기를 30일 안에 찾는 것이 목표. 방대한 맵의 거의 모든 건물에 들어갈 수 있어 자유도가 높은 반면 난해한 퍼즐이 플레이어를 고민하게 만든다. 게임은 리얼타임으로 진행되어 밤이 되면 가게 문이 닫히고 치안이 나빠진다. 아르바이트와 예금, 송이 따기 등 수사 이외에도 즐길 요소가 많다.

들어가는 건물에 따라서는 갑자기 얻어맞거나 음식점에서 식중독에 걸리는 등 수사도 목숨을 걸어야 한다.

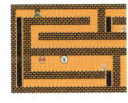 

탐정 진구지 사부로
신주쿠 중앙공원 살인사건

발매일 / 1987년 4월 24일
가격 / 3,300엔 제조사 / 데이터 이스트

**박진감 있는 하드보일드
어른스러운 탐정이 등장**

데이터 이스트 최초의 어드벤처 게임. 데이터 이스트의 얼굴이라 할 수 있는 탐정 진구지 사부로 시리즈의 제1탄이다. 개그와 농담은 일절 없는 하드보일드풍이어서 어린이용 캐릭터가 많은 FC 소프트 중에서는 특이하다. 15일이라는 기간 안에 범인을 찾아야 하고 1회 플레이에 1일이 지나간다. 특정일이 아니면 만날 수 없는 인물도 있으며 클리어하는 데도 시간이 중요한 요소가 된다. 엔딩에는 다음 작품의 예고가 있으며 다음 해에는 속편인 「요코하마항 연쇄살인사건」이 발매되었다. FC에서는 전부 4개 작품이 발매.

어른스러운 인상을 준 것이 「담배를 문다」 커맨드. 게임 진행이 막힌 것을 풀어주는 때가 있다.

무대가 되는 신주쿠 중앙공원은 필드형 RPG 같은 화면으로 이동하여 탐문과 조사를 할 수 있다.

꿈공장 두근두근 패닉

발매일 / 1987년 7월 10일
가격 / 2,980엔 제조사 / 후지TV, 닌텐도

**오리지널리티가 많은
명작 게임**

1987년 후지TV를 중심으로 한 대형 이벤트 「꿈공장」의 캐릭터와 닌텐도의 콜라보로 유명해진 액션게임. 「꿈공장」의 이매진과 마리오가 악수하는 모습이 패키지에 담겼다. 플레이어 캐릭터인 이매진 패밀리는 4명인데 누굴 고르느냐에 따라 조작감이 달라진다. 들어 올려서 뽑는 액션이 참신하며 퍼즐요소를 포함한 다채로운 스테이지 구성과 놀라운 장치가 많다. 완성도는 매우 높으며, 해외에서는 마리오 캐릭터로 바뀐 「슈퍼 마리오 브라더스2」로 출시. 이것은 후일 「슈퍼 마리오 USA」라는 타이틀로 일본에서 발매되었다.

플레이어 캐릭터인 이매진 패밀리는 4명. 각각 개성이 있어 누구를 선택할지 고민이다.

자낙

발매일 / 1986년 11월 28일
가격 / 2,900엔 제조사 / 포니 캐니온

**엉성한 호쾌감
항상 신선한 슈팅게임**

플레이어에 따라 게임 난이도가 바뀌는 가변 난이도 시스템이 획기적이었던 종스크롤 슈팅게임. 「뿌요뿌요」로 유명한 컴파일이 개발, FC의 한계에 도전한 초고속 스크롤과 리듬감 좋은 BGM, 각 스테이지의 연출에 공을 들여 팬들의 평가가 매우 높다. 또한 진화하는 8종류의 서브웨폰을 활용한 공격이 전략성 있는 전개를 즐길 수 있다. 난이도는 높지만 잔기 보너스가 빈번하게 나와서 강행 돌파로 클리어해도 되고 스코어 어택을 노려도 좋다. 이를 디스크 시스템에서 구현한 자낙의 기술력이 대단하다.

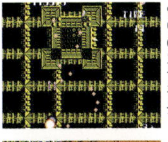

연사 기능을 쓰면 가변 난이도에 따라 난이도가 급상승하여, 1스테이지에서 적이 총알을 퍼붓는다.

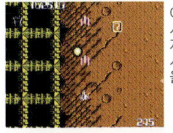

아이템 박스에서 나오는 숫자 아이템으로 서브웨폰을 얻을 수 있다.

NEW 패밀리 컴퓨터

| 제조사 / 닌텐도 |
| 발매일 / 1993년   가격 / 7,000엔 |

마이크 기능은 삭제
그래서 1P와 2P 패드는
같은 사양이 됐다

AV단자로 출력하는 FC의 염가판으로 통칭 「뉴패미컴」이다. 기능 변경은 없고 디스크 시스템 등의 주변기기도 대부분 쓸 수 있다. SFC에 가까운 디자인으로 바뀌었고, 2P 패드의 마이크와 뽑기 버튼이 생략되었다.

마이 컴퓨터 텔레비전C1

| 제조사 / 샤프 |
| 발매일 / 1983년   가격 / 93,000엔 |

지방의
비즈니스
호텔에서 자주
눈에 띄었던
기기로 패미컴
일체형
텔레비전이다.

RGB 단자로
연결되어
영상은 대단히
선명하다

패미컴의 기능을 내장한 TV로 패미컴과는 RGB로 연결되어 영상이 선명하다. 본체만의 오리지널 소프트 「동키콩Jr 산수 레슨」이 동봉되었다. 색상은 빨강과 은색, 사이즈는 14인치와 19인치가 있다. 컨트롤러는 독자 규격을 사용.

편집 패미컴
패미컴 타이틀러

| 제조사 / 샤프 |
| 발매일 / 1989년   가격 / 43,000엔 |

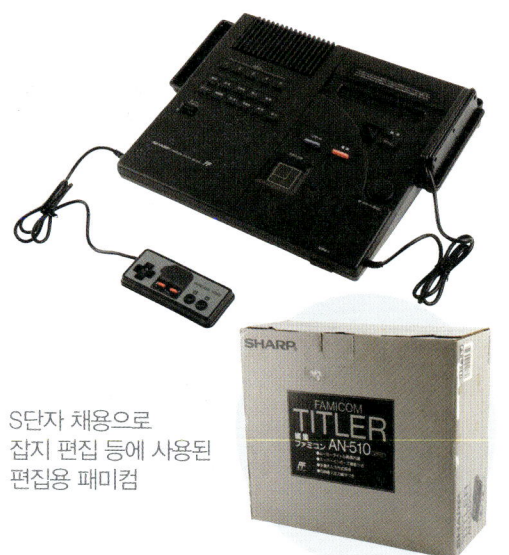

S단자 채용으로
잡지 편집 등에 사용된
편집용 패미컴

비디오 편집 기능과 S단자를 채용한 패미컴. 비디오 편집 모드에서는 촬영한 영상에 자막과 나레이션을 넣을 수 있다. 문자 입력은 본체의 작은 태블릿 부분에서 전용 터치펜으로 하면 되고, 음성은 2P 패드의 마이크를 쓴다.

패미컴 박스

| 제조사 / 닌텐도 |
| 발매일 / 1986년   가격 / 불명 |

코인 박스가 부착된 완벽한 비즈니스용

주로 호텔과 숙박업소 등에 설치되었던 아케이드 스타일 패미컴. 본체 안에 최대 15개의 소프트를 내장하여 코인을 넣어 시간제로 플레이할 수 있다. 컨트롤러와 소프트, 광선총은 NES와 같은 형태이지만 호환성은 없다. 샤프판 『패미컴 스테이션』도 있었다.

HISTORY OF CONSOLE GAME

가정용 게임기 발명의 아버지, 랄프 베어

세계 최초로 상품화된 가정용 게임기는 『오디세이』. 그 시제품은 『브라운 박스』(1968)라는 이름이었는데 군수품을 개발하던 샌더스사의 기술자인 랄프 베어가 개발했다. 베어에 의하면 「TV로 누구나 같은 방송을 본다는 것은 재미없다」라고 느껴서 브라운 박스를 개발했다고 한다. 만약 TV 예능이 재미있었다면 가정용 게임기는 영원히 나오지 않았을 것이다.

그 후 『브라운 박스』는 『오디세이』로 이름을 바꾸어 마그나복스에서 발매되었다. 같은 시기에 아타리의 아케이드 게임 「퐁」이 대히트를 기록했는데, 후일 마그나복스가 가진 비디오게임의 기본 특허를 침해했다 하여 소송에 걸려 합의금 70만 달러를 지불했다. 『오디세이』 전시회에서 부시넬은 「퐁」이 「테이블 테니스」라는 게임의 개량판이라고 말했고, 스스로가 여러 미디어에 밝힌 바 있다.

다만 『오디세이』는 「퐁」의 바탕이 된 테이블 테니스가 동봉되어 판매가 촉진된 부분도 있었다. 베어 자신도 후일 "퐁이 나오지 않았다면 오디세이는 그렇게 팔리지 않았을 것이다"라고 말하고 있다.

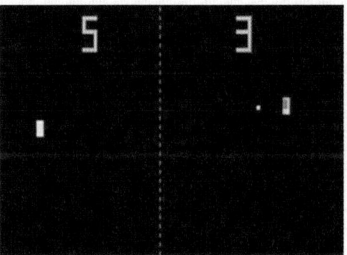

『오디세이』의 「테이블 테니스」를 힌트로 만들어진 것이 『PONG』으로 법정까지 가게 되었다.

Vol.2

SG-1000

제조사 / 세가 엔터프라이즈
발매일 / 1983년 7월 15일   가격 / 15,000엔

세가 최초의 가정용 게임기
닌텐도와 정면승부를 벌이다

아케이드 게임만 만들던 세가가 처음으로 발매한 가정용 게임기. 게임 퍼스컴 『SC-3000』에서 키보드를 떼고 원가를 줄여 FC 정도의 가격을 실현했다. FC와 같은 시기 발매해서 승부를 걸었는데, 당시로서는 매우 고성능이며 저렴했던 FC의 상대가 되지 못했다. 그래도 자사의 아케이드 인기 타이틀을 신속히 이식해 퀄리티는 떨어지더라도 게임성을 그대로 재현해 세가 팬을 중심으로 인기를 모았다. 첫해에 16만대를 판매. 대응 소프트는 세가 단독으로도 66타이틀에 이른다. 참고로 SG는 SEGA GAME의 약칭이다.

사양
- CPU/NEC uPD780C(Z80A 호환) 3.57MHz
- 그래픽/TMS9918A, 해상도 256*192, 동시발색 15+1색, 하드웨어 스크롤 기능 없음
- RAM/1KB
- VRAM/16KB
- 사운드/SN76489 (구형파 3채널+노이즈 1채널)

SC-1000의 초기형

SC-3000

제조사 / 세가 엔터프라이즈
발매일 / 1983년   가격 / 29,800엔

별매 소프트로
프로그래밍도 가능

세가 최초의 가정용 하비PC. 간단한 프로그램을 짤 수 있고 풍부한 주변기기와 접속해 시스템 업그레이드와 게임 소프트도 플레이할 수 있다. 본체 색상은 빨강, 화이트, 검정.

SC-3000H

제조사 / 세가 엔터프라이즈
발매일 / 1984년   가격 / 33,800엔

키보드가
플라스틱으로
바뀌었다

튀는 느낌의 SC-3000에 비해
SC-3000H의 광고지는 마천루가 배경인
시크한 디자인

키보드가 고무에서 플라스틱으로 바뀐 것 외에는 SC-3000과 같다.
본체 색은 블랙과 화이트의 2가지가 있다.

GAME CONSOLE COMPLETE GUIDE

SG-1000II
제조사 / 세가 엔터프라이즈
발매일 / 1984년 가격 / 15,000엔

SD-G5
제조사 / 파이오니아
발매일 / 1983년 가격 / 19,800엔

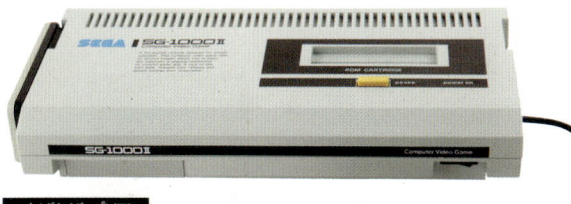

SG-1000의 마이너 체인지판
본체 디자인이 세련되어졌고 조이패드가 2개 제공되었다. 패드의 레버는 뺄 수도 있다.

파이오니어의 TV에 연결하면 SG-1000을 플레이할 수 있다
파이오니어의 시스템 컴포넌트 TV 『SEED SD-21』에서 SG-1000 시리즈의 소프트를 플레이할 수 있는 게임팩. RGB 출력으로 1인 전용이다. 유통된 물량은 별로 없다.

오델로 멀티비전
제조사 / 츠쿠다 오리지널
발매일 / 1983년 가격 / 19,800엔

시스템 컴포넌트 TV SEED SD-21
제조사 / 파이오니아
발매일, 가격 / 불명

파이오니아 전용 텔레비전에 연결하면 SG 시리즈 플레이 가능

SK-1100
제조사 / 세가 엔터프라이즈
발매일 / 1984년 가격 / 13,800엔

SG-1000과 호환성이 있다

본체에 오델로 게임을 내장하였고 키보드도 채용했다. SG-1000 시리즈와 호환성이 있으며 츠쿠다에서 대응 소프트 10개가 발매되었다.

SG-1000용 외장 키보드를 장착하면 SC-3000급이 된다

마크III까지 대응하며 SC-3000과 마찬가지로 PC로서의 기능을 할 수 있다.

오델로 멀티비전 [FG-2000]
제조사 / 츠쿠다 오리지널
발매일 / 1984년 가격 / 19,800엔

핸들 컨트롤러
제조사 / 세가 엔터프라이즈
발매일 / 1984년 가격 / 4,000엔

카드 캡처
제조사 / 세가 엔터프라이즈
발매일 / 1983년 가격 / 1,000엔

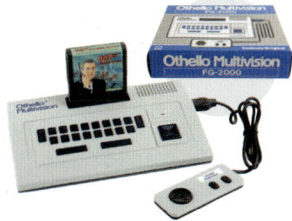

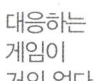

대응하는 게임이 거의 없다

오델로 멀티비전의 마이너 체인지판. 버튼이 레버에서 패드 타입으로 변경되었다.

SG-1000 시리즈에서 마이카드를 플레이하기 위한 필수품
카드 슬롯이 없는 SC-3000과 SG-1000, 오델로 멀티비전, SD-G5 등에서 마이카드를 플레이하기 위한 어댑터.

콩고 봉고

발매일 / 1983년
가격 / 3,800엔 제조사 / 세가

어딘가 다르다, 어딘가…
세가판 동키콩!?

아케이드 게임 「딥 탭」을 이식했다. 쿼터뷰의 아케이드판에 비해 가정용은 사이드뷰에 가깝다. 헌터를 조작해 고릴라가 던지는 야자열매와 동물들을 피하며 고릴라 앞에 도착하면 클리어. 용량상 아케이드에서 스테이지 2개가 삭제되어 총 2개 스테이지로 구성된다. 스테이지2에서는 탑뷰로 바뀌는데 적과 물에 떨어지지 않도록 조심한다. 내용이 「동키콩」과 비슷한 것은 개발사가 같기 때문. 일본에서는 「동키콩」에 밀렸지만 해외에서는 나름 선전했다. PS2 소프트 「SEGA AGES Vol. 23」에 수록.

스테이지은 절벽을 올라 정상으로 간다. 야자나무에 부딪히면 한 계단 아래로 떨어지고 원숭이에게 잡히면 움직임이 느려진다.

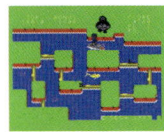

스테이지는 섬을 넘어서 2로 넘어 간다. 뱀이나 섬에서 떨어지는 것을 조심하면서 움직이는 나뭇잎과 하마 위를 점프해서 이동한다.

스타 포스

발매일 / 1984년
가격 / 4,300엔 제조사 / 세가

FC에서 삭제된
그 지상그림도 재현했다

테칸(테크모)이 발매한 아케이드 게임의 이식판. 부유대륙을 무대로 무작정 쏘는 종스크롤 슈팅으로, 무장 소형기인 파사를 합체시켜 파워업 하는 것이 특징이다. 당시 대히트한 「제비우스」에서는 지상, 공중으로 나뉘었던 공격이 본작에서는 같은 총알로 가능하고 점수를 내기 위해서는 연사가 중요하다. 숨겨진 아이템과 보너스 스테이지 등 즐길 거리가 많았다. FC에 비해 그래픽과 화면 스크롤의 움직임은 떨어지지만, FC판에서 삭제된 지상그림이 재현되는 등 세가판이 좋다는 사람도 소수 있었다.

마냥 연사하며 부수는 호쾌함이 이 게임의 매력이다. FC판과는 달리 좌우 스크롤은 없다.

세가판에서 제대로 재현된 문의 지상그림. 팬은 이것만으로도 기뻐했다.

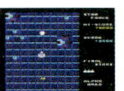 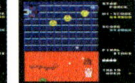

잭슨

발매일 / 1985년
가격 / 4,300엔 제조사 / 세가

조작에 적응하면
몰입하게 된다

아케이드 판의 이식작으로 슈팅게임 최초로 쿼터뷰 화면을 채용했다. SG-1000 중에도 명작으로 팬들의 평가가 높다. 게임 내용은 「스크램블」과 비슷하지만 조작감이 다르다. 비행기를 앞뒤로 이동할 수는 없으며, 고저 차가 있는 상하 또는 좌우로 이동하면서 벽을 넘거나 보호막과 벽 사이를 지나가는 등 독특한 조작이 특징이다. 자신의 기체 위치를 파악하기 어려우므로 지면에 있는 그림자를 보면서 컨트롤하자. 적과 같은 높이가 되면 록온해주지만 적의 높이를 알기 어렵고 조작 감각도 독특해서 난이도가 있다.

아케이드판에 비해 난이도는 낮지만 적응하지 못하면 어렵다. 제대로 조준해야 미사일을 확실히 맞춰 나가자.

아케이드판에는 없는 BGM이 추가되었고 상하 조작이 반대로 되어 있다.

로드 러너

발매일 / 1984년
가격 / 3,800엔 제조사 / 세가

해외 인기 게임의 이식작
오리지널에 가깝게 재현됐다

브로드번드의 명작 액션 퍼즐게임. 허드슨이 발매한 FC판보다는 못하지만, 본작품은 오리지널의 애플판에 가깝다. 구멍을 파서 적을 묻고 모든 금괴를 모아 탈출하는 것이 목적. 총 80스테이지 구성으로 볼륨도 빵빵하다. BGM은 없고 금괴를 모으거나 구멍을 팔 때의 효과음만 있어 조용한 느낌이다. 확장용 키보드 「SK-1100」을 연결하면 오리지널 스테이지를 만들 수도 있었다. 화면이 스크롤하는 FC판에 비해 하나의 화면이라 심플하다. 속편으로 상급자용 「챔피언십 로드 러너」도 발매되었다.

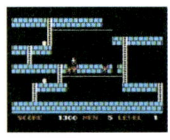

구멍에 묻힌 로봇의 머리 위를 지나거나 사다리에서 내릴 때의 판정이 FC판에 비해 엄격.

오리지널 Apple II 버전에 가까운 형태로 재현. 끈적거림 생긴 캐릭터가 움직이는 스크롤이 없는 화면으로 구성되다.

코나미의 신입사원 토오루군

발매일 / 1985년
가격 / 4,300엔 제조사 / 세가

코나미의 아케이드 이식작
회사를 나와 여친과 데이트를

제목대로 코나미의 아케이드판을 세가가 이식했다. 신입사원인 토오루군이 여친 미유키와 데이트하기 위해 잔업을 팽개치고 회사에서 뛰쳐나온다는 이야기이다. 사무실에서 시작해 동료를 엉덩이로 밀고 상사에게 박치기로 공격하고 하트를 얻는다. 쫓아오는 상사에게 잡히지 않도록 복도로 탈출해 탈의실, 식당, 사무실, 정원의 총 4스테이지를 클리어하여 회사의 문을 나와 미유키를 만나면 해피엔딩. 미국에서는 「Mikie(마이키)」라는 제목으로 무대를 고등학교로 바꾸어 발매했다.

참으로 끈질긴 과장을 필두로 회사 내의 여러 캐릭터가 방해한다. 아케이드판의 스테이지4가 삭제되었다.

걸즈 가덴

발매일 / 1984년
가격 / 4,300엔 제조사 / 세가

세가답지 않게
사랑스러움이 넘치는 명작

파프리짱을 조작해 활짝 핀 꽃을 꺾어 민트군에게 꽃다발을 선물하는 액션게임. 활짝 핀 꽃 10송이를 꺾어 꽃다발을 넘겨주면 클리어이다. 꽃은 시간이 흐름에 따라 꽃망울이 나오고 만개하고 말라버리는 등 6단계로 바뀐다. 활짝 피었을 때 꺾으면 1개 늘어나고 마른 상태에서 꺾으면 1개 줄어든다. 곰은 벌꿀을 놓아 잠시 움직임을 멈추게 할 수 있다. 파프리짱과 라이벌 코코짱 사이에 민트군이 있으며 시간이 지나면서 민트군의 곁으로 다가간다. 소닉 시리즈의 프로듀서였던 나카 유지가 신입사원 시절에 참여했다.

10송이를 꺾으면 민트군이 집 안에서 얼굴을 내밀고, 꽃다발을 건네면 화면 가득 꽃이 피며 클리어.

2개 스테이지마다 보너스 스테이지가 등장하며, 연달아 걸어오는 곰을 점프로 넘어갈 수 있다.

SG-1000 소프트 소개

두근두근 펭귄랜드
발매일 / 1985년
가격 / 4,300엔 제조사 / 세가

퍼즐 요소보다 액션성이 강하다

아케이드의 이식작. 펭귄 아델리를 조작해 연인 페어리의 방까지 선물인 알을 가져가는 액션퍼즐게임. 최상단 맵에서 벽돌을 파서 최하단까지 알을 가지고 내려간다. 아델리는 떨어지거나 백곰에게 걸려도 죽지 않지만 알이 깨지면 실패이다. 알을 떨어뜨려도 괜찮은 위치에서 커서가 나오므로 쉽게 구분할 수 있다. 제한시간은 없지만 우물쭈물하면 두더지가 알을 깨러 온다. 파는 횟수를 10회 이내로 클리어하면 페어리의 방 창문에서 무언가를 엿보는 비기도 있다. 메가CD와 새턴에 이식되었고 속편은 마크Ⅲ로 발매되었다.

진행 방향의 캐릭터 앞에 있는 블록을 팔 수 있다. 경쾌한 BGM에 총 25스테이지 구성.

핏폴Ⅱ
발매일 / 1985년
가격 / 4,300엔 제조사 / 세가

미국에서 대 히트한 모험 액션 제2탄

모험가 해리를 조작해 4가지 보물이 잠들어 있는 땅속을 탐색하는 액션게임. 1982년 미국 액티비전에서 400만개를 판매한 아타리VCS용의 대히트작으로(「팩맨」의 700만 다음 순위), 세가가 아케이드판「Ⅱ」를 발매하고 가정용에 이식하였다. 「핏폴」은 함정이라는 의미로, 그 이름대로 땅속에는 여러 함정이 숨어 있다. 로프를 잡고, 악어를 타고, 헤엄치고, 풍선으로 날아가는 등 풍부한 액션이 매력. 4가지 보물을 얻으면 클리어인데 금괴를 모두 모으면 퍼펙트 보너스 점수를 받을 수 있다.

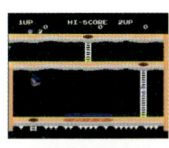

계단은 내려간 다리보다 떨어지는 느낌이다. 그것을 효과로 가속시키고 있다.

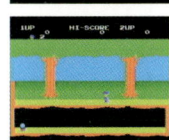

스타트 직후에 보이는 수정옥을 얻으면 클리어이다. 개구리와 함께 점프하면 지나갈 수 있는 비기가 있다.

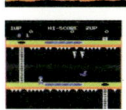 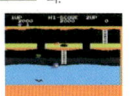

신드바드 미스터리
발매일 / 1983년
가격 / 4,300엔 제조사 / 세가

신드바드가 보물을 찾는 액션 퍼즐게임

아케이드 이식작.「아라비안 나이트」의 신드바드에서 따온 보물찾기 액션 퍼즐게임이다. 맵 위에 흩어져있는 「?」 마크를 모으면 조금씩 보이는 보물지도를 단서로 보물이 있는 위치의 땅을 판다. 전체 3스테이지 구성으로 1스테이지 클리어할 때마다 다음 섬으로 이동하는 장면을 볼 수 있다. 보물인 마법의 램프를 찾아내면 클리어. 「?」 마크가 적을수록 고득점이다. 모든 「?」 마크를 얻으면 마법의 램프가 나오지만 해골에 쫓기게 된다. 난이도는 조금 높고 적에게서 도망치며 구멍을 파는 것이 힘들다.

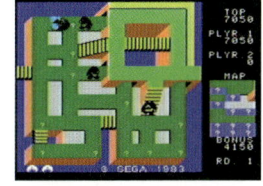

주변에 적이 어슬렁거린다. 잘 피해서 바위를 움직여서 적을 밀어버리자.

원더보이
발매일 / 1986년
가격 / 4,300엔 제조사 / 세가

명인의 모험도가 유명하지만 원조는 바로 이것!

주인공인 보이가 도끼를 들고 스케이트보드를 타고 연인 티나를 구하러 가는 횡스크롤 액션게임. 아케이드의 이식작이지만 그래픽, 캐릭터, 음악, 볼륨이 다른 결과물로 완성되었다. 무기는 도끼뿐으로 알을 깨면 우유와 과일 등이 나온다. 적을 물리치고 장애물을 넘어 보스를 만나는 전형적인 설계로, 알기 쉬운 액션의 상쾌함이 이 작품의 매력이다. 주인공 등의 캐릭터가 바뀐 FC판「다카하시 명인의 모험도」가 유명한데 원조는 SG-1000판이다. 마크Ⅲ에서는 속편인「슈퍼 원더보이」가 발매되었다.

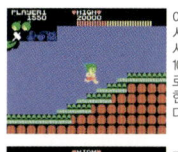

아케이드판에서는 완만한 경사였지만 SG-1000의 성능으로는 언덕길 표현도 어려웠다.

각 지역의 끝에 이상한 얼굴을 가진 보스가 나온다. 공격을 피하면서 약점인 얼굴에 도끼를 던져야 한다.

스페이스 슬라럼
발매일 / 1983년
가격 / 4,300엔 제조사 / 세가

SG-1000 굴지의 프리미엄 소프트

올가의 아케이드 게임「슬러럼」의 이식작 혹은 이 회사의 대표작인「리버 패트롤」을 어레인지한 것이라 한다. 발매 후 올가가 파산해 자세한 사정은 알 수 없지만 SG-1000의 레어 소프트로 매니아들 사이에서 유명하다. 스키의 슬라럼(회전) 경기를 슈팅으로 만든 것으로, 셔틀을 조작해 운석을 피하면서 좌우의 빨강과 파랑 사이를 지나가며 목적지까지의 시간을 겨룬다. 파랑 운석에 맞으면 감속되므로 주의. 약간 단조로운 내용이라 평가는 낮지만 「파친코」와 비슷한 가격에 거래되고 있다.

소프트의 가격과 게임성이 비례하지 않는다는 사실을 증명한다. 꾸준히 게이트를 지나다는 단조로운 게임이다.

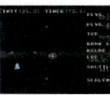 

중학교 필수 영단어 (중학교 1학년)
발매일 / 1983년
가격 / 3,800엔 제조사 / 세가

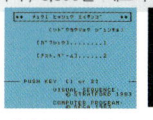 

세가의 학습 소프트 시리즈 지금은 수집가의 아이템

SC-3000용 학습 소프트. 영어와 산수, 물리와 화학, 역사 등 총 18타이틀이 발매되었다. 일본어의 영어 철자를 키보드로 입력하고 답을 맞추면 사람들이 나와 만세를 부른다. 게임이 단조로워서 아이들이 게임기를 사달라는 구실로 이용되곤 했다. 학년, 과목이 같으면 패키지의 일러스트가 같기 때문에 구분이 어렵지만 내용물은 다르다. 게임 소프트에 비하면 수량이 적어 프리미엄이 붙어 있다.「게임 학습책상」이라는 아케이드 기기도 있는 것을 보면 당시 세가가 학습 소프트에 힘을 쏟았음을 알 수 있다.

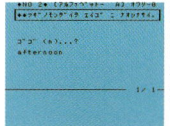

화면에 문자만 있어 단조롭다. 일본어 질문이 나오므로 키보드를 써서 영어 철자를 입력한다.

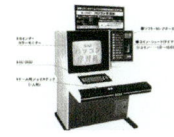

당시 일부 세가 직영점에 설치되어 있었던 아케이드 기기「게임 학습용 책상」의 광고지.

세가 마크Ⅲ

제조사 / 세가 엔터프라이즈
발매일 / 1985년   가격 / 15,000엔

세가 매니아의 마음을 제대로 사로잡았다

SG-1000 시리즈와 호환되는 상위 기종. 16색을 사용 가능한 스프라이트 기능 등 그래픽이 강화되어 패미컴의 성능을 뛰어넘었다. 본체에 마이카드용 슬롯이 추가되었고 1M 이상의 골드 카트리지 소프트도 발매되었다. 세가의 가정용 오리지널 타이틀도 충실하여 대응 소프트는 84개에 이른다. FM 사운드 유니트와 텔레콘 팩, 연사 유니트, TV 그림그리기 등 특이한 주변기기도 발매되었다. 서드파티로는 사리오만 참여해 FC의 인기에는 이르지 못했지만, 게임 전문지 「Beep」가 크게 다뤄 열광적인 세가 매니아를 양산했다. 약 70만대가 판매되었다.

사양

- CPU/NEC uPD780C-1(Z80A 호환) 3.57MHz
- 그래픽/야마하 YM2602(315-5124), 해상도 256*192, 전체 64색 중 동시발색 32색, 최대 스프라이트 64개 표시
- RAM/8KB
- VRAM/16KB
- 사운드/SN76489(구형파 3채널+노이즈 1채널)

세가 마스터 시스템

제조사 / 세가 엔터프라이즈
발매일 / 1987년   가격 / 16,800엔

FM 음원과 연사 기능을 채용한 마크Ⅲ의 마이너 체인지 판. 원래는 해외에서 마크Ⅲ를 판매하려고 개발된 기기이다. 일본에서는 다음해에 메가드라이브가 발매되어 빠르게 은퇴했는데, 해외에서는 개량판인 마스터 시스템Ⅱ도 발매.

3D 안경

제조사 / 세가 엔터프라이즈
발매일 / 1987년   가격 / 6,000엔

아케이드의 명작 게임을 3D로 즐길 수 있다

영상을 입체로 볼 수 있는 주변기기. 전용 소프트 「스페이스 해리어3D」와 「잭슨3D」 등에 대응한다. 마크Ⅲ에서는 동봉 어댑터로 사용 가능.

TV 그림그리기

제조사 / 세가 엔터프라이즈
발매일 / 1985년   가격 / 8,800엔

태블릿을 터치하면 브라운관이 스케치북이 된다

투명한 태블릿 위를 전용 펜으로 터치하면 TV에 마음대로 그림을 그릴 수 있는 주변기기.

텔레콘 팩

제조사 / 세가 엔터프라이즈
발매일 / 1985년   가격 / 4,000엔

무선으로 TV에 출력할 수 있는 획기적인 상품

UHF 전파를 이용하여 마크Ⅲ 본체에서 무선으로 TV에 게임 화면을 출력하는 주변기기. 생산량이 적어 프리미엄이 붙어 있다.

판타지존

발매일 / 1986년 6월 15일
가격 / 5,000엔 제조사 / 세가

**겉보기와 다르게
난이도는 꽤 높은 편**

파스텔풍의 귀여운 그래픽에 쇼핑을 통한 파워업 시스템이 특징인 슈팅게임. 아케이드판과 같은 시기에 마크Ⅲ판이 개발되어, 골드 카트리지 제1탄으로 등장했다. 플레이어는 오파오파를 조작하여 라운드 안에 배치된 모든 기지를 깨뜨리면 보스전으로 들어간다. 마크Ⅲ판에서는 라운드4와 6의 보스가 오리지널로 바뀌고, 기지 위치를 파악하는 레이더도 삭제되었다. 마지막 보스인 오파오파의 아버지가 눈물을 흘리는 장면은 팬들을 경악하게했다. 여러 게임기에 이식되었으며 속편「판타지존2 오파오파의 눈물」도 발매되었다.

적을 물리쳤을 때 나오는 동전을 모아 쇼핑 가능. 파워업에서 잔기 추가까지 여러 가지를 살 수 있다.

스페이스 해리어

발매일 / 1986년 12월 21일
가격 / 5,500엔 제조사 / 세가

 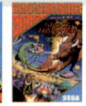

**완전 이식까지는 아니지만
플레이하는 것만으로 행복**

대히트한 아케이드 체감게임의 이식작. 주인공인 해리어를 조작해 고속으로 다가오는 장애물을 피하고 적을 물리치면서 앞으로 나아가는 유사 3D 슈팅이다. 기기의 성능상 마크Ⅲ판에서 오리지널을 재현하기란 대단히 어려웠지만, 적 캐릭터를 스프라이트가 아닌 배경으로 처리화한다는 최적화로 아케이드의 박력과 속도감을 뽑아냈다. 네모 캐릭터가 뻣뻣하게 움직이는 모습이 이식의 고충을 말해주지만 팬들은 집에서 플레이한다는 것만으로도 행복해했다. 당시 마크Ⅲ에서만 가능했던 해리어가 제트기가 되는 비기가 유명했다.

제작진의 집념으로 거대 보스도 재현되었다. 겉보기에는 난해하지만 움직임은 매우 부드럽다.

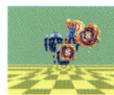 

애프터 버너

발매일 / 1987년 12월 12일
가격 / 5,800엔 제조사 / 세가

**속도감이 줄어들고
기기의 한계가 드러나다**

세가의 아케이드 전용 캐비넷을 사용한 체감게임. 게임에 나오는 모든 전투기는 실재하는 것으로 보임과 논스톱 그루먼이 감수했다. BGM도 유명한데 HIRO라는 닉네임을 쓰는 카와구치 히로시가 담당했다. 마크Ⅲ에서는 최초의 4MB 대용량으로 검은 팩을 채용했다. 하지만 이식은 상상 이상으로 어려웠던 것 같다. 움직임은 딱딱하고 속도감과 박력도 크게 줄었다. 하지만 수동의 연료 보급과 오리지널 보스 등장 등 마크Ⅲ만의 최적화도 있었다. 일본의 가정용 게임기로는 유일하게 1을 바탕으로 한 이식작이다.

모함은 미군의 원자력 항공모함과 회사 이름을 딴「세가 엔터프라이즈」이다.

 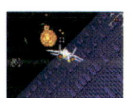

스파이 vs 스파이

발매일 / 1985년 9월 20일
가격 / 4,300엔 제조사 / 세가

**스파이의 속고 속이는
싸움에 몰입하다**

미국 만화를 게임화한 것으로 일본에서는 일찍이 세가가 이식했다. 타이틀의「VS.」는「앤드(AND)」라고 읽는다. 게임은 흰색 스파이「헤켈」과 검정 스파이「자칼」이 방에 숨겨진 아이템을 훔쳐 나와 비행기로 도망친다는 내용이다. 훔치는 과정에서 함정으로 방해하는 것이 이 게임의 재미이다. 어떻게 위장해서 상대방을 속이는지가 중요하다. 당시로서는 보기 드문 상하 분리 화면으로 서로의 행동을 볼 수 있었다. 스파이 둘이 같은 방에서 마주치면 격투가 벌어지는데 2인 대전이면 맹렬하게 불타오른다.

탈출에 필요한 아이템은 스스로 찾거나 라이벌을 물리쳐서 얻을 수 있다. 전부 모으면 비행기를 타고 안녕이다.

판타시 스타

발매일 / 1987년 12월 20일
가격 / 6,000엔 제조사 / 세가

**대 인기 시리즈 제1탄은
분위기가 다르다**

세가 최초의 본격 오리지널 RPG. FC의 DQ가 히트해 RPG 붐이 일어났는데 그 흐름에 올라탄 작품이다. 당시로서는 드물게 SF와 판타지를 융합시킨 세계관에 주인공은 여성이었다. 매끄럽게 움직이는 3D 던전과 전투에서의 애니메이션 기술, 3개 혹성을 이동하는 스토리가 높은 완성도를 자랑했다. 또한 FM 사운드에 대응하면서 마크Ⅲ에서 유일하게 4M+배터리 백업을 채용했다. 후에 MD판도 발매되지만 FM 음원을 사용하지 않아 음질은 이쪽이 좋다. 이후 세가를 대표하는 시리즈로 정착되었다.

기술력으로는 FC의 RPG를 압도했지만, 기기 보급률 차이로 그렇게까지 큰 히트로 이어지지는 않았다.

북두의 권

발매일 / 1986년 7월 20일
가격 / 5,000엔 제조사 / 세가

**기대를 배신하지 않는 품질
매우 높은 평가를 받았다**

인기 만화가 원작으로 마크Ⅲ 최고의 게임으로 평가된다. FC판과는 달리 마크Ⅲ판에서는 원작을 충실히 재현해 호평받았다. 그래픽, 음악, 다중 스크롤 등 완성도 역시 상당하다. 보스전에서는 캐릭터가 커져서 박력 있는 전투를 즐길 수 있다. 유명한 북두백렬권은 천천히 시작해 점점 빠르게 주먹을 지르는 설정이다. 토키와 사우저는 그냥 싸워서는 이길 수 없고 특수한 피니시가 필요한데, 원작의 켄시로의 고뇌를 훌륭히 표현하고 있다. 마지막 보스인 라오우와의 결전은 명대사와 훌륭한 연출이 준비되어 있다.

원작을 재현하고자 하는 시도를 곳곳에서 볼 수 있으며, 그것이 게임성과 잘 맞아떨어진 점이 높은 평가로 이어졌다.

슈퍼 카세트 비전

제조사 / 에폭
발매일 / 1984년   가격 / 15,000엔

기사회생을 노린 에폭사의 최종병기

FC의 공세에 밀린 에폭이 만든 카세트 비전의 후속 기기. FC의 2배인 128장 스프라이트 기능과 RF 접속이 일반적이었던 당시에 RGB 출력을 지원하는 등 타사 게임기를 부분적으로 뛰어넘었다. 본체에는 마작게임 등에 쓰이는 텐키를 채용했고 손바닥 크기의 조이스틱을 넣을 수 있었다. 대응 소프트는 총 30개. 「도라에몽」「드래곤볼」은 물론 후기에는 남코의 「마피」와 「스카이 키드」가 이식되었다. 음성합성과 백업 팩 등 가정용 게임기 최초의 기능도 많다. 30만대를 판매했지만 에폭은 1986년을 마지막으로 게임기 사업에서 철수하고 닌텐도의 서드파티가 된다.

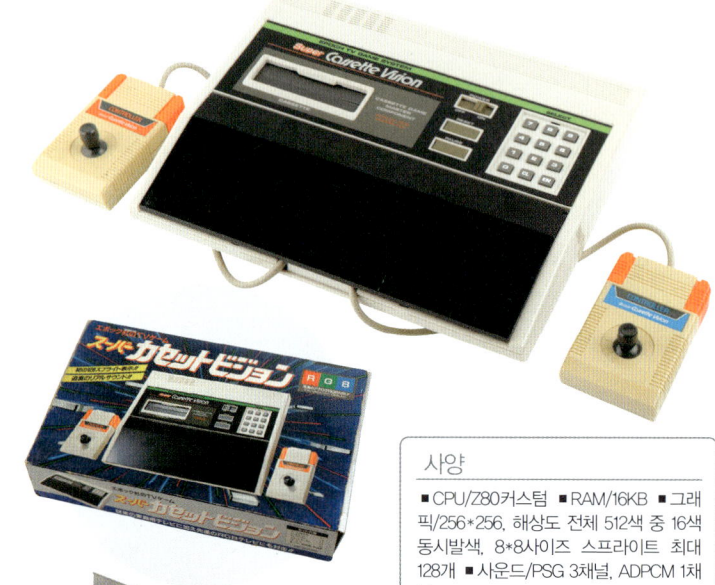

사양
- CPU/Z80커스텀 ■ RAM/16KB ■ 그래픽/256*256. 해상도 전체 512색 중 16색 동시발색. 8*8사이즈 스프라이트 최대 128개 ■ 사운드/PSG 3채널, ADPCM 1채널

컨트롤러를 수납할 수 있다

베이직을 프로그래밍하기 위한 소프트. 컨트롤러와 텐키로 모든 문자를 입력할 수 있다.

키보드 없이 프로그램을 짠다고!?

광고 모델은 당시 요미우리 자이언츠의 하라 타츠노리 선수

슈퍼 카세트 비전 레이디스 세트

제조사 / 에폭
발매일 / 1985년   가격 / 19,300엔

핑크색이 현란하다

수납박스도 여성을 의식했다

당시로서는 참신한 여성용 세트. 전체 핑크에 로고까지 따로 디자인한 철저함이 엿보인다. 전용 수납 케이스 세트로 점술 소프트 「밀키 프린세스」가 동봉되었다.

아스트로 워즈

발매일 / 1984년
가격 / 2,980엔 제조사 / 에폭

**대응 소프트 제단은
인베이더의 어레인지**

인베이더 타입의 슈팅게임. 아케이드판 「아스트로 인베이더」와 닮았지만 원본은 에폭의 LSI 게임기 「슈퍼 갤럭시안」이라고 한다. 좌우로 움직이며 다가오는 로봇군단을 물리치면 적 모함과 대결한다. 지그재그로 공격하는 로봇을 피하면서 미사일 4발을 명중시키면 클리어. 화면 아래의 수납에는 잔기가 8기 있는데 이곳을 지키면서 적 부대를 섬멸한다. 히트박스가 크고 컨트롤러의 조작성이 좋지 않아 난이도는 높은 편이다. 속편인 「배틀 인 갤럭시」는 적의 종류와 움직임이 보다 다양해졌다.

무엇보다 컬러풀한 화면이 인상적이다. 로봇의 빔에는 배리어를 펼쳐서 응전한다.

루팡 3세

발매일 / 1984년
가격 / 3,800엔 제조사 / 에폭

**바르셀로나 동굴
탈출 작전!**

루팡 시리즈 중 마이너한 부류에 들어가는 애니메이션 파트3을 유일하게 게임화했다. 바르셀로나 동굴에 잠든 보물을 찾아 루팡 3세가 동굴에 잠입한다. 교외의 맨홀에서 하수구로 들어가 흡혈박쥐와 악어를 점프로 피하면서 동굴로 간다. 쫓아오는 제니가타 경부들에게서 도망치며 보물을 가지고 서둘러 탈출한다. 지겐이 기다리는 출구에 도착하면 클리어. 실수해서 제니가타 경부에게 잡히는 장면 등의 그래픽과 코믹한 움직임이 강조된 연출을 팬들이 좋아했다. BGM은 애니메이션 파트2를 채용했다.

루팡의 움직임은 원작에 가깝다. 도트 캐릭터가 매끄럽게 움직이고 제니가타 경부들도 보는 순간 바로 알 정도이다.

도라에몽

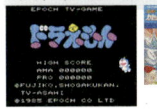 

발매일 / 1985년
가격 / 4,800엔 제조사 / 에폭

**도라에몽과 함께
시간여행을 시작한다**

아르카디아에 이은 도라에몽 게임. 현재, 과거, 미래를 모험하는 횡스크롤 액션게임으로 도라에몽을 조작해 흘어진 타임머신의 부품과 동료들을 구하는 것이 목적이다. 스프라이트 기능이 좋아서 크게 표시되는 캐릭터가 매력적이다. 비밀도구는 도라미가 통과 후프를 사용해 가져온다. 스테이지1의 현대편은 쥐에게서 도망치면서 나통통이 숨긴 타임머신의 부품을 모은다. 스테이지2는 원시시대로 날아가 동료 4명을 구한다. 마지막 스테이지3에서는 미래도시로 가서 타임머신 부품과 동료 4명을 찾는다.

큰 캐릭터로 표현된 도라에몽과 동료들의 미소와 화난 얼굴 등의 표정이 귀엽다.

드래곤 슬레이어

발매일 / 1986년
가격 / 4,980엔 제조사 / 에폭

**일본 최초의
백업 기능을 채용**

1984년 일본 팔콤이 일본 PC로 발매했던 액션 RPG를 이식했다. 속편 「재너두」는 대히트를 기록했다. 본 작품은 가정용 이식이 적고 생산량도 적어 프리미엄이 붙어 있다. 드래곤이 지키는 4개의 왕관을 얻기 위해 던전을 탐색한다. 게임 내용은 좋지만 자력으로 뚫는 것은 너무 어렵다. 본체의 텐키에 마법이 할당되어 있어 오버레이를 씌워서 플레이할 수 있지만 컨트롤러만으로도 조작은 가능하다. 가정용 게임기 최초로 AA 전지 2개로 백업이 가능했기 때문에 다른 팩에 비해 사이즈가 크다.

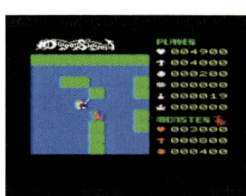

PC의 명작을 가정용 게임기로도 즐길 수 있다. 패미컴의 「파재너두」처럼 미묘한 어레인지를 하지 않고 원작을 재현했다.

드래곤볼 드래곤 대비경

발매일 / 1986년
가격 / 4,800엔 제조사 / 에폭

**DB 최초의 가정용 게임은
슈팅게임**

드래곤볼 최초의 게임화. FC판이 유명하지만 게임 내용은 전혀 다르다. 무려 트윈비 같은 종스크롤 슈팅으로 7개의 비경을 돌아다니며 드래곤볼을 모으는 것이 목적. 각 스테이지에 있는 볼을 입수하면 다음 스테이지로 넘어간다. 가메하메파와 여의봉으로 적을 공격하자. 중간에 있는 거북선인의 스테이지에서 수행을 하면 가메하메파가 파워업 한다. 원작에서 익숙한 당근토끼와 피라후, 메탈릭 중사, 무라사키 상사와 잡졸 캐릭터인 곰의 산적(!?)도 나온다. 볼을 7개 모으면 신룡이 나타난다.

오공의 가메하메파는 서서히 내려간다. 가까이 있으면 공중의 적에게 주고 멀리 있으면 지표물에 쏜다.

거북선인과의 수행 스테이지에서는 오공이 거북이로 바뀐다. 수행이 끝나면 다음에 만날 때는 파워업 한다.

폴 포지션 II

발매일 / 1987년
가격 / 5,200엔 제조사 / 에폭

**마지막 소프트는
가정용에서 유일한 이식작**

「마피」, 「스카이 키드」에 이은 남코 작품으로 PS의 남코 뮤지엄까지는 이 작품이 유일. 아케이드판과 마찬가지로 「예선 스타트입니다」라고 말하는 것이 볼거리이다. 3D 레이싱 게임의 시조격으로 실제 카레이스를 시뮬레이션하고 있다. 커브를 돌 때 속도를 줄이고 코스를 외워야 하는 등 당시로서는 획기적이라 할 수 있는 리얼리티를 재현해 이후 레이싱 게임에 큰 영향을 미쳤다. 슈퍼 카세트 비전 최후의 소프트였던 만큼 그래픽과 동작이 최적화되어 있지만, 조작성에서는 다소 무리가 있었다고 평가된다.

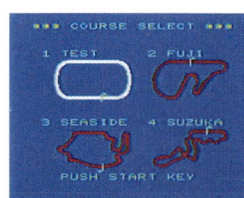

I에 비해 그래픽이 압도적으로 좋아졌다. 코스도 4개 중에서 고를 수 있으나 조작성은 별로이다.

RX-78 GUNDAM

제조사 / 반다이
발매일 / 1983년   가격 / 59,800엔

건담의 이름을 따온 고성능 하비 PC

PC의 미래를 지향했던 반다이가 건담의 모델번호를 가져와서 발매한 하비PC. 개발은 샤프가 했다. 고속 3차원 그래픽과 4옥타브의 고음역 신디사이저 기능. 별매 소프트로 베이직에 대응하며 키보드에 씌우는 오버레이 기능 등 많은 기능을 준비했다. 건담의 게임 소프트를 필두로 학습 소프트, 당시에는 비쌌던 워드프로세서 소프트까지 풍부한 장르를 커버했다. 대응 소프트는 총 31개. 아이에서 어른까지 폭넓은 층에게 어필했지만 건담도 패미컴 앞에서는 고전을 면치 못했다.

건담과 울트라맨 등 판권물도 발매했다

사양
- CPU/SHARP LH0080A (Z80A) 4.1MHz ■ RAM/30KB(VRAM 포함) ■ ROM/8KB ■ 그래픽/192*184 해상도, 전체 색상 27색 ■ 사운드/3화음 +노이즈

TV 보이

제조사 / 학습연구사
발매일 / 1983년   가격 / 8,800엔

독특한 인터페이스가 아이들을 부추기다

조이스틱이 본체가 된 듯한 작은 사이즈에 LSI 게임급의 저렴함이 강점이었던 학습연구사의 게임기. 왼손으로 그립을 잡고 오른손으로 T 모양의 레버를 조작하여 버튼을 누르는 방식으로 아이들이 좋아할 만한 모양새를 가졌다. 카세트 비전과 같이 CPU는 본체에 있지 않고 각 소프트에 들어 있다. 「프로거」와 「슈퍼 코브라」 등 아케이드의 인기작을 이식했지만, 그래픽도 움직임도 구시대의 게임기가 연상될 정도로 조악해서 대응 소프트는 6개로 끝났다.

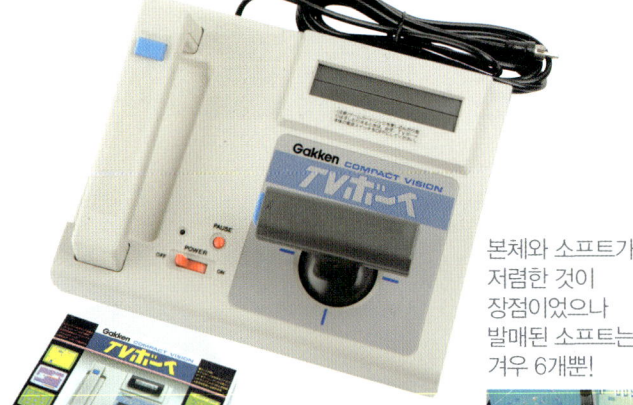

본체와 소프트가 저렴한 것이 장점이었으나 발매된 소프트는 겨우 6개뿐!

사양
- CPU/없음(소프트에 MC6801을 적용) ■ 해상도/128*64 ■ 표시색상/8색

PV-1000

제조사 / 카시오
발매일 / 1983년　가격 / 14,800엔

킬러 소프트는
파친코 UFO

FP 시리즈와 게임 전자계산기로 유명한 카시오 계산기가 후발로 가정용 게임기 시장에 참여했다. 이것은 게임 전용기로 게임 PC 「PV-2000 라쿠가키」와 함께 발매되었다. 카시오는 시장조사를 통해 어린이가 가장 갖고 싶은 게임은 파친코라 판단해 슈팅을 융합한 자사 타이틀 「파친코 UFO」를 전면에 내세웠다. 여기에 남코와 코나미 등의 인기 타이틀을 이식했다. 대응 소프트는 총 15개. 아름다운 그래픽과 커다란 조이스틱으로 편리함을 강조했지만 패미컴에는 미치지 못했다.

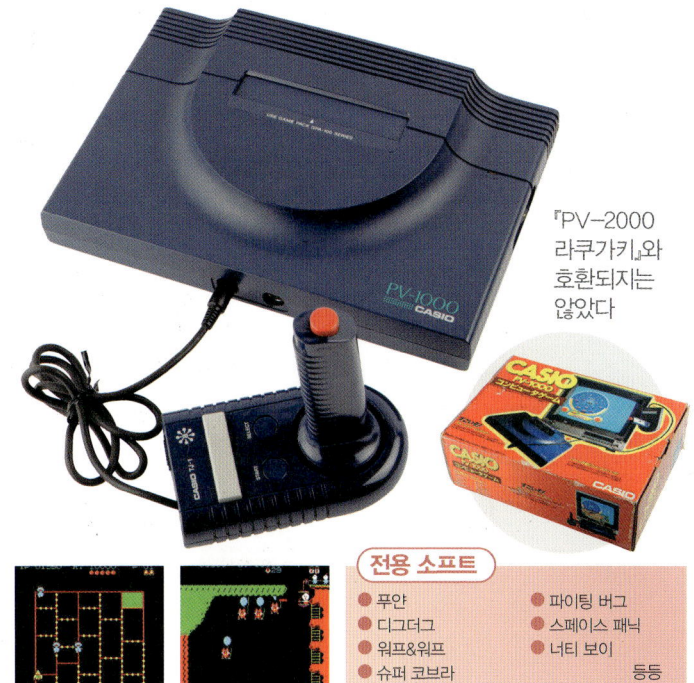

『PV-2000 라쿠가키』와 호환되지는 않았다

사양
- CPU/Z80A 호환　■ 그래픽, 사운드 기능 NEC D65010G031, 240*192 해상도, 전체 색상 16색
- VRAM/16KB　■ RAM/3KB

전용 소프트
- 푸얀
- 디그더그
- 워프&워프
- 슈퍼 코브라
- 파이팅 버그
- 스페이스 패닉
- 너티 보이
- 등등

PV-2000 라쿠가키

제조사 / 카시오
발매일 / 1983년　가격 / 29,800엔

편리하고 즐겁게
그림을 그린다

베이직을 표준으로 채용했으며 당시 하비PC 중에서는 가장 저렴한 가격으로 프로그래밍을 즐길 수 있었다. PV-1000과 같은 성능이지만 소프트의 호환성은 없다. 「라쿠가키」라는 이름 그대로 즐겁고 간단한 조작으로 그림을 그리는 기능을 가지고 있고, 키보드에는 8방향의 커서키가 있다. 자신이 그린 배경에서 3가지 게임을 플레이할 수 있는 「라쿠가키 스페셜」이라는 소프트도 있었다. 발매 다음해에 카시오가 같은 가격으로 MSX를 발매하여 1년 만에 철수한다.

사양
- CPU/Z80A 호환　■ 그래픽·사운드 기능/NEC D65010G031, 240*192 해상도, 전체 색상 16색
- VRAM/16KB　■ RAM/3KB

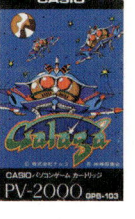 

전용 소프트
- 록큰 로프
- 미스터 팩쿤
- 갤러가
- 푸얀
- 슈퍼 코브라
- 프론트 라인
- 스키 커맨드
- 등등

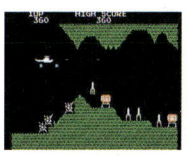 

PV-1000과 같은 타이틀도 있지만 어디까지나 별개로 취급된다

마이비전

제조사 / 칸토전자, 일본물산	
발매일 / 1983년 가격 / 19,800엔	

아빠들이 좋아하는 게임들이 총집합

아케이드에서 마작게임 등을 많이 발매했던 일본물산이 개발한 테이블 게임에 특화된 기기. 「화투」「마작」「츠메장기」 등 아버지들을 위한 타이틀을 준비하여 백화점과 PC 계열 유통점에서 판매했다. 기본은 CPU와의 일대일 대전형식이다. TV 2대와 본체, 통신 케이블을 사용하여 마작만 대전 플레이를 지원했다. 패미컴의 테이블 게임에서는 보다 간단하게 2인용이 가능했기 때문에 총 6타이틀로 끝났다. 약 5만대 판매되었다.

본체 2대와 통신 케이블을 준비하면 2인 대전 플레이가 된다

레트로게임을 즐기자!

이 책에서 소개하고 있는 게임기를 한 번쯤 플레이하고 싶은 분은 많겠지만, 특히 제2장까지 소개한 게임기를 만질 기회는 아쉽게도 대단히 제한되어 있다고 봐야 한다.

하지만 일부 기종의 게임에 대해서는 현재의 가정용 게임기, 혹은 PC 사이트가 제공하는 온라인 서비스를 통해 플레이할 수 있다. 어디까지나 게임을 플레이할 수 있는 것뿐으로 본체의 질감 등은 당연히 알 수 없지만 관심 있는 분은 한번 시도해보는 것도 나쁘지 않다.

가장 먼저 얘기하고 싶은 것이 「XGame Room」이다. Xbox360 및 Windows Live 에서 레트로게임 다운로드 서비스를 하고 있다. 아케이드 작품 외에 「인텔레비전」 「아타리VCS」의 게임도 플레이해볼 수 있다. 또한 두 기종 정도로 오래되지는 않았지만, 세가 게임기 중에서는 닌텐도의 현행 기기를 대상으로 한 「버철 콘솔」 및 소니 게임기 방면의 「게임 아카이브스」를 체크해 보자. 『SG-1000』 『세가 마크Ⅲ』의 타이틀도 준비되어 있어 세가 팬이 좋아할 서비스이다.

GAME
CONSOLE
COMPLETE
GUIDE

제 4 장

절대 왕자에의 도전,
하지만 그 벽은 너무나도 높았다.

닌텐도 포위망 편

닌텐도와의 싸움에서 연패를 거듭한 세가. 하지만 그 혼은 불멸이었다. 새로운 자객으로 보낸 것은 16bit 게임기인 『메가드라이브』. 세가답게 톡톡 튀는 게임도 많아서 해외에서는 대히트를 기록했으나, 일본에서는 슈퍼패미컴에게 무릎을 꿇는다.

PC엔진

제조사 / NEC 홈 일렉트로닉스
발매일 / 1987년 10월 30일   가격 / 24,800엔

익사이팅 그 자체인 하비 PC

압도적인 그래픽과 고성능 사운드로 1987년부터 1994년까지 한 시대를 풍미했던 마지막 8비트 게임기. PC-98 시리즈로 일본 PC 시장을 석권했던 NEC(발매는 자회사인 NEC 홈 일렉트로닉스)와 허드슨이 손잡고 기존 기기에서는 불가능했던 높은 이식성의 아케이드 게임과 오리지널 게임을 준비해 600개 이상의 소프트가 발매되었다. 게임 소프트는 HuCARD라는 IC카드 모양의 롬을 채용했는데 작지만 고성능이다. 본체를 중심으로 여러 주변기기를 확장하는 「코어 구상」을 전개하여 세계 최초의 CD-ROM을 통한 소프트 공급 등 게임의 새로운 가능성을 열었다.

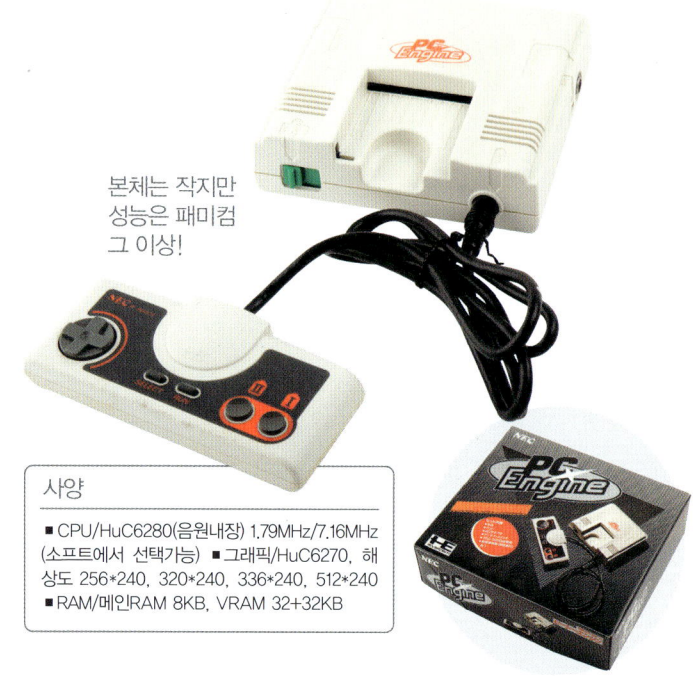

본체는 작지만 성능은 패미컴 그 이상!

사양
- CPU/HuC6280(음원내장) 1.79MHz/7.16MHz (소프트에서 선택가능) ■그래픽/HuC6270, 해상도 256*240, 320*240, 336*240, 512*240
- RAM/메인RAM 8KB, VRAM 32+32KB

PC엔진 코어그래픽스

제조사 / NEC 홈 일렉트로닉스
발매일 / 1989년 12월 8일
가격 / 24,800엔

초기형의 마이너 체인지 버전으로 TV 출력에 AV단자를 채용

X1 Twin

제조사 / 샤프
발매일 / 1987년 12월
가격 / 99,800엔

샤프의 PC X1 시리즈에 PC엔진을 내장한 복합기. 전원 제외하고는 공유하는 부분이 없고 영상은 비디오 출력을 지원한다. 확장 기기는 대응하지 않는다.

PC엔진 코어그래픽스II

제조사 / NEC 홈 일렉트로닉스
발매일 / 1991년 6월 21일
가격 / 19,800엔

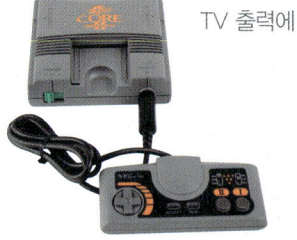 

TV 출력에 AV단자 채용

초기형 PC엔진의 마이너 체인지 버전으로 디자인의 일부가 바뀌었으며 AV단자를 통한 TV 출력을 지원한다. 컨트롤러에 연사 기능도 채용했다. 코어 그래픽스II는 염가판으로 컬러 외의 모든 사양이 동일하다.

GAME CONSOLE COMPLETE GUIDE

PC엔진 셔틀

제조사 / NEC 홈 일렉트로닉스
발매일 / 1989년 11월 22일
가격 / 18,800엔

기발한 디자인으로 유명했지만 CD-ROM을 쓰지 못한다는 문제가 있었다

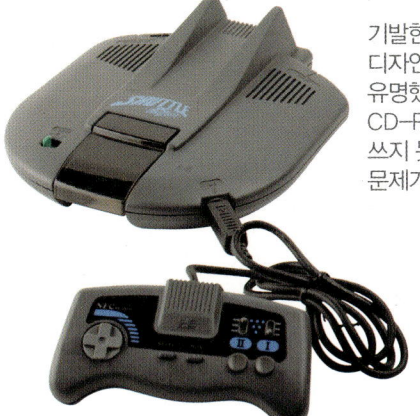

저연령층을 대상으로 한 염가판으로 우주선을 이미지화한 유선형 하우징이 특징이다. CD-ROM 등의 확장 버스를 생략하여 가격을 낮췄는데 이것이 오히려 독으로 작용했다.

PC엔진GT

제조사 / NEC 홈 일렉트로닉스
발매일 / 1990년 12월 1일
가격 / 44,800엔

PC엔진의 휴카드를 플레이할 수 있는 휴대 기기. 칼라 액정을 채용했고 별매로 TV 튜너도 나왔다. 통신 케이블로 GB 같은 대전 플레이도 지원한다.

휴대용 PC엔진, 형태는 GB와 닮았다

PC엔진LT

제조사 / NEC 홈 일렉트로닉스
발매일 / 1991년 12월 13일
가격 / 99,800엔

당시로서는 비싼 TFT 액정을 채용했으며 외부 모니터도 되는 의욕작

당시로서는 비싼 4인치 TFT 액정 모니터를 채용하여 CD-ROM 등과의 확장성을 가지고 있으며 TV 튜너까지 내장한 초호화 기기. 호화로운 구성과 희소성으로 매니아들의 인기가 높다.

PC엔진 슈퍼그래픽스

제조사 / NEC 홈 일렉트로닉스
발매일 / 1989년 11월 30일   가격 / 39,800엔

묘화 기능이 2배로 강화된 상위 호환기. 자동차 엔진을 이미지화했다고 하지만 실제로는 꽃게 형태의 디자인이 특징으로 본체 사이즈는 기존의 3배이다. 비효율적인 구조와 비싼 가격이 발목을 잡아 전용 타이틀은 5개로 끝났다.

그래픽이 강화된 PC엔진의 상위 호환 기기

전용 소프트
- 배틀에이스
- 마동왕 그랑조트(슈퍼 그랑죠)
- 대마계촌
- 올디네스
- 1941 Counter Attack

PC엔진과 공용 소프트
- 다라이어스 플러스
- 다라이어스 알파

PC엔진 DUO

제조사 / NEC 홈 일렉트로닉스
발매일 / 1991년 9월 21일
가격 / 59,800엔

SUPER CD-ROM²을 내장하여 히트상품으로 등극

PC엔진과 SUPER CD-ROM²의 일체형 기기. DUO-R은 일부 단자를 제거한 염가판이고, DUO-RX는 컨트롤러가 6버튼이 되었고 로딩 속도가 향상되었다. 1991년 굿디자인상을 수상했다.

PC엔진 DUO-R

제조사 / NEC 홈 일렉트로닉스
발매일 / 1993년 3월 25일
가격 / 39,800엔

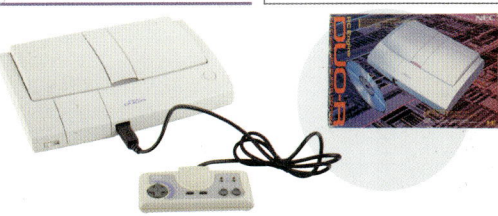

DUO의 염가판으로 등장한 DUO-R

PC엔진 DUO-RX

제조사 / NEC 홈 일렉트로닉스
발매일 / 1994년 6월 25일
가격 / 29,800엔

DUO-R의 마이너 체인지판인 DUO-RX

CD-ROM²

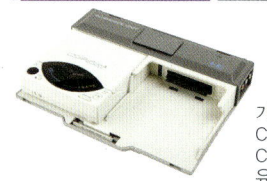

| 제조사 / NEC 홈 일렉트로닉스 |
| 발매일 / 1988년 12월 4일 |
| 가격 / 57,300엔 |

가정용 게임기의 미디어 최초로 CD-ROM을 채용했다. 처음에는 CD-ROM 플레이어와 인터페이스 유니트가 별매였다.

멀티탭

| 제조사 / NEC 홈 일렉트로닉스 |
| 발매일 / 1987년 |
| 가격 / 2,480엔 |

최대 5개까지 게임 패드를 연결할 수 있는 주변기기. 본체에는 1개만 연결할 수 있었기 때문에 2인용 플레이 이상에서는 필수 기기였다.

천의 성2

| 제조사 / NEC 홈 일렉트로닉스 |
| 발매일 / 1989년 |
| 가격 / 2,600엔 |

PC엔진 휴카드 게임의 데이터를 저장하는 주변기기로, 전지가 방전되려 하면 빨강 램프가 깜빡인다. 이 시스템은 CD-ROM 이후의 백업 메모리로 이어진다.

SUPER CD-ROM²

| 제조사 / NEC 홈 일렉트로닉스 |
| 발매일 / 1991년 12월 13일 |
| 가격 / 47,800엔 |

CD-ROM²의 시스템 카드와 인터페이스 유니트를 내장해 메모리를 4배 강화한 상위 기종. DUO 등의 일체형이 먼저 나온 탓에 보급되지 않았다.

아케이드 카드

| 제조사 / NEC 홈 일렉트로닉스 |
| 발매일 / 1994년 |
| 가격 / 12,800엔(DUO), 17,800엔(PRO) |

(SUPER) CD-ROM² 시스템의 메모리 증설 카드로 대전격투 게임을 중심으로 대응 소프트를 플레이하는 데 위력을 발휘했다. SUPER CD-ROM²용 DUO와 CD-ROM²용 PRO의 2가지가 있다.

프린트 부스터

| 제조사 / NEC 홈 일렉트로닉스 |
| 발매일 / 1989년 |
| 가격 / 24,800엔 |

PC엔진 본체와 직접 연결하는 프린터. 그림 그리기 툴과 전용 펜, 태블릿도 발매되어 전부 갖추면 45,400엔이 된다.

PC엔진 소프트 소개

빅쿠리맨 월드

발매일 / 1987년 10월 30일
가격 / 4,500엔 제조사 / 허드슨

PC엔진의 런칭 타이틀 오리지널보다 유명할지도

빅쿠리맨 씰을 소재로 한 액션게임. 세가의 아케이드 게임「원더보이 몬스터 랜드」를 원작으로 이벤트와 보스 캐릭터를 바꿨으나 기본 시스템은 오리지널을 충실히 재현했다. 그래서 플레이어인 헤드로코코도 처음에는 기저귀를 차고 나온다. 보스 외에는 수정되지 않아 잡몹들은 오리지널 그대로이다. 처음에는 이상한 곳에 다가가면「벽의 반대편에 사람의 기척이 난다」「어!?」등

의 힌트가 나오지만 후반에는 힌트가 거의 없다. 높은 이식도와 캐릭터 인기로 PC엔진의 지명도를 올리는 데 공헌한 게임.

보스 중 노아품은 강적으로, 사탄 마리아의 퀴즈를 맞추면 싸우지 않고 진행할 수 있다.

적을 물리쳐서 얻는 골드로 쇼핑을 할 수 있는 등, RPG다운 요소도 있어 폭넓은 층에서 인기를 얻었다.

카토짱 켄짱

발매일 / 1987년 11월 30일
가격 / 4,500엔 제조사 / 허드슨

묘하게 리얼한 캐릭터가 도처에서 웃음을 준다

당시 TBS의 인기 예능을 소재로 한 횡스크롤 액션게임. 카토 차와 시무라 켄의 얼굴이 매우 리얼하고 유머 넘치는 연출과 개그도 자주 나온다. 학부모들은 둘이 나오는 개그 방송을 상스럽고 싫어했는데, 이 작품에서도 이를 활용해 아이들을 웃긴다. 카토짱은 발이 느리지만 점프력이 있고, 켄짱은 스피드가 빠르지만 미끄러지기 쉽다. 선택받지 못한 쪽은 삐져서 종종 플레이어를 방해하러 나온다. 총 6월드 24스테이지로 최종 스테이지에서 떨어지면 1스테이지로 돌아가는 함정은 가혹했다.

유효거리가 아주 짧은 킥과 방귀 외에 방귀 공격이 특징. 방귀가 아니면 못잡는 적도 있다.

켄짱의 대표 개그「괜찮아~」도 등장한다. 체력이 회복되어 일정 시간 무적이 된다.

요괴도중기

발매일 / 1988년 2월 5일
가격 / 4,900엔 제조사 / 남코

귀여운 캐릭터와 지옥을 탐험하는 게임

PC엔진의 첫 서드파티 소프트로 아케이드 이식작. 신의 벌칙으로 지옥에 떨어진 타로스케를 조작해 5개의 지옥을 모험한다. 요괴 염력이라는 나는 도구를 써서 적을 물리치고, 모아쏘기로 적을 한방에 잡는 것이 통쾌하다. 최종 스테이지에서는 타로스케의 행동에 의해 엔딩이 5개로 분기되는 멀티엔딩을 채용했다. 적을 잡지 않고 돈도 줍지 않는 좋은 행동을 하면 굿엔

딩이 나오지만 이것이 참 어렵다. 용궁성에서의 뭇한 장면과 질문하는 신이라는 요소도 있어 PC엔진 소프트 중에서도 인기가 높다.

스테이지 보스가 오니인 경우, 선조님인 몬모타로의 귀신이 나와 타로스케 대신 싸워준다.

중간에 잡상인이 있어 여러 아이템을 살 수 있다. 그야말로 지옥 생활도 돈이 필요한 게임이었다.

PC원인

발매일 / 1989년 12월 15일
가격 / 5,800엔 제조사 / 허드슨

강렬한 박치기로 적을 물리치자

PC엔진의 횡스크롤 액션게임. 제작에 레드 컴퍼니와 아틀라스가 관여했다. 공룡왕국의 평화를 지키기 위해 사상최강의 돌머리 PC원인을 조작해 박치기로 적을 물리쳐 스테이지를 진행한다. 보너스 게임과 숨겨진 방 등이 풍성한 총 7스테이지 구성으로, 중간에 나오는 원시육을 먹으면 PC원숭이, PC변인으로 2단계 파워업 한다. 이빨로 물어서 올라가는「근성 등정」과 뼈가 붙

은 고기를 먹으면 머리가 폭발하는 등의 리액션이 귀엽고, 난이도와 게임 밸런스도 좋다. 이후 여러 게임기에서 발매된 대 히트작.

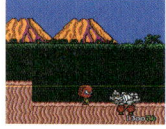

파워업 후에는 점프 공격스핀봉크로 화면 내 적의 움직임을 멈출 수 있게 되었다.

귀여운 캐릭터와 쉬운 난이도로 폭넓은 층으로부터 지지받은 게임. 즉사 트랩이 없는 것도 특징이다.

이스 I·II

발매일 / 1989년 12월 21일
가격 / 7,800엔 제조사 / 허드슨

일본 PC에서 태어난 역사적인 명작 ARPG

일본 팔콤의 대표작으로 PC 소프트도 열광적인 팬이 많기로 유명한 액션 RPG. CD-ROM² 초기 타이틀로 압도적으로 아름다운 비주얼에 원작의 이미지를 망치지 않으면서 어레인지된 호화로운 BGM, 성우들의 훌륭한 연기 등 높은 완성도를 자랑한다. 빨간 머리의 모험가 아들 크리스틴이 고대문명의 수수께끼를 풀어나간다. 이스의 가장 큰 매력은 친절하고 알기 쉬운 설계로 누구나 플레이하기 쉬웠다. PC엔진판은 I와 II의 합본이 아니라 1의 엔딩이 2의 오프닝으로 이어지는 것이 특징이다.

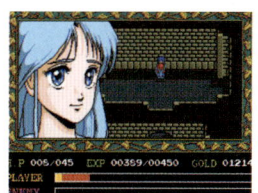

호화로운 비주얼 장면으로 크게 유명해진 작품. 전자악기를 사용하여 대담하게 어레인지된 사운드도 평가가 좋다.

꿀벌학원

발매일 / 1990년 9월 14일
가격 / 6,090엔 제조사 / 허드슨

게임에서 실제로 아이돌이 데뷔한다

게임에서 아이돌을 데뷔시킨다는 설정이 참신했던 실사 어드벤처. 미스 CD-ROM²이라는 이름으로 전국에서 응모한 3000여 명 중 선발된 20명이 게임에 등장한다. 실제 플레이어가 참가한 투표에서 데뷔할 아이돌이 결정된다. 플레이어가 아이돌 양성을 겸한 신임 교사가 되어 아이돌 후보생 20명과 1년을 보낸다는 내용으로 졸업할 때 데뷔할 생도를 고른다. 클리어 후의 패스워드를 엽서로 보내 응모했다. 당시 15세인 이노우에 마미가 우승하여 1991년 8월에 실제로 팬하우스에서 데뷔했다.

당시로서는 호화로운 여자 전원의 실사를 넣은 풀 보이스. 참고로 꿀벌은 허드슨의 로고에서 따왔다.

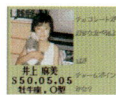 

천외마경 II 卍MARU

발매일 / 1992년 3월 26일
가격 / 7,800엔 제조사 / 허드슨

개성 넘치는 캐릭터와 화려한 연출, 강한 임팩트

중세 일본을 모델로 한 가공의 세계 「지팡구」에서 불의 일족인 주인공들의 싸움을 그린 PC엔진 오리지널 RPG. 기획 및 원안은 레드 컴퍼니의 히로이 오우지, BGM은 지브리 애니메이션으로 익숙한 히사이시 죠가 담당했다. 제1탄 「천외마경 ZIRIA」에서 CD-ROM²의 능력을 살린 동영상과 성우 음성 등 앞선 연출이 유명하다. 향상된 로딩 속도, 화려한 애니메이션 연출, 경쾌한 전투 시스템, 개성 있는 캐릭터로 시리즈 1~2위를 다투는 인기를 얻었다. 이후 GC와 PS2, DS에도 리메이크 되었다.

개성이 강한 캐릭터에 의한 화려한 애니메이션이 특징. 독특한 세계관에 매료된 팬이 많다.

R-TYPE

발매일 / 1988년 3월 25일
가격 / 4,900엔 제조사 / 허드슨

이것이 PC엔진의 성능! 포스와 거대 전함이 매력

「그라디우스」「다라이어스」와 함께 80년대 후반을 대표하는 슈팅으로 게임 역사에 남는 걸작. 아이렘의 아케이드 판을 가정용으로 훌륭하게 재현해, FC 전성기에 PC엔진의 성능을 과시했다. 당시는 용량상 각 4스테이지마다 「I」「II」 구성으로 발매되었다. 마음대로 붙였다 뗄 수 있으며 공격과 방어의 수단으로 쓰이는 「포스」의 존재와 메카닉과 생물이 융합한 독특한 SF 세계를 표현한 아름다운 그래픽이 이 작품의 특징으로 거론된다. 이 획기적인 시스템과 세계관은 이후 다른 슈팅 게임에 큰 영향을 미쳤다. 8스테이지 전체가 수록된 컴플리트 CD도 발매되었다.

파동포에 사용된 모아쏘기와 2화면에 이르는 거대 전함의 빈틈을 공략한다는 점이 참신했다.

매지컬 체이스

발매일 / 1991년 11월 15일
가격 / 7,800엔 제조사 / PAL소프트

PC엔진에서 가장 유명한 프리미엄 소프트

PC엔진판 프리미엄 게임으로 유명하다. 견습마녀 리플이 친구인 별의 요정과 함께 악마를 봉인하는 판타지 슈팅게임. 유사 3중 스크롤 그래픽과 귀여운 캐릭터의 연출, BGM에 맞춰 나오는 적 등 게임의 완성도가 높은 숨겨진 명작이다. PC엔진이 슈퍼 CD-ROM²으로 옮겨갔을 때 나온 휴카드여서 생산량이 적어 소프트 가격이 폭등했다. 팬들의 성원에 1993년 도산한 PAL 소프트를 대신해 게임잡지 「PC엔진FAN」(토쿠마 서점)에서 이례적인 재판매가 이루어졌다. GB칼라와 Windows PC에도 이식되었다.

「판타지 존」과 마찬가지로 상점에서 아이템을 사서 파워업 한다.

하니 인 더 스카이

발매일 / 1989년 3월 1일
가격 / 5,200엔 제조사 / FACE

당시 유명했던 하니와를 주인공으로 한 슈팅게임

일본 신화를 바탕으로 한 종스크롤 슈팅게임. 하니와 「하니」를 조작하여 신화 속의 신 「이자나미」의 마음에 올라탄 사악한 자들을 퇴치하는 것이 목적. 본 작품의 특징은 검에서 나오는 샷을 시계방향으로만 8방향 공격할 수 있다는 것. 반시계 방향으로는 돌아가지 않지만 적응하면 나름 재미있다. 적을 물리쳐서 얻은 영력을 아이템으로 교환하고 파워업 한다. 제멋대로인 신과 개성적인 보스, 독특한 분위기, BGM이 매력적이다. 2009년 갑자기 본 작품의 OST CD가 발매되었다.

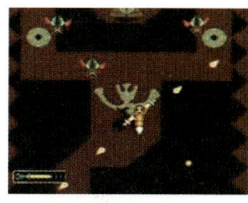

일본풍의 독특한 세계관이 특징이다. 시계방향으로만 검을 돌릴 수 있으므로 적의 출현 포인트를 기억하는 것이 중요하다.

메가 드라이브

제조사 / 세가
발매일 / 1988년 10월 29일 가격 / 21,000엔

아케이드의 재현을 꿈꾼 16비트 게임기

포스트 패미컴을 목표로 개발된 16비트 게임기. 트윈 CPU 구조 채용으로 아케이드 게임을 이식하기 쉽고 그래픽 능력은 8비트 기기를 크게 뛰어넘었다. 본체에 새겨진 16-BIT란 글씨가 성능 향상을 드러낸다. 60개 이상의 서드파티가 참여해 400개 이상의 소프트를 발매했다. 일본 점유율은 20% 정도였지만, 해외에서는 「GENESIS(제네시스)」란 이름으로 해외판 SFC인 「SNES」와 어깨를 나란히 했다. 세가 역사상 가장 생명이 긴 게임기로 일본에서 358만대, 전 세계에서 3074만대 출하되었다. 메인보드 리비전이 VA0에서 VA7까지 있는데 부품들이 점차 작아지고 음질이 약간씩 나빠진다.

사양

- CPU/MC68000 7.67MHz+Z80A 3.58MHz ■ RAM/메인메모리 64KB, 서브메모리 8KB, VRAM 32KB*2
- 그래픽/315-5313, 해상도 320*224 ■ 발색수/전체 512색 중 64색 동시발색 ■ 사운드/YM2612의 FM음원 6채널, SN76489의 PSG 3채널+노이즈 1채널

메가 드라이브2

제조사 / 세가
발매일 / 1993년 4월 23일 가격 / 12,800엔

메가드라이브의 염가판. 헤드폰 단자가 삭제되고 순정패드가 6버튼으로 바뀌었다.

메가CD

제조사 / 세가
발매일 / 1991년 가격 / 49,800엔

메가드라이브를 즐기기 위한 주변기기. CPU를 별도로 탑재했고 확대, 축소, 회전 기능을 가진 VDP도 추가했다.

슈퍼32X

제조사 / 세가
발매일 / 1994년 12월 3일 가격 / 16,800엔

장착하면 메가드라이브가 32비트로 변신한다

메가드라이브를 32비트로 파워업하는 업그레이드 부스터. 대응 소프트는 총 18개로 버쳐파이터도 이식되었다. PS와 같은 날에 발매되어 묻혀 버렸다.

『버쳐 레이싱』

『버쳐 파이터』

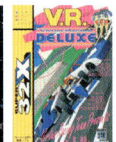

보라! 메가타워의 위용을!

메가제트

제조사 / 세가
발매일 / 1994년 3월 10일 가격 / 15,000엔

메가 어댑터

제조사 / 세가
발매일 / 1989년 가격 / 4,500엔

이것이 있어야 세가 마크Ⅲ의 게임을 플레이 할 수 있다

컨트롤러 일체형의 메가드라이브

메가드라이브 본체와 컨트롤러의 일체형 기기로, 팩을 위에 꽂고 TV에 출력해서 플레이한다. 원래는 JAL 기내용으로 개발되었던 것을 일반 판매한 것이다.

원더메가 [일본 빅터 버전]

제조사 / 일본 빅터
발매일 / 1992년 가격 / 82,800엔

세가판에 앞서 발매되었으며 기능은 같지만 3000엔 비쌌다. 게임 4종과 가라오케 4곡이 수록된 CD-ROM이 동봉되었다.

원더메가M2

제조사 / 일본 빅터
발매일 / 1993년 가격 / 59,800엔

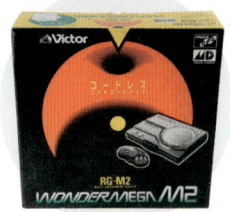

원더메가의 염가판. MIDI 단자 등이 삭제되었고 6버튼 대응의 무선 컨트롤러를 동봉했다.

염가판이라고 하지만 그래도 비쌌다. 하지만 무선의 쓰임새는 최고!

원더메가 [세가 버전]

제조사 / 세가
발매일 / 1992년 가격 / 79,800엔

모양은 같지만 이쪽은 세가 버전

메가CD와의 일체형. 마이크 단자와 MIDI 출력, S단자를 채용하여 가라오케 기능을 내장했다.

테라 드라이브

제조사 / 세가
발매일 / 1991년 가격 / 148,000엔

세가와 IBM이 공동개발한 메가드라이브 내장 PC

세가와 일본 IBM이 공동 개발한 메가드라이브 내장 PC. 전용 소프트로「퍼즐 컨스트럭션」이 있다. 당시에는 PC 사양이 낮아서 판매가 부진했다.

CSD-GM1

제조사 / 아이와
발매일 / 1994년 가격 / 45,000엔

일반 CD 플레이어로 신분을 위장했으나, 실제로는 CD 플레이어와 메가CD의 기적의 합체품. 무엇이든 가능한 상태!

CD 플레이어와 메가드라이브, 메가CD를 합체한 이색 게임기. 팩 삽입구가 본체 아래에 있으며 CD-G 대응의 가라오케 기능도 가지고 있다. 메가드라이브 최후의 호환기로 생산량은 얼마 되지 않았다.

소닉 더 헤지혹

발매일 / 1991년 7월 26일
가격 / 6,000엔 제조사 / 세가

세가의 상징이 된 시리즈 제1탄

해외에서는 마리오, 팩맨과 동급인 유명 캐릭터 소닉. 원래는 북미판 MD인 「Genesis」에서 슈퍼 마리오의 대항마로 개발된 게임이다. 파란 고슴도치가 초고속으로 달리는 속도감과 쿨한 디자인으로 대히트를 기록했다. 전 세계 출하량은 1500만개 이상. 버튼 1개로 하는 간단한 조작이 특징이며, MD에서는 불가능으로 여겨졌던 회전, 축소 기능을 소프트적으로 실현했다.

참고로 소닉 자체는 아케이드 게임 「RAD MOBILE」의 마스코트로 처음 등장했다. MD에서 「2」「CD」「3」의 속편이 발매되었다.

속도감을 중시한 스테이지와 테크닉을 중시한 스테이지를 섞어 높은 게임성을 실현했다.

샤이닝 포스 신들의 유산

발매일 / 1992년 3월 20일
가격 / 8,700엔 제조사 / 세가

세가판 파이어 엠블렘이라 할 수 있는 작품

클라이막스와 소닉이 개발한 샤이닝 시리즈 제1탄. 기억을 잃은 소년 검사 맥스가 동료들과 함께 룬 파우스트 제국에 맞선다는 시뮬레이션 RPG이다. 타마키 요시타카의 캐릭터와 당시로서는 드문 전투 애니메이션, 다양한 종족과 성장 방법 등이 매력적이다. 전직으로 캐릭터의 그래픽이 바뀌고 장비할 수 없던 무기도 장비할 수 있는데, 직후에는 스테이터스가 내려가므로 타이밍을 잘 잡아야 한다. 같은 계통인 「파이어 엠블렘」과 가장 큰 차이는 캐릭터가 쓰러져도 간단하게 부활한다는 점이다.

전투는 리얼한 애니메이션으로 구현되어 게임을 띄우는 데 한몫했다.

몽견관 이야기

발매일 / 1993년 12월 10일
가격 / 7,800엔 제조사 / 세가

신비한 스토리가 매력 버철 시네마 제2탄

3D 타입의 어드벤처게임. 신비한 분위기와 슬픈 스토리로 메가CD의 명작으로 칭송받았다. 나비를 쫓아 양옥집에 들어간 동생을 찾는 것이 목적으로, 집안 식구들의 이야기를 들으며 단편적인 조각을 맞추어 수수께끼를 풀어간다. 플레이어 시점으로 3차원 공간을 마음대로 돌아다닐 수 있고 커맨드 선택식이 아닌 풀보이스 연출로, 소리의 효과음만 있다는 심플한 구성이다. 게임기 성능에 따른 거친 그래픽이 오히려 꿈의 세계 분위기를 돋운다. 좀비와 마물이 나오지는 않지만 은근한 공포가 전해진다.

당시로서는 플레이어 시점에서 3D 공간을 자유롭게 이동한다는 것만으로도 대단했다. 커맨드가 없으므로 보는 즉시 액션에 돌입한다.

실피드

발매일 / 1993년 7월 30일
가격 / 8,800엔 제조사 / 게임아츠

경이적 영상에 모두가 충격! 하이스피드 폴리곤 슈팅게임

폴리곤과 프랙탈이라는 당시로서는 최신 그래픽 기술로 만들어진 16비트 최고의 3D 슈팅게임. 논스톱으로 이어지는 CG 무비는 당시 가정용 게임기로서는 최고 수준으로 BGM과 어우러져 놀라운 현장감을 낳았다. 개발사인 게임아츠는 메가CD에 상당히 힘을 쏟은 회사 중 하나였다. 갤러가가 생각나는 슈팅이지만, 4만 화면을 넘는 배경 동영상과 리얼타임 폴리곤 묘화를 조합해 16비트 게임기에서 풀 폴리곤과 같은 박력 있는 영상을 실현했다. 당시 데모 무비와 TV 광고도 유명했다.

오프닝 데모만으로도 압도적이다. 총 11스테이지 모두 대담하고 화려한 연출로 보기만 해도 즐겁다.

 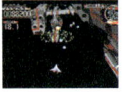

나이트 스트라이커

발매일 / 1993년 5월 28일
가격 / 7,800엔 제조사 / 타이토

그 대형 게임이 메가CD로 나왔다!

타이토가 1989년 아케이드에 발매해 인기를 얻은 3D 슈팅게임의 이식작. 아케이드판은 콕핏형 캐비닛에 올라타 레버로 조작하는 게임이라 가정용으로의 완전 이식은 불가능한데, 일부 기능을 빼고 완전 이식에 가깝게 재현했다. 하지만 캐릭터가 매우 작아져서 구분되지 않는다는 점이 문제였다. 게임은 폴리곤 이전의 유사 3D로 수륙양용의 슈퍼 인터그레이를 조작해 적을 쏘아가며 전진한다. 스테이지 클리어 뒤에는 분기가 있고 마지막에 도착한 스테이지에 따라 멀티엔딩이 펼쳐진다.

총 21가지 스테이지가 존재한다. 스테이지 클리어 후에 분기가 있는데 플레이어가 자유롭게 선택할 수 있다.

유미미믹스

발매일 / 1993년 1월 29일
가격 / 7,800엔 제조사 / 게임아츠

황당한 애니메이션이 즐거운 타케모토 이즈미 월드

만화가 타케모토 이즈미가 캐릭터 디자인, 시나리오, 그림 콘티 등을 담당한 디지털 코믹 게임. 커맨드 선택으로 스토리가 분기되는 멀티엔딩이 채용되었다. 이야기의 무대는 학교로 히로인인 요시자와 유미미가 황당하고 기묘한 모험을 하면서 사건을 해결한다. 역동적 애니메이션이지만 로딩이 많고, 타케모토 월드와 화풍을 무너뜨리지 않아 평가가 높다. 숨겨진 요소로 게임 CD의 사운드 트랙에 성우진의 코멘트가 들어가 있다. 타케모토의 만화는 메가 드라이브FAN에서 단기 연재되었다.

풀 보이스와 풍부한 애니메이션으로 타케모토 월드가 재현되었다. 팬이라면 참을 수 없는 게임이다.

마이클 잭슨의 문워커

발매일 / 1990년 8월 25일
가격 / 6,000엔 제조사 / 세가

**컬트적 인기를 자랑하는
전설의 액션게임**

세계적인 엔터테이너이자 게임 팬인 마이클 잭슨이 감수한 액션게임. 아케이드판은 쿼터뷰이지만 가정용은 횡스크롤 액션으로 전혀 다른 내용이다. 본 작품은 마이클 잭슨이 주연한 영화가 원작으로 컬트적 인기를 모았다. 암흑조직에 유괴당한 아이들을 구하는 것이 게임의 목적. 액션마다 마이클의 포즈가 들어가고, 특수공격에서는 마이클의 음악과 춤으로 적을 물리친다.

이 작품의 볼거리이기도 한 전멸폭탄 성격의 댄스 어택. 화면의 적들이 백댄서가 되어 마이클의 댄스에 맞춰 춤춘다.

좀비 상대로 스릴러 댄스도 재현된다. 마지막 스테이지에서는 우주선으로 변신한 마이클의 슈팅게임으로 바뀐다.

컬럼스

발매일 / 1990년 6월 30일
가격 / 5,500엔 제조사 / 세가

**아름다운 보석이 떨어지는
낙하형 퍼즐게임**

「테트리스」「뿌요뿌요」와 어깨를 나란히 하는 세가의 낙하형 퍼즐. 위에서 떨어지는 3개 1조의 보석 색깔을 연결해서 지우는 단순한 게임이지만, 낙하형 퍼즐에서 연쇄라는 요소를 만들어냈다는 점에서 획기적이다. 여러 기종에 이식되었는데 MD판에서는 「아케이드 모드」 외에 2인 협력 플레이를 할 수 있는 「오리지널 모드」와 보석이 사라지는 속도를 겨루는 「플래시 컬럼스」가

보석을 일정 수량 지웠을 때 나오는 「마법석」은 한 종류의 보석을 화면에서 모두 지우는 효과를 가졌다.

 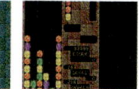

있다. 원래 아케이드판 「테트리스」를 가정용으로 이식하려고 했으나 라이선스 문제로 「컬럼스」를 개발했다고 한다.

LUNAR 더 실버스타

발매일 / 1992년 6월 26일
가격 / 7,800엔 제조사 / 게임 아츠

**뿌리 깊은 인기의
드라마틱 RPG**

「루나」시리즈의 제1탄. 캐릭터 디자인에 「신비한 바다의 나디아」의 작화 감독인 쿠보오카 토시유키, 히로인인 루나 역에 이노우에 키쿠코를 기용하여 아름다운 무비와 캐릭터들에 감정이입할 수 있다. LUNAR의 테마는 「사랑」으로, 드래곤 마스터를 목표로 하는 아레스의 성장과 순수한 사랑을 그린 우아한 판타지이다. 후반의 기계성과 기동요새 벤에서의 싸움이 특히 볼

시스템은 미완성이라는 느낌을 갖게 하지만 그것을 잊게 해줄 정도로 스토리가 우수하다.

만하다. 독특한 세계관과 드라마틱한 시나리오로 열광적인 팬이 많다. 여러 게임기에서 리메이크판이 나왔다.

뿌요뿌요

발매일 / 1992년 12월 28일
가격 / 4,800엔 제조사 / 세가

**귀여움이 넘치는
낙하형 퍼즐 대표작**

컴파일의 낙하형 퍼즐게임. 「테트리스」 이후 많은 아류작이 나왔지만 그중에서도 「뿌요뿌요」가 참신했던 것은 목소리를 추가한 기분 좋은 연쇄와 높은 전략성 때문이다. 기본 룰은 2개 1조로 내려오는 뿌요를 같은 색상끼리 연결해 지우는 것. 귀여운 캐릭터로 여성 팬들도 많았다. MD판은 아케이드를 충실하게 이식했지만 음성이 3개로 줄었다. 컴파일의 RPG 「마도물어」가

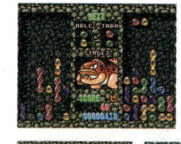

바탕으로 캐릭터와 대량연쇄 「빠요엔」등의 음성을 가져왔다. MD의 킬러 소프트로서 본체와 세트로 판매된 적도 있었다.

대전 플레이가 치열하고 음성이 분위기를 띄워준다. 계단 모양으로 쌓아 올리는 것이 연쇄의 비결.

주인공 캐릭터 「아루루」 등 「마도물어」를 바탕으로 했다. 코믹한 캐릭터의 따뜻한 이야기가 즐겁다.

유☆유☆백서 마강통일전

발매일 / 1994년 9월 30일
가격 / 8,800엔 제조사 / 세가

**4인 동시 대전의
배틀로얄 아수라장!**

MD 최강의 격투게임으로 헤비유저들에게 평가가 좋다. 조작이 매우 간단해져서 초보자도 어렵지 않다는 것이 매력이다. 캐릭터는 「마계의 구멍」편의 센스까지 수록. 이 게임의 최대 매력은 4인 동시 대전에 의한 배틀로얄이다. 전투 필드에서는 화면 안쪽과 앞쪽의 두 라인을 오가며 옆에 있는 자들과 어깨를 부딪치며 플레이하는 것이 즐겁다. 우선은 3인이 협력해 강한

2:2의 태그 팀 배틀도 된다. 플레이어 숫자가 부족한 경우는 컴퓨터가 담당한다.

한 놈부터 잡는 것도 가능하다. 오프닝에는 애니메이션 주제곡인 「미소의 폭탄」이, 엔딩에는 「언밸런스한 KISS를 하여」가 수록되었다.

에코 더 돌핀

발매일 / 1993년 7월 30일
가격 / 6,800엔 제조사 / 세가

**돌고래를 조작하여
장대한 바다 모험으로 출발**

돌고래 에코를 조작해 대해양을 유영하는 액션게임. 의문의 대폭풍에 끌려간 동료를 찾기 위해 바닷속을 탐색한다. 돌고래의 움직임이 매우 리얼하게 헤엄치는 것만으로도 즐겁다. 초음파를 발신해 다른 돌고래와 대화하고 지형을 파악할 수 있다. 질식하지 않도록 공기가 있는 곳에서 숨을 쉬면서 진행하는 등 돌고래의 생태가 제대로 재현되었다. 하지만 귀여움과는 달리 난이

도가 대단히 높고 마지막에는 우주로 날아가 버린다는 장대한 전개이다. 메가CD판에서는 오리지널 스테이지와 CG가 추가되었다.

초반에 나오는 문어는 천천히 헤엄치면 쉽게 지나갈 수 있다. 질식의 공포가 다가온다.

알라딘

발매일 / 1993년 11월 12일
가격 / 7,800엔 제조사 / 세가

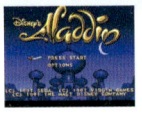 

이것이야말로 디즈니의 정수
캐릭터의 모션이 부드럽다

MD 중에서는 소닉에 이은 대히트 작품. 특히 해외에서의 인기가 대단해서 400만개를 판매했었다. 디즈니 애니메이션의 전형적인 횡스크롤 액션게임인데 마치 영화를 보는 듯한 매끄러운 움직임이 특징이다. 적 캐릭터와 아이템, 다양한 장치가 생생하게 그려져 있고 여기저기 디즈니다운 개그가 숨어 있다. 각 스테이지는 영화와 같은 전개로 이어지고, 게임 중간에 스토리를 말하는 장면이 있어 알라딘의 세계관을 리얼하게 표현했다. 같은 시기에 SFC로도 발매됐지만 MD판과는 내용이 다르다.

캐릭터의 움직임과 그래픽이 매력적이다. 부분 알라딘의 움직임과 긴 칼의 적응 판정은 적응해야 한다.

특정 아이템을 얻으면 클리어 이후에 보너스 스테이지와 슬롯머신이 나온다.

랜드 스토커

발매일 / 1992년 10월 30일
가격 / 8,700엔 제조사 / 세가

입체감을 절묘하게 이용한
액션 RPG의 걸작

유사 3D에 의한 액션 RPG로 MD 최고의 인기를 얻었다. 예전 드래곤 퀘스트의 개발자로 샤이닝 포스 시리즈를 제작한 클라이맥스의 나이토 히로시가 개발했다. 트레저 헌터의 라일이 작은 동료 프라이데이와 함께 전설의 보물을 찾아 모험을 펼친다. 매력적인 캐릭터, 리얼하고 장대한 입체감, 이벤트가 많은 스토리 전개가 즐겁다. 3D 지형을 제대로 이용한 장치는 액션 퍼즐적인 요소가 강하고 비스듬한 이동과 고저 차가 있는 맵으로 인해 난이도는 높지만 잘 풀렸을 때의 성취감이 크다.

게임성은 당연하고 스토리도 평가가 높다. 역시 클라이맥스다.

어드밴스드 대전략
-독일 전격 작전-

발매일 / 1991년 6월 17일
가격 / 8,700엔 제조사 / 세가

대전략 시리즈
최고의 난이도

시스템 소프트의「대전략」시리즈를 이어받은 전쟁 시뮬레이션의 금자탑. 2차 세계대전의 독일을 중심으로 유럽전선을 소재로 했으며, 독일군을 조작해 연합국을 이기는 것이 목적. 시리즈 중에도 MD판은 난이도가 가장 높고, CPU의 사고 시간이 길기로 유명하다. 적의 턴에 들어가면「샤워하고 나와도 아직 처리 중이었다」라고 공식 홈페이지에서 얘기할 정도. 공략본급의 두꺼운 설명서에는 각국 병기가 해설되어 있다. 지력과 시간, 인내력을 요구하지만 리얼한 전투씬은 인생게임이 될 만하다.

설정하기에 따라서 초심자도 그럭저럭 즐길 수 있다. 기본적인 전쟁 SLG이므로 매니아가 있다.

전투 경험치에 따라 병기가 진화한다. 쓰다 버리는 부대와 성장시키는 부대를 구분하는 것이 요령이다.

건스타 히어로즈

발매일 / 1993년 9월 10일
가격 / 6,800엔 제조사 / 세가

MD 팬이 열광한
호화 액션이 강점

장인집단 트레저의 첫 작품으로 MD에서 손꼽히는 명작 액션게임. 건스타즈의 일원으로 4개의 비석을 되찾고 골덴바의 부활을 저지하는 것이 목적이다. 풍부한 액션과 다양한 무기로 적을 물리치는 호쾌함이 매력. 고속 스크롤 중의 총격전, 주사위의 숫자만큼 진행하고 우주선에서의 슈팅 등 스테이지가 다양하다. 그곳에서 기다리는 보스들도 개성이 강하다. 최종 스테이지에서는 적의 간부들이 플레이어의 싸움을 모니터로 지켜보면서 순서를 기다린다는 독특한 연출이다. 2인 동시 플레이를 지원한다.

스테이지4의 스고로쿠 요새에서는 주사위를 던져서 나오는 눈만큼 진행한다. FIGHT 칸에서는 중간보스와 대결한다.

렌타 히어로

발매일 / 1991년 9월 20일
가격 / 8,700엔 제조사 / 세가

코믹한 연출이 즐거운
B급 RPG의 걸작

바보 같은 설정과 코믹한 연출이 즐거운 이색 RPG. 숨겨진 명작으로 열혈 MD 팬 사이에서 평가가 높다. 주인공이 렌탈 아머를 몸에 두르고 타인을 도우면서 급여를 받아 매월 렌탈료를 납부한다는 내용이다. 배달과 미아 찾기 등 따뜻한 일부터 시작해 범죄조직에 맞서는 진지한 스토리로 이어진다. 시나리오만이 아니라 등장하는 캐릭터와 아이템, 장소는 대부분 현실세계에서 패러디로 울고 웃는 재미있는 연출이 즐겁다. 발매로부터 10년 뒤 속편「렌타 히어로 No.1」이 DC로 발매되었다.

전투 장면이 되면 횡스크롤 액션으로 바뀐다. 게임은 대단히 단순하지만 나름 어렵다.

나이트 트랩

발매일 / 1993년 11월 19일
가격 / 8,800엔 제조사 / 세가

플레이어 참가형의
B급 버철 시네마

CD-ROM의 대용량을 살려 전체 실사 영상을 넣는다는 당시로서는 참신했던 미국 게임. 특별수사팀 SCAT의 일원으로 집안에서 파티를 즐기는 젊은이들을 카메라로 감시하면서 침입자를 함정으로 격퇴한다는 내용이다. 본 작품은 8개의 장면이 동시 진행한다는 참신한 설정이다. 리얼타임으로 재생되는 실사 미국 드라마가 현장감을 높이는 가운데 어느 정도 무시하며 수사를 진행하지 않으면 적이 나타나 바로 게임오버가 된다. 마지막에 가장 성가신 자를 함정으로 잡았을 때의 개그가 기분 좋다.

여자의 속옷 차림이 나오는 서비스 장면이 있어 해외에서는 연령 제한이 걸렸다.

각 방의 스토리가 동시 진행되므로 적의 움직임을 파악하면서 함정을 돌리는 것이 중요.

명품 게임기를 가지고 다닌다?

2012년에 나온 휴대용 메가 드라이브

해외여행 길에 이 책의 자매품인 『휴대용 게임기 컴플리트 가이드』에 나올 만한 이상한 게임기를 만나는 일이 많은데, 여기서 소개하는 제품은 당당한 정식 라이선스 제품이다. 그 이름도 『SEGA GENESIS ULTIMATE PORTABLE GAME PLAYER』. 2012년 11월 북미에서 발매된 휴대용 『GENESIS』이다.

뜯어보면 내용이 매우 호화롭다. 『소닉 더 헤지혹』, 『수왕기』, 『슈퍼 스트리트 파이터』 등 제네시스에서 발매된 소프트 및 본체 오리지널 소프트를 각각 40개씩 내장하고 있다. 전부 영어판이지만, 액션게임 등은 특별히 언어 장벽이 없이 플레이할 수 있어 관심이 있다면 검색해볼 것을 추천한다. 참고로 발매 당일에는 야후뉴스의 메인 페이지에 올라올 정도로 화제를 모았다.

실제로 본체에서 여러 게임을 플레이해봤는데 큰 문제없이 플레이할 수 있었다. 다만 음성 출력이 가장 문제였다. 음정이 떨어지거나 딜레이가 생기기도 해서 사운드를 중시하는 사람에겐 별로 좋은 기기라고 할 수 없다. 본체로 하는 게임뿐 아니라 온라인 다운로드 등을 통해 레트로 게임을 가볍게 플레이할 수 있는 환경이 정비되고 있으므로 게이머로서는 행복한 상황이라 하겠다.

COLUMN

슈퍼 패미컴

제조사 / 닌텐도
발매일 / 1990년 11월 21일   가격 / 25,000엔

16비트 게임기의 진정한 승자

사회현상까지 이르렀던 FC에서 7년, 후속 기기로 발매된 슈퍼 패미컴은 그래픽과 사운드 등 여러 기능이 진화하였다. 확대, 축소, 회전, 다중 스크롤이라는 게임상 연출이 강화되어 다채로운 게임을 만들어갔다. 사운드는 라이브 연주에 가까워졌다. 복잡해지는 게임에 대응하기 위해 컨트롤러가 개량되어 윗면에 LR 버튼이 추가되었고, 이것은 모든 게임기의 표준으로 자리매김한다. 롬팩의 대용량화에 따라 소프트 가격은 1만엔의 벽을 뚫었지만 인기작의 속편과 서드파티의 소프트가 충실해 대응 소프트가 1400개 이상 발매되었다. 일본에서 1717만대, 전 세계에서 5000만대 이상 판매되었다.

사양
- CPU/리코 5A22(65C816 기반, 최대 3.58MHz) ■ 메모리/메인 메모리 128k byte ■ 그래픽/32,768색 중 256색 동시발색, 해상도 288*22 4/512*224(오버스캔), 스프라이트 표시 1화면 동시 128개 표시, 스프라이트 표시 사이즈/64*64

슈퍼 패미컴Jr.

제조사 / 닌텐도
발매일 / 1998년   가격 / 7,800엔

RF와 S-VIDEO, RGB 영상 출력과 팩 탈거 버튼, 확장단자 등을 삭제한 SFC의 염가판.

사테라뷰

제조사 / 닌텐도
발매일 / 1995년   가격 / 18,000엔

SFC용 위성 데이터 방송 서비스로, BS 오리지널 게임과 체험판 다운로드, 라디오 음성 연동 게임을 플레이할 수 있었다.

SFC용 위성 데이터 방송 서비스 보급률은 낮았지만 여러 걸작 게임 탄생!

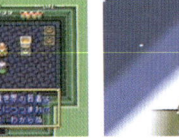

『BS젤다의 전설』　『BS탐정구락부 눈에 사라진 과거』

『래디컬 드리머즈-훔칠 수 없는 보석-』　『다이너마이트 레이서』

일부 비대응 게임도 SFC 내장 TV. S단자 접속으로 영상이 깨끗하다. 14인치와 21인치 모델이 있다.

SF-1
제조사 / 샤프
발매일 / 1990년   가격 / 14인치: 100,000엔
※21인치는 133,000엔

마리오 페인트

| 제조사 / 닌텐도 |
| 발매일 / 1992년   가격 / 9,800엔 |

이 작품으로 마우스를 처음 만져본 사람도 있을 듯

SFC 최초의 마우스 전용 소프트. 마우스를 통한 그림그리기와 애니메이션 제작, 작곡, 파리 잡기 게임 등이 있다.

슈퍼 게임보이

| 제조사 / 닌텐도 |
| 발매일 / 1994년   가격 / 6,800엔 |

SFC에서 GB 소프트를 플레이하는 어댑터. 4색으로 유사 컬러를 표시하는 것이 특징으로 개량판인 슈퍼 게임보이2도 있었다.

슈퍼 게임보이2

| 제조사 / 닌텐도 |
| 발매일 / 1998년   가격 / 5,800엔 |

대응을 표시하는 로고가 있는 소프트는 화면 주변에 오리지널 프레임이 나온다

슈퍼 스코프

| 제조사 / 닌텐도 |
| 발매일 / 1993년   가격 / 9,800엔 |

흔히 말하는 광선총의 일종으로 적외선 방식 채용

대응 소프트
- 슈퍼 스코프6
- 스페이스 바주카
- 요시의 로드헌팅
- X ZONE
- DESTRUCTIVE
- 터미네이터2 THE 아케이드

광선총의 기술을 응용한 바주카 모양의 무선 컨트롤러. 어깨에 얹고 스코프로 화면을 보면서 플레이한다. 대응 소프트는 위와 같다.

SFC의 소프트 판매량은?

국민 게임기였던 『패밀리 컴퓨터』의 정통 후속 기기로서 1990년 나온 『슈퍼 패미컴』. 차세대 기기로 이행하던 1996년에는 『슈퍼 동키콩3』가 180만개라는 경이적인 매출을 기록하는 등 오랫동안 사랑받은 게임기이다.
여기서 쉬어가는 의미에서 SFC의 소프트 판매 랭킹을 소개하고자 한다.
제1위는 의외의 레이싱 게임. 즉 모두가 빠져들었던 『슈퍼 마리오 카트』이다. 게임기를 바꾸면서 지금도 시리즈는 이어지고 있고 언제나 잘 팔린다.
제2위는 런칭 타이틀 중 하나인 『슈퍼 마리오 월드』로 355만개가 판매되었다. 여러 번 반복해서 즐길 수 있다는 점에서 오랫동안 사랑받았다.
제3위는 320만개를 판매했던 『드래곤 퀘스트VI 환상의 대지』이다. 국민 RPG로 불리는데 일본에서는 이를 위해 SFC를 구입한 사람들도 많았다고 한다.
참고로 SFC의 밀리언 셀러는 25개이다.

슈퍼 패미컴 소프트 소개

슈퍼 마리오 월드

발매일 / 1990년 11월 21일
가격 / 8,000엔 제조사 / 닌텐도

든든한 마리오의 파트너 요시가 등장하다

SFC의 런칭 타이틀로 본체 보급을 견인한 시리즈 제4탄. 패키지에는 「슈퍼 마리오 브라더스4」라는 부제가 쓰여 있다. 요시 등의 신 캐릭터 도입과 높은 완성도로 다양한 팬을 만족시켰다. 액션의 기본은 FC로부터의 흐름을 이어받았지만, 새롭게 스핀점프가 추가되었고 일정 시간 공중을 날아가는 망토 등 다채로운 방식으로 플레이어를 즐겁게 한다. 마지막에 거대한 쿠파와 화면

본 작품에 처음 나온 요시는 인기 캐릭터가 되어 「요시 아일랜드」에서 주인공을 맡는다.

가득 다가오는 연출에 놀란 사람도 많았다. 일본에서만 「슈퍼 마리오 카트」에 이어 355만개를 판매하는 대히트를 기록했다.

스트리트 파이터II

발매일 / 1992년 6월 10일
가격 / 9,800엔 제조사 / 캡콤

강한 녀석을 만나러 간다! 집에서 대전을 마음껏

대전 격투 붐을 일으킨 전설의 게임. 가정용 게임기 최초로 SFC가 아케이드 게임을 이식했는데 발매 직후 한동안 품절 사태가 이어졌다. 일본 판매량은 288만개. 이식할 때 용량에 의한 일부 변경은 있었으나 기본 시스템은 그대로이고, 아케이드에는 없던 동캐릭터 대전이 가능해졌다. 6버튼을 채용해 복잡하지만 CPU전을 거듭하면서 대전의 기본에 적응한다는 절묘한 구성이다.

레버에 익숙한 사람들은 커맨드 입력이 아케이드판보다 어렵다고도 했다. 결국에는 적응했지만 말이다.

약편치 약킥 뒤에 던지는 압살이가 문제가 되어 속편에서는 패치되었다.

파이널 판타지V

발매일 / 1992년 12월 6일
가격 / 9,800엔 제조사 / 스퀘어

전작의 반성으로 콘텐츠를 크게 늘렸다

세련되고 아름다운 그래픽과 드라마틱한 연출, 장대한 스토리가 매력적인 시리즈 제5탄. SFC로 무대를 옮긴 「4」로부터 1년 후 발매. 「3」의 잡 시스템을 발전시켰으며 어빌리티 기억 요소를 추가해 캐릭터의 커스터마이즈성이 강화되었다. 전작에 이어지는 액티브 타임 배틀을 채용해 게이지에 의해 순번을 알 수 있게 되었다. 레벨과 관계없이 대부분의 보스에 승리할 수 있는

속성이 존재하는 등 파고들기 요소가 많아 오래 플레이할 수 있다. 마지막 보스보다 강한 「오메가」 「신룡」이 유명했다.

본 작품의 유명 캐릭터 「길가메시」 주인공들과 여러 번 싸우지만 마지막에는 동료로서 도와준다. 이후 시리즈에도 가끔 얼굴을 비춘다.

크로노 트리거

발매일 / 1995년 3월 11일
가격 / 11,400엔 제조사 / 스퀘어

FF와 DQ가 손잡은 꿈의 콜라보 RPG

FF의 사카구치, DQ의 호리이 유우지, 캐릭터 디자인에 토리야마 아키라라는 꿈의 콜라보로 탄생한 명작 RPG. 주인공인 크로노는 동료들과 함께 과거, 현재, 미래의 시간을 넘나들며 모험하는데, 이것이 다른 세계에 연동되어 과거가 미래에 영향을 미친다는 독특한 구조를 갖고 있다. 동료별로 준비된 시나리오, 높은 수준의 BGM, 연속기 추가로 전술성이 풍부해진 전투 등 완

성도가 대단히 높다. 마왕과 라보스라는 적 캐릭터도 매력적이다. 멀티 엔딩을 채용했으며 클리어 후 레벨을 그대로 시작한다. 203만개 판매.

다양한 엔딩을 보기 위해 채용된 「강하게 NEW GAME」은 그 뒤의 RPG에도 다수 채용되었다.

젤다의 전설 신들의 트라이포스

발매일 / 1991년 11월 21일
가격 / 8,000엔 제조사 / 닌텐도

2D 젤다의 클라이막스 해외에서도 높은 인기

SFC 발매 1주년에 발매된 시리즈 제3탄. 그래픽과 BGM, 볼륨이 강화되었고 전체적으로 퍼즐 풀이 요소가 강해졌다. 하이랄의 평온을 뒤흔드는 사제 아그님의 야망을 깨뜨리기 위해 빛의 세계와 어둠의 세계를 오가며 붙잡힌 현자의 자손을 구해내는 것이 목적. 회전베기와 약벌레요정을 넣어 옮기는 병 등 이후 젤다 시스템의 기본이 본 작품에서 나왔다. A버튼으로 달리

기, 수영, 던지기, 끌어당기기 등의 액션이 상황에 따라 자동으로 나오는 것이 획기적이었다. 힙합 춤을 추는 TV 광고도 화제였다.

다양한 아이템을 활용해 진행된다. 전작에 비해 크게 파워업이 가능했으며 SFC의 성능을 보여주었다.

슈퍼 마리오 카트

발매일 / 1992년 8월 27일
가격 / 8,900엔 제조사 / 닌텐도

모두가 플레이했던 SFC 최다 판매 게임

마리오 시리즈에 나오는 캐릭터들이 카트로 겨루는 레이싱 게임. 아이템으로 상대의 카트를 방해한다는 것이 가장 큰 특징으로 초보자도 역전이 가능했다. 룰이 단순 명료하고 마리오 등의 캐릭터 덕분에 남녀노소 가리지 않고 많은 유저에게 사랑받았다. 일본에서는 382만개라는 SFC 최고의 판매량 달성. 코스는 슈퍼 마리오 월드를 바탕으로 했고 대전을 포함해 4가지 모드

에서 선택할 수 있다. 아이템에 날개가 있어 마음에 드는 곳으로 대점프 하고 바로가기 지역을 찾는 등이 이 작품만의 매력이다.

레이싱 게임을 못 하는 사람도 즐길 수 있는 조작성과 역전의 가능성을 가진 아이템의 존재가 대히트의 이유일 것이다.

스타 폭스

발매일 / 1993년 2월 21일
가격 / 9,800엔 제조사 / 닌텐도

시대를 앞선 폴리곤 슈팅
기종을 넘은 속편 발매

팩에 슈퍼 FX칩을 넣어 SFC 최초로 폴리곤을 실현했다. 지금 보면 묘사와 움직임이 딱딱하지만, 당시 SFC에서 폴리곤 슈팅을 구현한 것 자체가 획기적이었다. 4편성 리더인 폭스가 타는 전투기를 조종하여 동료의 엄호를 받으며 적을 물리친다. 게임 중 동료와 적으로부터 통신이 들어오는 등의 스토리성을 강조했다. 쿼터, 롤링, 역분사와 같은 조종 테크닉을 구사하여 3D 공간에서의 배틀을 즐길 수 있다. 속편 「2」는 개발 도중 좌초되었으나 2017년 슈퍼 패미컴 미니에서 감동의 부활을 한다.

스피드감은 부족했지만, 3D 슈팅을 잘하지 못하는 사람에겐 적당한 속도였다.

MOTHER2 기그의 역습

발매일 / 1994년 8월 27일
가격 / 9,800엔 제조사 / 닌텐도

어른도 아이도 여성도!
드디어 발매된 속편

이토이 시게사토가 프로듀스한 RPG 제2탄. 개발이 암초에 걸려 이와타 사토루가 처음부터 다시 만들어 발매한 것으로도 유명하다. 플레이어는 구세주로 선발된 소년으로 세계 정복을 노리는 우주인 기그를 물리치기 위해 세계의 파워 스팟을 여행한다. 미국식의 코믹한 세계관과 개성적 캐릭터, 유쾌한 대사 등으로 열광적인 팬이 많다. 이 작품은 소리가 세계관이나 게임 시스템과 연결되어 있어 설명서에도 큰 음량으로 플레이하라고 추천한다. 당시 기무라 타쿠야가 나온 TV 광고도 유명했다.

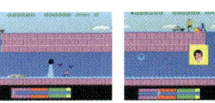

HP 표시는 드럼 카운터로 되어 있으며, 0이 되기 전에 회복하면 기절을 막을 수 있다.

슈퍼 동키콩

발매일 / 1994년 11월 26일
가격 / 9,800엔 제조사 / 닌텐도

동키와 디디의
명콤비 탄생!

타사의 32비트 기기가 발매된 시점이지만 「16비트도 여기까지 된다!」라는 닌텐도의 저력을 보여준 액션 게임. 영국 레어사 개발로, 당시에는 최신이었던 3D CG 기술을 이용해 아름다운 그래픽과 부드러운 움직임을 구현했다. 일본에서 300만 개 이상 판매된 대히트 타이틀. 힘 센 동키와 가볍고 날쌘 디디를 조작해 바나나 창고에서 도둑맞은 바나나를 되찾는 것이 목적. 점프와 롤링 어택 등의 액션, 다양한 나무통, 보너스 스테이지 등 후속작의 기초를 확립했다. 속편 「2」와 「3」도 발매되었다.

KONG 패널을 전부 모으면 잔기가 추가된다. 그 외에 라이프 풍선을 얻고 바나나를 모아도 1UP 한다.

드래곤 퀘스트V 천공의 신부

발매일 / 1992년 9월 27일
가격 / 9,600엔 제조사 / 에닉스

충격의 결혼 이벤트
더이상 나아가지 않는다!?

3대에 걸친 장대한 이야기를 그린 SFC의 첫 DQ. 시리즈 최초로 주인공이 용사가 아니며 「천공의 신부」라는 부제 그대로 결혼 이벤트가 등장하는 이색적인 내용이다. 전작에서 100년 후의 세계가 무대. 용사의 전설과 자신의 존재, 에스타크의 등장 등이 팬들을 사로잡았다. 몬스터를 동료로 만들 수 있다는 것이 최대 특징. 레어 몬스터를 모으거나 키우는 등 지금까지 없었던 플레이가 된다. 비앙카와 후로라 중 누구를 신부로 고르더라도 서브 이벤트 외에 큰 영향은 없다. 클리어 후에 추가 던전이 나온다.

이 작품의 중심인 결혼 이벤트. 여성 플레이어들은 후로라를 많이 골랐다고 한다.

셉텐트리온

발매일 / 1993년 5월 28일
가격 / 8,500엔 제조사 / 휴먼

극한 상태에서 그려지는
인간 드라마에 매료된다

영화 「포세이돈 어드벤처」와 「타이타닉 침몰」을 바탕으로 한 탈출 게임. 위아래가 뒤집힌 선내에서 생존자를 돕고 탈출 경로를 찾는다. 시간제한은 60분으로 실수하면 그 만큼 남은 시간이 줄어든다. 시간이 지나면 배의 기울기가 바뀌고, 조금 전까지 갈 수 있었던 곳이 막힌다. 생존자를 동료로 만들고 도와주면서 유도하는데 한 번 죽으면 다시 부활하지 않는다. 어린이와 여성, 노인은 포인트가 높고 엔딩에도 영향을 미친다. 탈출 경로가 확립되어 있지 않아 긴장감이 높고, 전복 장면도 리얼하다.

가급적 많은 생존자를 탈출시켜야 하지만, 그들을 유도하는 것이 고생스럽다.

파이어 엠블렘 문장의 수수께끼

발매일 / 1994년 1월 21일
가격 / 9,800엔 제조사 / 닌텐도

보기와 달리
난이도는 높다

FC에서 이어지는 인기 시뮬레이션 RPG 제3탄. 이 작품은 「암흑전쟁편」과 「영웅전쟁편」의 2부 구성인데 1부는 시리즈 1탄 「암흑룡과 빛의 검」의 리메이크, 2부는 그 뒤의 이야기이다. 주인공 마르스를 조작해 아카네이아 대륙에서 일어난 전란에서 승리하는 것이 목적. 그래픽은 물론 「무용수」 도입 등 시스템 면에서 개량되어 플레이가 쉬워졌다. 파이어 엠블렘의 매력은 육성을 통한 캐릭터에 대한 애착과 한 번 쓰러지면 다시 부활하지 않는다는 룰이다. 당시 같은 장르의 게임과는 선을 그었으며 열성 팬이 많다.

FC판에 비해 향상된 그래픽으로 미소녀와 미소년들이 가득해 캐릭터에 대한 애착이 강해졌다.

드래곤볼Z 초무투전

발매일 / 1993년 3월 20일
가격 / 9,800엔 제조사 / 반다이

대전 격투 장르의
드래곤볼 시대를 열다

1:1 대전 격투 게임이다. 캐릭터가 지상과 공중을 오가며 근접전을 펼치고 원거리에서 기공파로 공방하는 스피디한 배틀이 특징이다. 서로의 거리가 멀어지면 화면이 분할되면서 원거리 공격이 가능해져 스파2와는 다른 싸움이 펼쳐진다. 각 캐릭터에는 가메하메파로 대표되는 필살기가 있어 상대를 기절시킨 상태에서 거리를 벌려 필살기로 한 방에 물리친다는 원작의 공방을 즐

오공과 베지타 외에 인조인간과 셀까지 등장. 동 캐릭터 대전도 가능하며 캐릭터 선택으로 싸울 일이 없었다.

길 수 있다. 숨겨진 캐릭터와 기술도 풍성하다. 145만개 판매의 대히트를 기록하며 SFC에서 총 세 편의 작품이 발매되었다.

로맨싱 사가2

발매일 / 1993년 12월 10일
가격 / 9,900엔 제조사 / 스퀘어

인기 시리즈로서의
지위를 확립했다

SFC에서는 2번째, 시리즈로는 5번째 작품에 해당하는 RPG. 플레이어는 황제가 되어 제국의 영토를 넓히면서 제국의 숙적인 7영웅을 물리쳐야 한다. 플레이어의 선택에 따라 스토리가 분기하는 프리 시나리오를 채용했다. 본 작품에서는 연대에 따라 황제가 바뀌고, 행동에 의해 동료와 보스의 레벨도 바뀐다. 적의 힘은 전투 횟수로 정해지는데, 전투에서는 계승, 진형, 번뜩임 등

고탄나 → 단타그, 신주쿠 → 크진시처럼 7영웅의 이름은 야마노테선의 역 이름을 반대로 읽은 것이다.

에 따른 전략성을 중시한 플레이가 요구된다. 특히 마지막 보스 7영웅과의 싸움은 하이 레벨로 치열하게 전개된다!

더비 스탈리온III

발매일 / 1995년 1월 20일
가격 / 12,800엔 제조사 / 아스키

경마 인기에 불을 지핀
경마게임의 결정판

경마 시뮬레이션의 시조격 게임. 실제로 마주이기도 한 소노베 히로유키가 개발했다. 플레이어는 오너 브리더가 되어 강한 말을 육성해 JRA의 모든 GI 경기 타이틀 획득을 목표로 뛴다. 마주는 생산자, 조교사의 일도 겸임한다. 다른 경마 게임에 비해 단순히 마주는 플레이어뿐이고 레이스에 나오는 경주마는 모두 고정이다. 본 작품에서 자동 마사와 로컬 개최, 온천과 공로

자신만의 교배 이론으로 보다 강한 말을 만들어나가는 것이 재미있다. 좋은 혈통을 가졌다고 반드시 잘 달리는 것은 아니다.

마 시스템이 추가되어 이후 시리즈의 기초가 만들어졌다. 게임 밸런스도 시리즈 최고봉으로, 일본에서 120만개를 판매했다.

슈퍼 마리오 RPG

발매일 / 1996년 3월 9일
가격 / 7,500엔
제조사 / 닌텐도스퀘어

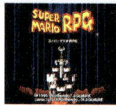

마리오가 드디어
RPG의 세계에도 등장

닌텐도와 스퀘어가 공동개발한 마리오 시리즈의 첫 RPG. 게임은 쿼터뷰이고 전투와 이동에 액션성이 도입되었다. 스토리는 쿠파에게 납치당한 피치공주를 구하는 것이 아니다. 쿠파성을 빼앗은 카지오 군단과의 싸움으로 파괴된 스타로드를 고치기 위해 스파 피스를 모은다는 줄거리이다. 즉, 이번 작품의 쿠파는 동료로서 마리오와 함께 싸

매번 그렇듯이 마리오의 질주극···. 하지만 이번에는 조금 사정이 다른 것 같다. 이 작품에서는 피치공주도 든든한 동료가 된다.

운다. 스퀘어의 그래픽 기술과 닌텐도의 아이디어가 훌륭하게 융합되었으며 개그와 패러디 요소는 물론 마리오 시리즈의 목가적 분위기도 연출하고 있다.

진·여신전생

발매일 / 1992년 10월 30일
가격 / 9,800엔 제조사 / 아틀라스

기념할 만한
시리즈의 제1탄

적과의 교섭, 동료 악마, 악마 합체 등 독특한 시스템으로 지지받는 「여신전생」 시리즈 3탄. 독특한 세계관은 종교적, 정신적 색채가 더 강해지고, 선과 악의 다른 대립축인 「LAW(법과 질서)」와 「CHAOS(혼돈과 파괴)」로 존재한다. 이는 「위저드리」와 유사하지만, 본 작품은 속성이 스토리에 영향을 미친다는 보다 발전된 구조이다. 일반적 RPG와 달리 진입 장벽이 높지만 그 심

일본을 침략한 해외의 악마를 물리치기 위해 일본 고전의 신들과 계약했다는 고토 일등육좌. 모델은 행복자살한 작가 미시마 유키오.

오한 시스템은 하면 할수록 빠져든다. 시리즈 최신작인 「IV」는 3DS로 발매되어 첫 주에 18만개 이상의 판매를 기록했다.

풍래의 시렌

발매일 / 1995년 12월 1일
가격 / 11,800엔 제조사 / 춘소프트

들어갈 때마다 던전이 바뀌어
몇 번이고 플레이할 수 있다

이상한 던전 시리즈 제2탄. 던전은 자동생성 방식이어서 기존처럼 반복해서 플레이할 수 있으나 아이템 가게와 NPC가 추가되어 모험의 범위와 전략성이 커졌다. 본 작품은 기본적으로 모험을 반복하며 몸으로 기억해나가는 타입이며, 던전의 최심부를 목표로 한다면 꼭 기억해야 할 룰이 몇 가지 있다. 이를 테면 「가위눌림은 경보로 풀지만 배고픔과 썩은 물로는 풀리지 않

아무렇게나 걸어 다녀서도 안 된다. 설령 주변에 적이 없더라도 언제나 함정에 빠질 가능성이 있을 뿐 아니라 혈당수치도 떨어진다.

다」와 같은 경우이다. 플레이마다 아이템의 강약 차이가 커서 운이 좌우하지만, 그것에만 의지해서는 엔딩을 보기 힘들다.

HISTORY OF CONSOLE GAME

조악한 게임의 난립, 공급 과다는 옛날에도 있었다

아타리 쇼크는 한마디로 북미 가정용 게임기 시장의 붕괴이다. 아타리 쇼크라고 하니까 아타리에게 모든 책임이 있는 것처럼 오해하기 쉬운데, 사실 아타리 쇼크는 일본이 만들어낸 용어이며 미국에서는 「The video game crash of 1983」이라 불린다. 아타리를 콕 집어 얘기하는 것이 아니라는 사실을 알아두자.

최근에는 아타리 쇼크 자체가 정말 존재했는지 궁금해하는 사람도 적지 않은데, 가정용 게임기와 하비 PC에 관련된 회사가 많이 쓰러진 것은 틀림없는 사실이다. 또한 당시에는 공급 과잉이라 불러도 이상하지 않을 정도로 게임기와 소프트가 지속적으로 발매되었으며, 수준 미달의 조악품과 쓰레기 게임도 다수 있었다.

대표적인 것이 『아타리 VCS』용 『E.T.』이다. 대히트를 기록한 영화가 원작이라 기대감이 대단히 높았으나 결과는 처참했다. 500만 개를 만들었으나 팔린 것은(쓰레기 게임 주제에) 150만개였다고 한다.

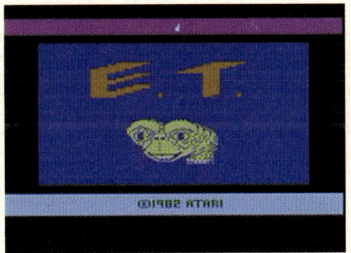

수백만 개의 팩을 뉴멕시코주 앨러모고도 인근 사막에 묻어버렸다. 그리고 30년 뒤에 다시 파냈다.

Vol.3

네오지오

제조사 / SNK
발매일 / 1990년 4월 26일　가격 / 58,000엔

아케이드의 흥분을 그대로 집으로

아케이드의 품질을 가정용으로 가져온 야심의 기기. 원래는 아케이드용(2, 4, 6슬롯용) MVS를 가정용 1슬롯으로 줄여서 렌탈로 발매한 것이 시작이었다. 롬은 아케이드와 동일하지만 규격을 바꾼 가정용을 사용해 완전이식을 실현하였다. 따라서 롬팩의 가격은 약 3만엔이 되고 사이즈도 커졌다. 컨트롤러도 아케이드 사양을 그대로 재현했다. 「100메가 쇼크!」란 광고문구 그대로 대용량을 활용한 최고의 비주얼로 100만대를 판매했다. 판매 종료까지 14년이나 이어진 장수 게임기였다.

집이 게임센터로 변신!

사양

- CPU/MC68000 12MHz+280 4MHz
- 메모리/메인: 64KB SRAM ■ 그래픽/해상도 304*224. 총 65,536색 중 4,096색 동시발색 ■ 사운드/야마하 YM2610, A DPCM 7채널, FM 4채널, PSG 3채널, 노이즈 1채널

네오지오CD

제조사 / SNK
발매일 / 1994년 9월 9일　가격 / 49,800엔

네오지오CDZ

제조사 / SNK
발매일 / 1995년 12월 29일
가격 / 39,800엔

비쌌던 팩을 저렴한 CD-ROM으로 제공했다. 초회판만 CD 삽입구가 프론트 로딩이었고, 컨트롤러는 레버에서 패드로 교체되었다. 느린 로딩 속도가 최대 문제였다.

초기형(좌)과 후기형(우)의 성능상 차이는 없다

1만엔 가격 인하에 로딩 속도 향상에도 매출은 저조

네오지오CD의 개량판으로 CD-ROM 드라이브가 2배속이 되어 본체도 작아졌다. 하지만 큰 개선은 없었고 롬팩 버전보다 먼저 단종됐다.

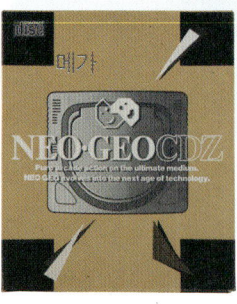

네오지오 소프트 소개

더 킹 오브 파이터즈 '94

발매일 / 1994년 10월 1일
가격 / 29,800엔 제조사 / SNK

**매년 신작이 발매된
대인기 격투게임**

원래는 아랑전설과 용호의 권에서 개최된 격투대회를 지칭. 이후 아케이드 게임으로 등장한 KOF 시리즈의 제1탄. 당시 SNK의 인기 격투게임이었던 「아랑전설」 「용호의 권」, 80년대의 「이카리」 「사이코 솔저」 등의 캐릭터를 모아 드림매치를 실현했다. 최대 특징은 격투게임에서 처음 채용한 3:3 팀배틀이다. 8개국 팀이 존재하지만 팀 에디트는 95부터 가능했고, 94에서는 고정이다. 공통 공격은 「아랑전설」을 바탕으로 하고 「용호의 권」 요소도 포함되었다. 여성팬도 많아서 2003년까지 매년 발매되었다.

여성 격투기 팀인 유리와 킹에는 탈의 요소도 준비되어 있으나, 사이코 솔저 팀의 아테나는 아쉽게도 탈의는 없다.

용호의 권

발매일 / 1992년 12월 11일
가격 / 28,000엔 제조사 / SNK

**100메가 쇼크 제1탄!
애니메이션도 나왔다**

네오지오 초기에 발매된 대전 격투게임. 기본은 스파2의 시스템을 따랐지만 독자적인 시스템이 도입되어 이후 많은 격투게임에 채용되었다. 특히 초필살기는 본 작품이 정착시켰다. 그 외에도 캐릭터가 가까이 가면 줌인, 멀어지면 줌아웃되는 기능과 필살기를 쓰기 위한 체력 게이지 외의 요소, 대전 캐릭터들의 대화 연출 등이 당시로서는 획기적이었다. 최종 라운드의 지상에 있는 상대를 필살기로 KO시키면 킹의 상의가 뜯어지는 「탈의 KO」 연출도 있었다. 이것은 「2」와 「KOF」에도 이어진다.

대전 사이의 미니게임에서 체력과 기력 게이지를 올리거나 초필살기인 패왕상후권을 얻을 수 있었다.

사무라이 스피리츠

발매일 / 1993년 8월 11일
가격 / 29,800엔 제조사 / SNK

**진검승부의
맛을 보자**

무기로 싸우는 대전 격투게임으로 SNK의 황금시대를 떠받친 작품. 특징인 「강베기」는 통상 공격의 3배 이상의 체력을 깎는 필살기다. 「강베기를 얼마나 맞지 않고 공격을 하는가」라는 심리전이 중요한 요소이다. 지면 신체가 절단되거나 죽음이라서 긴장감이 높다. 「분노」 게이지도 특징인데 방어나 기술을 맞으면 올라가서, 지고 있는 쪽이 역전할 수 있는 찬스이기도 하다. 닌자에서 외국인까지 개성 넘치는 12명이 등장하고 마지막 보스인 아마쿠사는 매우 화려하다. 시리즈화되어 많은 게임기에 이식되었다.

나코루루는 아이누의 무녀라는 이색적인 설정. 자연을 사랑하는 순진한 소녀로 당시 게이머에게 큰 인기를 얻었다.

월드 히어로즈

발매일 / 1992년 7월 28일
가격 / 25,800엔 제조사 / 알파전자

**격투게임 붐에 편승했으나
완성도는 그저 그랬다**

알파전자가 네오지오용으로 제작한 대전 격투게임의 제1탄. 여러 나라와 시대의 영웅들이 모여 최강을 목표로 싸운다. 프랑스의 잔다르크와 러시아의 라스푸틴, 일본의 유명 닌자인 핫토리 한조 등 캐릭터 다수가 역사에 실재한 인물이다. 데스매치 모드에서는 일반 스테이지에 다수의 함정이 있다. 머리 밀기 경기에서는 진 캐릭터가 머리를 깎는데 여성 캐릭터도 예외가 아니다. 게임 밸런스가 별로여서 격투게임 팬들의 호응을 얻지 못했다. 속편 「2」와 「2 JET」 「퍼펙트」가 발매되었다.

대전 격투게임치고는 조작 방법이 1레버 3버튼으로 적었지만, 버튼을 누르는 시간으로 강약을 구분했다.

닌자 코만도

발매일 / 1992년 5월 29일
가격 / 24,990엔 제조사 / 알파전자

**슈팅 최초의 필살기!?
사랑받아야 할 바보게임**

닌자를 사랑했던 알파전자의 종스크롤 액션 슈팅게임. 닌자 3명 중 1명을 골라 타임머신을 타고 세계를 혼란시키는 죽음의 상인 스파이더를 쫓는다. 석기시대와 전국시대 등 7개 시대에서 싸움을 이어간다. 필살기와 인법, 3개의 두루마리를 모아 수인으로 변신하고 일정 시간 무적이 되어 적을 물리치지. 특히 류의 필살기인 「폭렬궁극권」은 대형 보스도 순식간에 잡는 위력을 가졌다. 스테이지 데모에 나오는 「미인박명」 등의 개그 대사가 열광적인 팬을 낳았는데 그들 사이에서는 바보게임이라 부른다.

강력한 필살기인 류는 클리어도 간단했으나, 나머지 죠와 레이아의 필살기는 쓰임새가 좋지 않았다.

더블 드래곤

발매일 / 1995년 3월 31일
가격 / 29,800엔 제조사 / SNK

**명작이 대전격투로!
잡혀가는 마리안도 등장**

테크노스 재팬의 횡스크롤 액션 「더블 드래곤」을 2D 격투게임으로 만들었다. 주인공의 리 형제, 도움 받는 역할만 있었던 마리안, 대표적인 적 캐릭터인 아보보 등 10명에 보스 2명을 추가한 총 12명이 참가한다. 보스는 비기로 쓸 수 있었다. 4버튼을 펀치와 킥만이 아니라 강약으로 구분해 사용이 쉬웠다. 게임 자체는 전형적인 대전 격투게임으로 필살기 게이지를 모아 초필살기를 쓸 수 있다. 게이지가 모이는 것도 빠르고 초필살기를 연발하면 역전하기도 쉽다. 기절하기 쉽다는 것이 난점이다.

다른 대전 격투게임과 비교해도 초필살기 커맨드가 매우 간단했지만 그만큼 대충이기도 했다.

레이저 액티브

제조사 / 파이오니아
발매일 / 1993년 8월 20일   가격 / 89,800엔

레이저 디스크로 인터랙티브 체험

당시 보급 초기 단계였던 레이저 디스크의 규격을 확대하기 위해 파이오니아가 발매한 멀티미디어 플레이어. LD 기능은 물론 이미 풍부한 타이틀을 가지고 있던 PC엔진과 메가드라이브의 전용팩을 장착해 각각의 소프트를 플레이할 수 있다. 또한 새로운 규격의 LD-ROM²과 메가LD에 대응한 전용 소프트가 발매되어 LD가 가진 대용량을 살린 애니메이션, 실사영상을 넣은 게임을 선보였다. 아케이드의 LD 게임과 성인 요소의 게임도 발매되어 매니아의 지지를 얻었다. 3D 고글과 가라오케 팩 등 주변기기도 충실했지만 너무 고가라서 얼마 팔리지는 않았다.

PC엔진 팩

PC엔진을 플레이할 수 있는 확장팩

메가 드라이브 팩

모양은 비슷하지만 이쪽은 메가드라이브 팩

NEC에서도 발매되었다

본체는 NEC 홈일렉트로닉스에서도 발매되었다. PC엔진과 LD-ROM²을 전면에 내세웠으나 성능은 파이오니아판과 같다.

타임갈

아케이드의 이식판. 풀 애니메이션으로 움직이는 레이카를 조작한다.

미루전 콜렉션 와타나베 미나요

베스트 샷을 모아 개인 사진집을 만들자.

버철 카메라맨

실사 미녀를 유혹해서 섹시한 사진을 찍는다.

로드 블라스터

고화질 애니메이션으로 전개되는 박력의 카 체이스.

GAME
CONSOLE
COMPLETE
GUIDE

제 5 장

새로운 시대의 패자는
유행에 민감했다

32 bit 기기 전쟁

절대왕자 닌텐도를 그 자리에서 끌어내린 자는 타 업종에서 참전한 소니. 음악산업에서 배양한 노하우를 철저하게 살려 시장을 석권한다. 놀라운 광고전략으로 게임을 하지 않던 사람까지 매료시켰다.

3DO 리얼

제조사 / 마츠시타 전기
발매일 / 1994년 3월 20일   가격 / 54,800엔

가전회사가 만든 멀티미디어 기기

당시 북미 제2의 게임회사였던 일렉트로닉 아츠의 창업자 중 한 명인 트립 호킨스가 설립한 3DO가 제창한 게임기의 통일 규격이다. 일본에서는 마츠시타 전기와 산요가 라이선스를 받아 32비트 게임기 중 최초로 발매되었다. 아인슈타인이 등장하는 TV 광고를 대량으로 집행하며 200종의 타이틀을 내놓았다. 「D의 식탁」과 「폴리스 너츠」, 아케이드에서 유일하게 이식된 「슈퍼 스트리트 파이터2X」 등 명작을 배출했으나 비싼 게임기가 보급의 발목을 잡아 PS와 SS에 밀려 빠르게 철수했다. 참고로 「3DO」는 AUDIO, VIDEO를 잇는 제3의 머신(「DO」)이라는 의미라고 한다.

사양
- CPU/ARM60(12.5MHz) ■ 메모리/메인 2MB, VRAM 1MB, SRAM 32KB ■ 그래픽/320*240, 해상도 640*480, 텍스처 맵핑, 그로우 쉐이딩

3DO TRY

제조사 / 산요
발매일 / 1994년   가격 / 54,800엔

산요가 발매한 제품, 성능 차이는 없었다

라이선스를 제공받아 제조된 산요판 3DO. 3DO란 글씨가 본체 상부에 음각되었으며 색상도 마츠시타의 3DO와 다르다. 하지만 3DO는 통일 규격이므로 기능은 같다.

3DO REAL II

제조사 / 마츠시타 전기
발매일 / 1994년   가격 / 44,800엔

기사회생을 노리고 염가판을 투입하였으나 예상은 빗나가고…

판매가 저조하자 반년 후에는 빠르게 원가 절감한 염가판을 발매한다. CD는 탑로딩 방식으로 바뀌고 컨트롤러도 조금 작아졌으나 역시 팔리지 않았다.

슈퍼 스트리트 파이터Ⅱ X -Grand Master Challange-

발매일 / 1994년 11월 18일   가격 / 8,800엔   제조사 / 캡콤

이 게임을 위해 본체를 구입한 사람이 많았다

아케이드판 가동 시작부터 겨우 반년 이라는 빠른 속도로 이식됐다. 『슈퍼 스트리트 파이터Ⅱ X』는 슈퍼콤보 도 입과 통상기 개량, 게임 속도를 임의 로 조절할 수 있는 등 높은 완성도로 아케이드에서 엄청난 인기를 얻었다. 그런데 그것을 바로 집에서 플레이할 수 있다는 정보에 팬들은 크게 환호 했다. 본 작품의 발표를 계기로 3DO 를 구입했다는 사람도 있었을 것이 다. 엄밀하게 따져보면 일부 배경 캐 릭터가 없다거나 난전 시에 느려지는 문제는 있지만, 32비트 기기라는 점 을 감안하면 이식도는 합격점 수준이 다. 오랫동안 타 기종에 이식되지 않 아서 정말로 귀한 게임이었다.

공격을 하면 슈퍼콤보 게이지가 올라가고 「SUPER」표시로 발동 가능한다. 강렬한 한방 을 보자.

D의 식탁

발매일 / 1995년 4월 1일   가격 / 8,800엔   제조사 / 워프

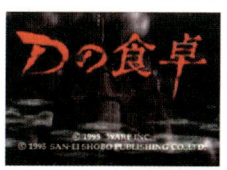

귀재가 쏘아올린 영화와 같은 게임

작고한 이이노 켄지가 이끌던 워프가 발매한 게임. 「인터랙티브 시네마」를 표방하며 영화를 의식해 만들어졌다. 풀 3D CG로 그려진 당시로서는 획 기적인 작품으로 「멀티미디어 그랑 프리95 통산대신상」을 수상했다. 주 인공 로라는 어느 고성에 갇히는데 그곳은 돌연 인질을 잡고 병원에 틀 어박힌 로라 아버지의 정신세계. 여 러 기묘한 현상에 전율하는 로라의 2 시간 탈출극을 그린 것이 이 작품인 데 엔딩은 매우 충격적이다. 이 작품 으로 인기 크리에이터가 된 이이노 켄지는 이후에도 여러 획기적인 작품 을 남겼는데, 2012년 2월에 42세의 나이로 타계한다.

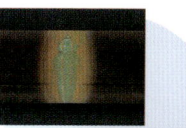

D의 식탁은 여러 아이템이 있으며, 그것을 적재 적소에 쓰면서 게임을 진행한다는 의외로 심플 한 시스템이다.

폴리스 너츠

발매일 / 1994년 9월 29일   가격 / 7,800엔   제조사 / 코나미

코지마 히데오 감독의 초 양질 어드벤처

지금은 세계적인 크리에이터가 된 코지마 히데오 감독의 어드벤처 게 임. 『스내처』로 높은 평가를 받은 영 화적 연출을 보다 진화시킨 작품으로 원래는 PC-9821용 소프트로 발매 되었다. 코지마 작품의 매력 중 하나 는 치밀한 세계관에 있다. 본 작품의 무대가 되는 곳은 스페이스 콜로니 「BEYOND COAST」. 언뜻 보면 질 서 있는 세계에서 평화롭게 살아가는 듯 보이지만, 미래의 인류가 우주에 서 살아갈 때에 일어날 듯한 장기이 식과 대리출산이라는 윤리적 문제들 을 그리고 있다. 메인 스토리는 물론 이런 뒷이야기도 자세히 살펴 보면 재미있다.

본 작품의 주인공 조나단 잉그램멜 깁슨. 경 찰과 우주비행사를 겸한 「폴리스 너츠」로서 활 동했던 과거를 갖고 있다.

아우터 월드

발매일 / 1994년 10월 21일   가격 / 8,800엔   제조사 / 일렉트로닉 아츠 빅터

엉뚱함을 모두 빼버린 과격한 작품

오리지널은 1991년 프랑스의 게임회 사가 『Amiga500』용으로 개발했다. 당시로는 생소했던 폴리곤으로 게임 전체가 그려진 것이 최대의 특징이 다. 또한 게임 중에 텍스트가 없으며, 가끔 삽입되는 짧은 음악과 영상에 의지해서 게임을 진행한다는 과격한 내용의 액션이다. 이 게임에 영향을 받았다고 공언하는 크리에이터가 많 으며, 유저만이 아니라 개발자들로부 터도 평가받은 작품이다. 일본에서는 SFC판과 3DO판이 발매되었는데 두 버전 모두 품질이 좋다. 특히 여기 서 소개하는 3DO판의 그래픽은 매 우 아름답고 독특한 황폐한 세계관이 훌륭하게 그려져 있다.

가끔 「자마이카… 야마시타…」와 같은 국적 불 명의 수수께끼 같은 음성이 들려올 때가 있는데 역시나 정확한 의미는 알 수 없다.

PC-FX

| 제조사 / NEC 홈 일렉트로닉스 |
| 발매일 / 1994년 12월 23일　　가격 / 49,800엔 |

위력적인 동영상 재생 능력 미소녀 게임 전용 머신

「PC」=「PC-98 시리즈」, 「F」=「Future (미래)」, 「X」=「미지수」로부터 명명됐다. PC엔진의 후속 기기. 처음부터 PC-98 시리즈와의 연계를 고려해, PC-98의 외장 CD-ROM 드라이브로 사용할 수도 있었다. PC엔진(특히 CD-ROM²)은 비주얼 씬이 우수했는데, 후속 기기에서 그것을 강화하고 싶은 생각이 있었던 듯이 동영상 전용 칩을 내장했다. PS나 SS와 비교하면 그 차이가 확실해서, 동영상의 질이 중요한 미소녀 게임 등에서 매니아의 인기가 높았다. PC엔진 시절부터 이어진 노선을 보다 강화한 점은 높게 평가받았으나 '폴리곤 기능을 넣었더라면 혹시나'라는 이야기도 들린다.

세로형의 거대한 본체. PC엔진용 CD는 인식하지만 호환성은 없다

사양

- CPU/V810 21.475MHz ■ RAM/메인2MB, VRAM 1.25MB ■ 그래픽/최대표시색수 1677만색, 해상도 320*240, 확대·회전축소기능 ■ 사운드/ADPCM 2채널, PSG 6채널 ■ CD-ROM/2배속

PC-98 시리즈의 스카시 CD-ROM으로 사용 가능

게임 소개

『배틀히트』

「애니메이션 격투게임」이라는 단어가 크게 다가온다. 대전 격투지만 애니메이션이 격렬하게 움직인다.

『애니메 프리크FX Vol.1』

애니메이션과 성우 정보를 전하는 동영상을 모은 소프트. 성우의 애프터 레코딩 코멘트 등을 들을 수 있다. 지금이라면 더 팔렸을지도.

『캉캉바니 엑스트라DX』

18금 게임. 이런 작품이 PC에 이식되는 경우는 드물지 않지만 H씬까지 재현한 것은 PC-FX 정도뿐이다.

『Pia 캐롯에 어서 오세요!!』

이쪽도 일본 PC에서 인기 있던 18금 게임. 가정용 게임기임에도 불구하고 18금 게임을 거의 그대로 플레이할 수 있었다.

FM TOWNS 마티

제조사 / 후지츠
발매일 / 1993년 2월 16일   가격 / 98,000엔

비싼 FM TOWNS용 소프트를 가볍게 플레이할 수 있는 게임기

후지츠가 1989년 발매한 PC 『FM TOWNS』를 가정용 게임기로 재구성했다. CPU 면에서 본 성능은 초기 FM TOWNS 정도. 발매 초기에는 다수의 FM TOWNS용 CD-ROM 소프트를 플레이할 수 있었으나 실제로는 마티 대응 소프트만 사용 가능(그래도 절반 정도는 쓸 수 있다). 순수하게 가정용 게임기로 생각했을 때의 가격은 아무리 봐도 비싸게 느껴지지만, 비싼 PC용 소프트를 플레이할 수 있다는 점은 타 기종에 없는 매력이었다.

초기 FM TOWNS와 동일한 성능을 가졌으나 미대응 소프트도 많았다

사양

- CPU/AMD 80386 16MHz ■ RAM/메인 2MB, VRAM 512+128KB ■ 사운드/야마하 YM2612, 리코 RF5c68

아타리 재규어

제조사 / 아타리
발매일 / 1994년 12월 8일   가격 / 24,800엔

모처럼 준비한 성능을 활용하지 못했다

64비트를 주장하며 아타리가 단단히 준비하고 투입했으나 너무 일렀던 차세대 기기. PS와 SS마저 나오지 않았던 시대에 64비트의 임팩트는 대단했지만, 아타리에 의하면 어디까지나 「64Bits System」이었다. 더구나 「템페스트2000」이라는 소프트는 매니아들 사이에서 명작으로 알려져, 개발자가 기기 성능을 좀 더 이해했더라면 상황이 변했을지 모른다. 여러 가지로 아쉬운 게임기이다. 소프트는 팩으로 공급되었고 나중에 CD-ROM 드라이브도 발매되었다.

텐키가 채용된 조이패드는 사용하기 매우 어렵다

사양

- CPU/Tom 25.59MHz(그래픽, 메모리 컨트롤러), Jerry 26.6MHz(사운드), MC68000 13.295MHz(범용) ■ RAM /2MB

세가 새턴

| 제조사 / 세가 |
| 발매일 / 1994년 11월 22일 가격 / 44,800엔 |

파죽지세로 보급되어 한때는 1등을 했던 게임기

당시 아케이드 기판과 비교해도 손색 없는 그래픽 성능으로 시대를 풍미했다. 특히 2D 성능이 탁월해서 격투게임을 플레이할 때는 PS보다 SS가 상식이었다. 3D 폴리곤 기능도 갖고 있어 사회현상이 되었던 『버쳐 파이터2』를 거의 완벽하게 이식했다. 또한 확장 RAM을 통한 고품질 게임 제공은 PS가 따라 할 수 없는 기능이었다. 본체 설계상 고비용이 필수적이어서 마지막까지 게임기를 손해 보며 팔았던 것이 뼈아프지만 세가의 축적된 기술력과 혼이 담긴 명게임기라는 사실엔 의심의 여지가 없다.

염가판의 본체는 '화이트 새턴'이라 불렸는데 후지오카 히로시를 기용한 강렬한 광고가 유명했다

세가 새턴 [후기형]

| 제조사 / 세가 |
| 발매일 / 1996년 가격 / 20,000엔 |

사양
- CPU/히타치 SH-2 28.6MHz 2개, MC68EC000 11.3MHz
- RAM/메인 메모리 2MB, VRAM 1.5MB, 백업램 32KB
- 그래픽/320*224~704*480 해상도, 스프라이트 기능에 의한 확대·회전·축소, 스프라이트와 배경의 반투명 합성 기능, 폴리곤
- 사운드/야마하 YMF292(SCSP), PCM 32채널, FM 8채널

V새턴

| 제조사 / 일본 빅터 |
| 발매일 / 1994년 가격 / 44,800엔 |

초기형과 후기형은 칼라가 다르다

HI새턴

| 제조사 / 히타치 제작소 |
| 발매일 / 1995년 가격 / 64,800엔 |

비디오CD를 순정으로 재생할 수 있는 상위 기종

원래는 트윈 오퍼레이터나 무비카드 & 포토CD 오퍼레이터가 필요했지만, 순정으로 비디오CD, 포토CD 재생 기능을 갖췄다.

게임 네비 HI새턴

| 제조사 / 히타치 제작소 |
| 발매일 / 1995년 가격 / 150,000엔 |

가격에 걸맞게 가치가 있다 일명 카네비 새턴

V새턴 [후기형]

| 제조사 / 일본 빅터 |
| 발매일 / 1996년 가격 / 20,000엔 |

일본 빅터에서 발매한 호환기기. 성능은 세가판과 동일하지만 기동 시의 로고 등이 다르다.

세가 새턴 모뎀

| 제조사 / 세가 |
| 발매일 / 1996년 가격 / 14,800엔 |

이 기기만 있으면 PC통신 및 인터넷으로 접속이 가능했다. 이런 선견지명이 세가의 장점인데 시대가 따라가지 못했다.

버쳐스틱 프로

| 제조사 / 세가 |
| 발매일 / 1996년 가격 / 24,800엔 |

둘 다 압도적인 조작성을 자랑하는 상급자의 필수 아이템

아케이드용 캐비넷 아스트로시티의 컨트롤 패널을 그대로 가져온 버쳐스틱 프로는 격투 게이머의 필수품. 트윈스틱은 『전뇌전기 버철온』을 플레이하는 데 최적이다

트윈스틱

| 제조사 / 세가 |
| 발매일 / 1996년 가격 / 5,800엔 |

버쳐 파이터2

발매일 / 1995년 12월 1일   가격 / 6,800엔   제조사 / 세가

3D 격투게임 붐을 최고조로 이끌다

격투게임이라는 장르에 혁명을 일으킨 세계 최초의 3D 격투게임. 버쳐 파이터 시리즈 제2탄으로 SS에서 발매되었다. 먼저 나온 아케이드판은 호쾌한 조작성과 화려한 액션으로 공전의 히트를 기록했다. 「이케부쿠로 사라」, 「신주쿠 잭키」, 「붕붕마루」, 「카시와 제프리」등 유명 게이머가 탄생되었다. 또한 발매 몇 년 후 새로운 콤보가 발견되는 등 버쳐 파이터 시리즈는 깊이가 있었다. 당초 SS로의 이식은 불가능하다 했지만 세가는 아케이드판과 거의 같은 상태의 이식을 실현했다. 그 영향은 대단히 컸고 SS나 세가나 첫 밀리언 타이틀이 되었다.

「버쳐 파이터2의 인기는 엄청나서 많은 버파인을 낳았다. 이것을 집에서 할 수 있다니!」

마법기사 레이어스

발매일 / 1995년 8월 25일   가격 / 4,800엔   제조사 / 세가

단순한 캐릭터 게임이 아닌 SS 초기의 명작 액션 RPG

원작은 인기 만화가 집단인 「CLAMP」의 만화 및 애니메이션. 본 작품은 원작을 바탕으로 신 캐릭터를 등장시키는 등 독자적인 어레인지를 했다. 단순히 액션 RPG로 봐도 완성도가 높고, 원작을 몰라도 충분히 플레이할 수 있다. 플레이어가 조작할 수 있는 캐릭터는 원작과 같이 「시도우 히카루」, 「류자키 우미」, 「호우오우지 후우」의 3명. 캐릭터마다 HP/MP가 설정되어 있어 핀치에 몰리면 캐릭터를 바꾸는 것이 정공법. 하지만 3명 중 유일하게 원거리 무기를 쓸 수 있는 호우오우지 후우의 쓰임새가 가장 좋아 결국 그녀에게 의지하는 플레이가 되는 것이 옥의 티이다.

대화는 풀 보이스이지만 스킵이 불가능한 것도 옥의 티이다. 시스템은 그저 그런 부분이 있지만 전체적인 완성도는 높다.

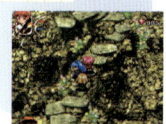

데이토나 USA

발매일 / 1995년 4월 1일   가격 / 6,800엔   제조사 / 세가

부딪치면 순위 상승!? 와일드한 레이스

절대적인 지지를 얻은 세가 레이싱 게임의 아케이드판을 이식했다. 최근 일본에서도 주목받고 있는 미국의 모터 스포츠 「NASCAR」를 모티브로 했다. 같은 시기에 발매된 레이싱 게임과 비교하면 핸들이 무겁게 느껴지고, 오벌 코스에서 그 진가를 발휘하는 아메리칸 사양이다. 고속으로 달리면서 벽에 부딪치지 않고 상대 차량과 부딪쳐 순위를 올리는 와일드한 게임이다. 몇 개의 지름길이 있으며 파격 주행을 보여주는 괴수 플레이어도 있었다. 지금은 HD 리메이크 판으로 PS3와 Xbox360에서 다운로드 구입할 수 있으므로 가볍게 플레이할 수 있다.

사진만 보면 그런대로 괜찮아 보인다. 하지만 별매인 핸들이 있어야 제대로 조작이 되고 그래픽은 밝이식의 표본이 되어버렸다.

전뇌전기 버철온

발매일 / 1996년 11월 29일   가격 / 5,800엔   제조사 / 세가

트윈스틱으로 AC판의 플레이 감각을 재현

고속 이동하면서 사격과 접근전을 벌이는 로봇 격투 액션게임의 제1탄. 게임 시스템의 밸런스가 매우 좋아 이후 로봇 격투게임에 큰 영향을 미쳤다. 아케이드에서 이식한 본 작품은 조작성과 그래픽에 있어 성능 관계상 아케이드를 따라가지 못했지만, 특징적이었던 게임용 전용 컨트롤러 등이 발매되어 아케이드와 같은 감각을 보여주었다. 참고로 당시에는 세가와 반다이가 합병한다는 계획이 있어 '작중에 등장하는 버철로이드의 고품질 프라모델이 발매되지 않을까' 하고 모델러들 사이에서 기대감이 컸으나 결국 실현되지 못했던 것이 아쉽다.

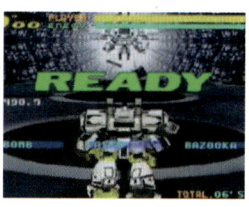

밸런스는 AC판과 상당히 다르지만 분위기는 제대로 재현했다. 당시에는 가정에서 즐길 수 있다는 것만으로도 만족했다.

세가 새턴 소프트 소개

에너미 제로

발매일 / 1996년 12월 13일　가격 / 6,800엔　제조사 / 워프

게임 사상 최고의 긴장감 적과의 거리는 소리로!

당시 발전 중이었던 3D 그래픽을 최대한 활용한 것이 이 작품이다. 내용은 호러 요소가 있는 액션 어드벤처이다. 영화 「에일리언」을 방불케 하는 보이지 않는 생물을 상대로 서스펜스 요소를 조합한 작품. 탐색 파트, 액션 파트 모두 상당히 난이도가 높은 데다 세이브, 로드 횟수도 제한되어 있어 무심결에 세이브도 할 수 없다. 즉사 이벤트도 많아 상당한 긴장감을 불러올 정도로 스릴 있는 게임은 당시에 흔치 않았다. 게임을 끝낸 후에도 적이 접근할 때 울리는 알람 소리가 귀에서 들리는 듯했다. 이이노 켄지다운 작품이다.

반짝반짝 넘치는 효과들은 매우 아름다울 뿐 아니라 속도감을 높이는 역할도 했다.

팬저 드래곤

발매일 / 1995년 3월 10일　가격 / 6,800엔　제조사 / 세가

인기 시리즈로서 속편도 다수 등장

고대 기술로 만들어진 드래곤을 타고 적을 물리치는 슈팅게임. 플레이어 캐릭터의 배후 시점을 채용했으며 화면 안쪽으로 향하는 스크롤이 특징. 적탄을 회피하기 위해서는 드래곤의 상하좌우 이동만 가능해 상당히 난이도가 높다. 이 작품의 특징은 여러 적을 동시에 추적 및 공격할 수 있는 록온 레이저. 록온된 적을 격퇴하는 것은 개발사 측의 솜씨가 좋아 상당히 호쾌하다. 독자적인 세계관이나 생물감이 있는 병기들, BGM의 평가도 높아 후에 시리즈화되었다. SS, GG, Xbox 등 기기를 바꿔가며 2002년까지 전개되었고, 잘 알려지지 않았지만 OVA도 제작되고 있다.

적은 모든 방향에서 출현하기 때문에 그것이 난이도를 끌어올리는 요인이 되기도 했다.

나이츠

발매일 / 1996년 7월 5일　가격 / 5,800엔　제조사 / 세가

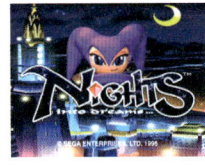

어디서도 경험할 수 없는 멋진 부유감

소닉 시리즈 제작진이 꿈의 세계를 무대로 만든 신감각 액션게임. 소닉 팀이 오랫동안 쌓아온 속도감 있는 액션이 인상적이다. 잘 만들어진 필드를 날아다니는 상쾌함이나 각 스테이지에 준비된 장치들은 평가가 높다. 또한 주인공 나이츠가 꿈의 세계에 사는 나이토피안을 어느 정도 구출했느냐에 따라 배경음악의 템포나 멜로디가 실시간으로 바뀌는 재미있는 구조로 되어 있다. 이외에도 나이츠의 액션에 따라 나이토피안이 특정 적과 부딪치면 해당 나이트피안이 신종으로 변화하는 등 본줄기 이외의 몰입 요소도 매력 중 하나이다.

반짝반짝함이 넘치는 효과들은 매우 아름다울 뿐 아니라 속도감을 연출하는 데도 한몫을 하고 있다.

가디언 히어로즈

발매일 / 1996년 1월 26일　가격 / 5,800엔　제조사 / 세가

모두 모여 밤샘 플레이다!

세가 팬으로부터 열광적으로 지지받은 게임회사 「트레져」, 이 회사가 새턴 팬에게 보낸 「가디언 히어로즈」는 뭐든지 가능한 다인수 대전의 2D 대전격투이며, 호쾌한 배틀은 새턴 액션게임의 최고 걸작으로 일컬어진다. 스토리 모드는 벨트 스크롤 액션이라 생각되지만, 이 작품은 3라인제를 채용하여 같은 라인의 캐릭터만 공격할 수 있으므로 라인 잡기가 중요하다. 스테이지는 총 30개이고 게임 중 선택기에 의해 분기하는 구조이다. 1회 플레이로는 모든 스테이지를 플레이할 수 없으므로 몇 번이고 반복해서 플레이하는 사양이라는 점이 즐겁다.

스토리 모드에서는 「언데드 히어로」라는 무적의 동료가 함께한다. 잘 활용해서 게임을 유리하게 진행하자.

그란디아

발매일 / 1997년 12월 18일   가격 / 7,800엔   제조사 / 게임 아츠

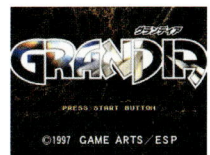

이것이 진정한 모험
어느 소년의 성장 스토리

새턴의 기사회생을 기대하게 만든 대형 RPG. 모험을 동경하는 소년 저스틴은 이상한 사건을 계기로 아버지의 유품인 정령석이 진짜이며 신화 속 이야기로 알고 있던 엔쥬르 문명이 실존한다는 점을 확신하며 여행에 나선다. 이 작품의 평균 플레이 시간은 무려 80시간. 스토리가 매우 짜임새 있어 중간에 포기할 일이 없고 마지막까지 설레며 플레이할 수 있다는 점이 멋지다. 또한 단순한 커맨드 방식과는 달리 독창적인 전투도 평가가 높아 RPG 최고봉이라 치켜세우는 유저도 많다. 진정한 모험과 진정한 RPG가 무엇인지 가르쳐주는 명작이다.

적의 공격을 필살기로 캔슬하는 등, 긴장감 있는 전투는 손에 땀을 쥐게 한다. 하지만 신중하게 행동해야 한다.

거리 ～운명의 교차점～

발매일 / 1998년 1월 22일   가격 / 5,800엔   제조사 / 춘소프트

매우 완성도가 높은
사운드노벨의 걸작

『제절초』 『카마이타치의 밤』의 히트로 인기 장르가 된 사운드노벨. 그 제3탄이 이번 작품인 『거리』이다. 전작까지는 캐릭터를 실루엣으로 표시했지만 이번에는 실사를 사용했다. 실사 시스템에 대해서는 찬반 양론이 있었는데, 몰입감이 줄어든다고 플레이를 포기한 사람도 많았다. 하지만 한번 플레이해보면 그것이 오해였다는 것을 바로 이해할 수 있다. 작품 속 등장인물 8명의 이야기가 「시부야」라는 공통점을 바탕으로 복잡하게 얽히는데, 이것이 작품의 최대 특징인 「재핑」 시스템이다. 어느 인물의 행동이 전혀 예측하지 못한 형태로 다른 인물에게 영향을 미치게 된다.

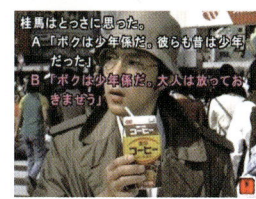

누군가의 행동이 다른 누군가에게 영향을 미친다는 재핑 시스템이 우수하다. 게임이 막히면 다양한 선택기를 써보자.

뱀파이어 헌터

발매일 / 1996년 2월 23일   가격 / 6,800엔   제조사 / 캡콤

2D는 새턴이 PS보다
한 수 위임을 보여주다

등장 캐릭터가 모두 사람이 아니라는 설정으로, 인간 캐릭터에는 없는 화려한 콤보가 유명한 『뱀파이어』 시리즈 제2탄. 시리즈 최초의 가정용 이식인 본 작품은 수차례 연기 끝에 발매되었는데, 동작 프레임 삭제가 많아 움직임이 딱딱했던 PS의 『뱀파이어』와 비교되며 아케이드의 충실한 이식작이 되었다. 새턴은 이를 계기로 2D 대전 격투게임에 특화된 게임기로 인식되었다. 이후 가정용으로 이식되는 격투게임을 플레이하고자 새턴을 구입하는 사람도 많았다. 다음이자 마지막 작품인 뱀파이어 세이버는 4MB 램팩의 힘으로 완벽 이식을 실현한다.

이렇게까지 충실하게 이식하다니 새턴은 정말 대단했다. 집에서 콤보 연습을 할 수 있을 정도의 완성도이다.

데스크림존

발매일 / 1996년 8월 9일   가격 / 5,800엔   제조사 / 에콜

도처에서 화제가 되며
속편까지 발매되다

버쳐 건 대응게임 제2탄으로 장르는 건슈팅게임. 하지만 뚜껑을 열어보니 '이것은 무엇인가'라는 생각에 정신줄을 놓은 사람이 대부분이었을 것이다. 제대로 된 것이라고는 버그가 없다는 점 하나뿐. 그래픽은 아무리 기대 수준을 낮춰도 용서가 안 됐는데, 그것을 참아낸다면 본 작품 최대의 낚시이자 게임 사상 최고의 명대사 「모처럼이니 나는 이 빨간 문을 고를 거야.」를 듣게 된다. 확실히 문은 3개 있지만 빨간 문은 어디에도 없다. 그것보다도 무엇이 「모처럼인지」 알 수가 없다. 참으로 심각하지만 오히려 이것이 사랑받아 「데스님」이라 불리며 속편도 발매되었다.

모든 면에서 참으로 조잡하다. 오프닝 데모에서 소리가 영상과 안 맞는데 일부러 그랬는지가 궁금할 정도이다.

플레이스테이션

제조사 / SCE
발매일 / 1994년 12월 3일 가격 / 39,800엔

음악업계의 영웅
가정용 게임기를 제패하다

SCE 시대의 시작을 알리는
고성능 32bit 게임기

150만엔이라는 저렴한 가격으로 개발 툴을 제공해 서드파티가 속속 참여했고, 런칭 타이틀로 아케이드에서 인기였던 『릿지 레이서』를 투입하는 등, 실로 순조로운 출발이었다. 1997년에는 닌텐도 게임기로만 발매되었던 국민 RPG 『파이널 판타지』의 최신작을 발매한다. 이것으로 완전히 기세를 잡은 PS는 차세대 게임기 전쟁의 승리를 확정짓는다. 참고로 게임기는 3D 폴리곤 묘화 능력에 특화되어, 이전에 보지 못했던 풀 CG의 화려한 동영상 등 드라마틱한 연출을 이용했다. 마치 영화같은 참신한 방법으로 게임에 관심 없던 사람들도 끌어들이는 데 성공했다.

사양
- CPU/MIPS R3000A ■ RAM/메인램 EDO RAM 2MB, V RAM 1MB ■ 그래픽/256*224~640*480 해상도, 초당 36만 폴리곤, 초당 4000개 스프라이트 묘화, 텍스처맵핑, 그로우 쉐이딩, 포그 반투명처리 기능

PS one
제조사 / SCE
발매일 / 2000년 7월 7일
가격 / 15,000엔

PS one 전용 액정 모니터
제조사 / SCE
발매일 / 2001년 가격 / 14,800엔

PS one에 장착하면 장소에 구애받지 않고 플레이할 수 있다

네지콘
제조사 / 남코
발매일 / 1995년 가격 / 4,980엔

말 그대로 비트는 컨트롤러

레이싱 게임에서 진가를 발휘한 컨트롤러로 『릿지 레이서』 발매 직후에 등장했으며 지금도 팬이 많다.

댄스댄스 레볼루션 전용 컨트롤러

제조사 / 코나미
발매일 / 1999년
가격 / 5,800엔

인기 게임을 집에서 플레이하기 위한 필수품. 층간 소음을 신경쓰며 플레이했던 사람도 많을 것이다.

포켓 스테이션
제조사 / SCE
발매일 / 1998년 가격 / 3,000엔

품절사태가 이어질 정도로 인기상품이 됐다

비트매니아 컨트롤러

패미통 한정판

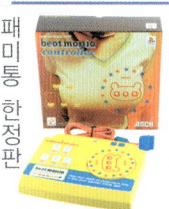

제조사 / 코나미
발매일 / 1998년
가격 / 6,600엔

비트매니아를 즐기기 위한 필수품. 일반판은 물량이 많은데 이쪽은 패미통 한정이라 레어품이다.

여성을 모델로 기용해 멋진 아이템임을 어필했으며 박스도 대단히 심플했다

메모리 카드로도 쓸 수 있고, 미니게임을 다운받아 밖에서 플레이할 수도 있다. 대응 소프트도 매우 많았다.

릿지 레이서

발매일 / 1994년 12월 3일　　가격 / 5,800엔　　제조사 / 남코

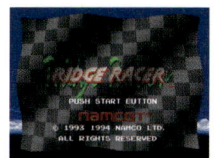

이것이 PS의 힘!
런칭에 어울리는 걸작

세가의 『데이토나 USA』와 함께 텍스처 맵핑을 도입한 초기 3D 레이싱 게임. 리얼한 그래픽, 실제 차량의 움직임보다는 호쾌함에 무게를 둔 구성으로 아케이드에서 높은 인기를 얻었다. 아케이드판 발매 1년 후에 나온 PS의 런칭 타이틀이다. 아케이드판을 완전 재현한 것만이 아니라, 경이적인 성능을 가진 데빌카의 추가 등 내용을 보충했다. PS의 높은 성능을 세상에 알린 작품으로 PS2와 PS3에서도 신작이 런칭 타이틀로 발매되었다. 이 작품의 대히트를 계기로 주변기기인 「네지콘」도 인기였다. 순정 조이패드로는 어려운 세밀한 핸들링이 가능했다.

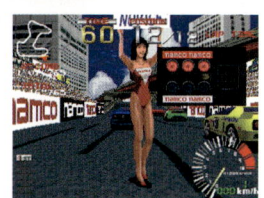

이전 세대와는 비교할 수 없는 아름다운 그래픽이 특징. 새로운 시대의 개막을 알리는 데어울리는 타이틀이다.

바이오 하자드

발매일 / 1996년 3월 22일　　가격 / 5,800엔　　제조사 / 캡콤

모든 것은 여기서 시작한다
서바이벌 호러 제 1탄

캡콤이라 하면 록맨과 스파2가 전부였던 시절에 서바이벌 호러라는 생소한 장르로 등장. 처음에는 별로 유명하지 않았지만 입소문으로 인기가 폭발해 지금은 캡콤을 대표하는 시리즈 중 하나가 되었다. 기념할 만한 1탄은 고정 카메라풍의 3인칭 시점으로, 조작이 어렵고 입수할 수 있는 탄약에도 제한이 있었다. 시작 단계에서 좀비견이 유리창을 깨고 나오는 장면은 그야말로 충격 그 자체였다. 도처의 무서운 장치가 인기의 비결이었다. 게임큐브와 Wii에서 리메이크작이 발매됐는데, 좀비를 물리치면 잠시 후 크림존 헤드로 부활하는 등 보다 난이도가 올라갔다.

문을 열 때옆 영역으로 이동=로딩중 나오는 이 영화적인 연출은 플레이어에게 한층 공포감을 불어넣는다.

철권2

발매일 / 1996년 3월 29일　　가격 / 5,800엔　　제조사 / 남코

콤보 연습모드로
철저한 연습을

3D 격투게임의 백두장사가 세가의 『버쳐 파이터』라면 천하장사는 단연 『철권』이다. 시리즈 두 번째인 이 작품은 아케이드판이 가동된 후 이례적인 속도로 PS판이 발매되어 게이머들을 놀라게 했고 PS 사상 최초의 밀리언 타이틀이 되었다. 당시 아케이드판에는 상급자가 넘쳐서 초보자가 전혀 즐길 수 없는 상황이었다. 이 작품은 아케이드판에 손색없는 성능에다 콤보 연습모드가 있어 철저하게 연습한 후 다시 아케이드에 도전하는 사람도 많았다. PS에는 없어서는 안 되는 타이틀로 그 후에도 속편이 계속 이식되고 있다.

게임 내용은 물론이고 아름다운 동영상도 화제였다. 격투게임인데도 스토리가 쓸데없이 고퀄이다.

파라파 더 래퍼

발매일 / 1996년 12월 6일　　가격 / 4,800엔　　제조사 / SCE

음악게임의 시조
템포 좋게 버튼을 누르자

당시 업계에서 한정된 사람들의 취미 정도로 여겨졌던 리듬게임을 새로운 장르로 만들어, 게임에 관심 없던 사람들을 끌어들인 것이 이 작품 『파라파 더 래퍼』였다. 리듬에 맞춰 버튼을 누른다는 단순한 조작 방법과 우수한 BGM으로 많은 팬을 만들었다. 캐릭터 인기도 높고 관련 상품 전개와 애니메이션 방송이 이루어지는 등 상승세를 보여주었으며, 이후 『움재머 라미』 등의 파생 시리즈와 속편 등이 발매되어 오랫동안 인기를 유지했다. 리듬게임을 뿌리내린 기념할 만한 작품으로 그 이름이 게임 역사에 영원히 남을 것이다. 2006년에는 PSP에서 속편이 발매되었다.

리듬에 맞춰 템포 좋게 버튼을 누르기만 해도 통쾌함이 느껴진다. 음악산업을 바탕으로 한 SCE다움을 만끽할 수 있다.

파이널 판타지 VII

발매일 / 1997년 1월 31일   가격 / 6,800엔   제조사 / 스퀘어

SFC에서 PS로 이적
이것이 신시대의 FF

게임기 자체의 매출을 단 하나의 소프트가 이끌었던 사례는 여럿 있는데, 이 작품은 그 전형이라 할 수 있다. 인기 RPG『파이널 판타지』시리즈의 7번째 작품으로 6까지 쌓아놓은 게임성에 PS만의 미려한 그래픽과 대용량이 적용된 시리즈의 집대성이라 할 수 있다. 머터리얼 시스템에 의한 풍부한 콘텐츠와 완성도 높은 스토리 등이 화제가 되며 압도적 지지를 얻어 PS 본체의 매출 증대에 크게 공헌했다. SS와의 차세대 전쟁에 종지부를 찍게 해준 작품으로, 파이널 판타지의 영향력이 지대하다는 사실을 세상에 알렸다.

소환수를 부를 때의 화려한 연출이 화제였다. 그러나 발표 당시에는 3D화에 대한 불안의 목소리가 컸다.

나의 여름방학

발매일 / 2000년 6월 22일   가격 / 5,800엔   제조사 / SCE

게임으로 재현된
1975년의 여름

느긋한 여름방학 라이프를 보낸다는 간단한 설정이 호평받아 게임 외의 다양한 미디어에서 거론된 작품이다. 따라서 게임 시스템의 치밀함과 높은 쾌감을 지향하지는 않는다. 성인에게는 그립고 아이들에게는 색다른 고도성장기의 여름방학을 훌륭히 재현했다. 플레이어는 시골『츠키요노』를 마음대로 돌아다니며 곤충 잡기와 낚시 등 여름방학의 다종다양한 놀이를 즐길 수 있다. 다른 주민들과 사이좋게 지내면 여러 가지 이벤트가 생긴다. 언제라도 동심으로 돌아갈 수 있는 이 작품은 정기적으로 속편이 발매되어, 어른이 된 예전의 소년소녀들을 치유하고 있다.

여름방학 하면 그림일기. 그림을 잘 그리는 사람에게는 괜찮겠지만 그렇지 않은 사람에게는 고역인 숙제였다.

드래곤 퀘스트 VII 에덴의 전사들

발매일 / 2000년 8월 26일   가격 / 7,800엔   제조사 / 에닉스

3D 폴리곤으로 그려진
새로운 드퀘

닌텐도 게임기에 소프트를 공급했던 에닉스가 1997년 1월, PS에서 드래곤 퀘스트 시리즈를 발매한다고 발표한다. 하지만 드퀘는 드퀘였다. 팬들의 높은 기대감을 비웃듯이 연기를 거듭했고, 1999년 초에는 SCE에서 완성을 기원하는 광고를 내보낸 적도 있다. 결국 PS2가 나온 후인 2000년 8월까지 발매가 연기되었다. 하지만 게임의 내용 자체는 기다린 보람이 있었다. 호평받았던 전직 시스템에 더해 몬스터직이라는 새로운 시스템도 추가되었다. 누계 판매 389만장 이상(염가판 제외)이라는 PS 작품 역대 1위를 기록.

석판 조각을 입수하면 모험할 수 있는 세계가 확장돼 나간다는 본 작품만의 시스템은 많은 게이머들에게 호평받았다.

모두의 골프

발매일 / 1997년 7월 17일   가격 / 4,800엔   제조사 / SCE

골프게임으로
더블 밀리언 달성

『민골(민나노 골프)』이라는 애칭으로 지금도 사랑받는『모두의 골프』시리즈의 첫 작품. 최종 판매 수량은 약 210만개이다. 야구나 축구처럼 초인기 종목도 아닌 스포츠 게임이 이 정도 매출을 달성했으니 당시 PS의 기세가 얼마나 대단했는지 알 수 있다. 진입 장벽이 높다는 골프게임을 온 가족이 즐길 수 있도록 간단한 조작으로 플레이하게 만든 것이 성공 요인이다. 이 작품은 선택한 캐릭터별로 샷에 특성이 있어서 그 차이를 즐기는 것도 즐겁다. 또한 일반 코스 외에도 퍼트 골프용이 준비되어 있다는 점도 매력이다.

민골다운 드라마틱한 연출. 컵에 공이 빨려 들어가는 순간 흥분을 감출 수 없다.

포포로 크로이스 이야기

발매일 / 1996년 7월 12일　가격 / 5,800엔　제조사 / SCE

PS 오리지널의 RPG는 세밀한 도트의 세계

3D 폴리곤이 전개되던 시대에 발매된 2D의 걸작 RPG. 원작의 따스한 세계관을 표현하기 위해 2D 도트를 채용해 매우 세밀하게 그렸으며, 거리에서 밖으로의 이동이 끊김 없이 이어진다는 것도 특징. CD-ROM 게임이라 로딩 시간이 길어질 법도 하지만, 본 작품은 그런 스트레스가 전혀 없이 매끄럽게 플레이할 수 있어 그만큼 몰입감도 올라갔다. 정통 시스템이어서 시스템 주변까지 제대로 만들어야 하는데, 본 작품은 이를 훌륭히 구현하고 있다. 이후 발매된 정통 속편인 『2』와 외전인 『포포로그』도 이 바탕을 따라가고 있다.

도트로 그린 작품 세계. 그것을 보는 것만으로도 가슴이 따스해진다. 때때로 삽입되는 애니메이션도 아름답다.

성검전설 LEGEND OF MANA

발매일 / 1999년 7월 15일　가격 / 6,800엔　제조사 / 스퀘어

PS로 발매된 성검은 스스로 세계를 만들어간다

『마나』를 기반으로 하는 세계관은 공유하지만 시스템은 대부분 일신되었다. 새롭게 추가된 요소 중에서 가장 중요한 것은 세계를 구축하는 「랜드 메이크 시스템」이다. 이벤트 클리어 등으로 조금씩 얻는 「아티팩트」라 불리는 오브젝트를 지도에 배치하면 마을과 던전 등의 「랜드」로 변화한다. 이것을 반복하면 서서히 세계가 만들어진다는 특이한 시스템을 채용하고 있다. 기존처럼 전투는 액션이지만, 링커맨드가 폐지되어 전투 중에 장비와 기술을 바꿀 수는 없다. 따라서 항상 최선의 상태로 커스터마이즈할 필요가 있다.

입수한 아티팩트를 월드맵에 배치하면 거기에 대응하는 랜드로 변화해 새로운 모험의 무대가 된다.

악마성 드라큘라X 월하의 야상곡

발매일 / 1997년 3월 20일　가격 / 5,800엔　제조사 / 코나미

탐색형 드라큘라 제1탄 내부를 마음껏 돌아다니자

패미컴 시대부터 인기 게임이지만, 본 작품이 이전 시리즈와 결정적으로 다른 점은 RPG적 요소이다. 스테이지 개념이 없고 기본적으로 성 안을 마음껏 돌아다닐 수 있다. 무기와 방어구라는 장비와 아이템에 매우 충실하며 그것을 모으는 재미도 있다. 레벨제가 채용되어 잡것과의 싸움도 전혀 소모적이지 않다. 악마성이라면 높은 난이도가 특징인데 이번 작품은 난이도가 크게 내려갔고 과거 어떤 작품보다 호쾌한 액션을 실현했다. 이른바 「탐색형」 드라큘라는 이 작품에서 일정 지지를 얻는다. 이후 휴대용 게임기로 이식되어 인기 시리즈가 되었다.

스토리는 PC엔진 『피의 윤회』의 속편이다. 본 편에 들어가기 전에 PC엔진판의 마지막 장면이 나오는 이유가 그것이다.

그란 트리스모2

발매일 / 1999년 12월 11일　가격 / 6,800엔　제조사 / SCE

전작을 크게 뛰어넘는 물량이 특징이다

자동차 매니아에게 압도적 지지를 받아 전 세계 1000만장 판매라는 대히트를 기록한 레이싱 게임의 속편. 『그란 트리스모2』는 리얼한 움직임을 발전시켰고 수록 차종도 5배로 크게 늘렸다. 전작처럼 애마와 함께 뜨거운 날들을 보낼 수 있다. 이 작품에서도 레이스에 출전하려면 대부분 대응하는 라이선스가 필요하다. 모두를 괴롭히는 라이선스 시험의 난이도는 변함없이 높지만, 전작의 A급 라이선스 이상을 보유한 메모리카드가 있으면 시험 면제를 받을 수 있다. 또 본 작품에서는 새롭게 더트 코스가 수록되어, 랠리 카에 의한 드리프트를 즐길 수 있다.

명곡 「Moon Over The Castle」이 나오는 오프닝. 2의 오프닝에 도입 부분에 흑백 실사를 사용해 특히 인기가 높다.

moon

발매일 / 1997년 10월 16일　가격 / 5,800엔　제조사 / 아스키

기존 RPG에 대한 안티 테제

이 작품에는 자신의 경험치를 위해 쓸데없이 동물을 죽이거나 남의 집에 침입해 아이템을 들고 나오는 등 민폐를 끼치는 존재인 용사가 있고, 그에게 죽임당한 동물들의 혼을 구하는 힘을 가진 소년이 존재한다. 동물을 구하는 행동은 「소울 캐치」라 불린다. 시체 주변을 배회하는 혼을 캐치하면 일정 숫자의 러브를 얻을 수 있고, 이 러브를 모아 레벨업을 한다. 그러나 다가가면 단숨에 도망가거나 특정 방법과 시간에만 나오는 등, 혼을 구하는 일이 쉽지는 않다. 주민의 고민을 해결하는 「러브 캐치」에서도 러브를 얻을 수 있다.

캐치할 때 대사는 「더 이상 용서 못 해」, 용사라고 하더라도 남의 집에 무작정 들어가는 것은 아닌 듯하다.

메탈기어 솔리드

발매일 / 1998년 9월 3일　가격 / 5,800엔　조사 / 코나미

적과의 한판 승부는 NG 숨어서 행동한다

섀도우 모세스 섬의 핵병기 폐기소를 특수부대가 점거하는 것으로 시작되는 스토리이다. 그 주모자로 지목된 자가 전설의 용병 '솔리드 스네이크'와 같은 암호명을 가진 남자, 리퀴드 스네이크! 고체인 솔리드의 반대인 액체의 리퀴드. 본 작품의 주제는 한 마디로 「핵」과 「유전자」. 이전부터 세계의 관심사였던 주제를 다루면서 훌륭하게 게임에 녹여낸 시나리오는 높은 평가를 받기에 충분했다. 속편에 비해 시스템은 간단하지만, 숨어서 행동한다는 바탕은 이미 이 시점(보다 정확히는 MSX판부터)에서 확립되었다.

세계 최대의 영문 비즈니스지로부터 '20세기 최대의 시나리오'라는 극찬을 받는 등 이 작품의 스토리는 탁월했다.

실버 사건

발매일 / 1999년 10월 7일　가격 / 5,800엔　제조사 / 아스키

흉악 범죄 뒤에 숨은 충격의 진실을 쫓는다

본 작품에는 「Transmitter편」과 「Placebo편」이라는 2가지 시나리오가 준비되어 있다. 전자는 신흥 도시 「칸토우」의 24경찰서 흉악범죄과가 무대이고, 후자는 프리 저널리스트 모리시마 토키오의 시점으로 이야기가 전개되는데, 둘 다 전설의 범죄자 우에하라 카무이의 살인사건이 핵심이다. 카무이 사건을 쫓으면서 타이틀이 된 실버 사건의 전모가 밝혀지는 구조이다. Transmitter편의 에피소드를 1개 끝내면 시간축을 거의 같이 하는 Placebo편이 추가되므로, 복잡 난해한 이야기를 보다 깊게 이해하기 위해서는 번갈아 진행하는 것이 좋다.

크기와 움직임이 다른 「필름 윈도우」가 스토리를 더욱 돋보이게 한다. 귀재 스다 고이치다운 예리한 작품이다.

LSD

발매일 / 1998년 10월 22일　가격 / 4,800엔　제조사 / 아스믹 에이스 엔터

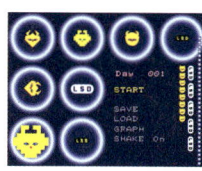

내용이나 생산량으로 프리미엄화되었다

꿈의 세계를 헤맨다는 알 수 없는 게임…이라고 말하면 거기까지지만, 그 독특한 세계관에 매료된 사람들이 많다. 플레이어가 할 수 있는 것은 벽과 기묘한 모양을 한 의미 불명의 물체를 만지는 것뿐이다. 그러면 화면이 하얗게 되면서 광기의 세계로 들어가는 구조이다. 플레이 시작에서 일정 시간이 지나면 강제로 타이틀 화면으로 나온다는 변칙적인 시스템이어서, 반복해서 플레이해도 역시나 게임 내용은 이해할 수 없다. 아마 평생 답을 알기 어렵겠지만 그래도 괜찮다. 황당무계한 꿈의 세계를 게임으로 만들면 그럴 법한 내용이지만 묘하게 끌리는 구석이 있다.

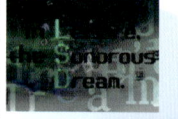

갑자기 소설 같은 것이 표시되거나 종이 스모가 시작되는 등 전편을 통틀어 이상하게 만들어졌다. 광기가 느껴지는 세계이다.

HISTORY OF CONSOLE GAME

제1차 텔레비전 게임 붐이 시작된 일본

일본의 가정용 게임기는 1975년 에폭이 발매한 「텔레비전 테니스」로부터 그 역사가 시작됐다. 다음 해에는 미국에서 히트한 「퐁」의 아류가 일본에 흘러 들어왔다. 1977년에는 장난감 회사를 시작으로 중소 가전회사와 상사, 가전 메이커에 이르기까지 새로운 비즈니스 기회를 두고 가정용 게임기를 양산하는 일대 붐이 일어났다. 그중에서도 닌텐도의 「칼라 텔레비전 게임6/15」는 대량 판매되었는데 타사보다 매우 저렴한 가격을 실현한 덕분이다.

1977년에만 일본에서 팔린 게임기가 대략 100종류 가까이 된다. 대부분 겉모습은 달라도 알맹이는 같았다. 모든 게임기가 비슷했기에 바로 질리게 되고 시장은 순식간에 침체했다. 그 무렵의 가정용 게임기는 소프트 팩과 일체형이 주류였기 때문에 새로운 게임을 플레이하고 싶을 때마다 비싼 게임기를 사야 했다.

엄청난 숫자의 가정용 게임기가 만들어지고 잊혀지기를 반복하는 가운데 닌텐도의 「벽돌깨기」와 에폭의 「텔레비전 베이더」는 약간의 인기를 얻었다. 사실 일본의 가정용 게임기 전쟁은 이 둘 사이에서 시작되었다고 해도 과언이 아니다.

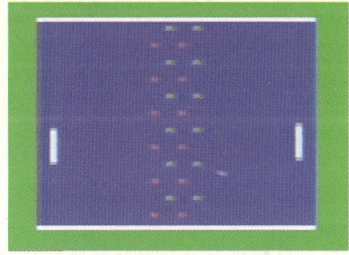

닌텐도의 「칼라 텔레비전 게임」은 실제로 많이 팔렸고 이를 계기로 가정용 게임기 시장에 참여했다.

Vol.4

NINTENDO64

제조사 / 닌텐도
발매일 / 1996년 6월 23일   가격 / 25,000엔

일본에서는 참패
북미에서는 인기

제5세대로는 후발인 가정용 게임기. 성능은 타 기종을 뛰어넘었지만 라이벌 기기보다 2년 늦게 발매되어 PS는 커녕 SS에게도 지고 만다. 하지만 북미에서는 SNES에 필적하는 실적을 올렸으니 비즈니스로서는 실패하지 않았다. 소프트의 공급 자체는 타 게임기에 비해 적었지만 양질의 게임이 풍부했고, 특히 『슈퍼 마리오64』나 『젤다의 전설 시간의 오카리나』 같은 3D 폴리곤 묘화 능력을 완벽하게 살린 게임은 대단히 평가가 높다. 또한 그런 능력을 전제로 한 컨트롤러 「3D 스틱」의 조작성도 역시 닌텐도라는 한결같은 평가를 받았다.

사양

- CPU/NEC VR4300 커스텀 (93.75MHz) RISC CPU + 8비트 CISC CPU
- 메모리/메인 메모리 RAMBUS D-RAM 36M bit
- 그래픽/해상도 256*224~640*480
- 사운드/스테레오 ADPCM 음원 16bit

컬러 배리에이션

클리어 블루
발매일 / 1999년 12월 1일
가격 / 14,000엔

클리어 레드
발매일 / 1999년 12월 1일
가격 / 14,000엔

클리어 블랙
발매일 / 1999년
가격 / 39,600엔(64DD 포함)

다이에 한정
클리어 오렌지&클리어 블랙
발매일 / 1999년
가격 / 14,000엔

토이저러스 한정
미드나이트 블루
발매일 / 1998년 11월 10일
가격 / 12,799엔

토이저러스 한정
골드
발매일 / 1998년 11월 19일
가격 / 12,799엔

쟈스코 한정
클리어 그레이
발매일 / 1999년 11월 30일
가격 / 12,780엔

숍 한정의 본체도 사양은 동일하다

N64는 컬러 라인업이 풍부하다. 토이저러스와 다이에처럼 숍 한정 색상도 몇 가지 나와 있다.

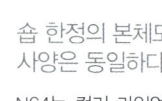

피카츄 버전

발매일 / 2000년 7월 21일
가격 / 14,000엔

아이부터 어른까지 인기였던 피카츄를 본체에 새긴 사랑스러운 피카츄 버전도 발매되었다.

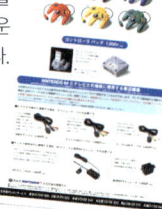

진동 팩

제조사 / 닌텐도
발매일 / 1997년 4월 27일   가격 / 1,400엔

히로스에 료코가 광고 모델로 등장한 주변기기, 장착하면 현장감이 비약적으로 상승한다

게임에 맞춰 컨트롤러가 진동하는데, 본체에서 전원을 쓰지 못하고 AAA전지 2개를 써야 한다.

『스타폭스64』에 맞추어 발매되었다

피카츄 겐키데츄

제조사 / 닌텐도
발매일 / 1998년
가격 / 9,800엔

음성 인식으로 피카츄와 대화가 가능

『피카츄 겐키데츄』는 약 75만개 대히트! 피카츄를 키우는 것이 목적인 게임. VRS를 사용해 모니터의 피카츄에게 말을 걸 수 있다. 「전차로GO!64」도 VRS에 대응한다.

64DD

제조사 / 닌텐도
발매일 / 1999년 12월 11일   가격 / 30,000엔(A코스)

64DD 전용 키보드도 발매되었다

N64 발매 초기에 공개된 주변기기. 네트워크 서비스 「랜드넷」 전용 통신 단말. 하지만 본체 보급이 저조했고 소프트 개발이 늦어 DC와 PS2라는 제6세대 기기 등장 직전에 발매. 일부 소프트는 64DD를 통해 버전업할 예정이었지만 무산되고 만다.

전용 소프트는 총 10개
- 거인의 도신1
- 마리오 아티스트 페인트 스튜디오
- 마리오 아티스트 탤런트 스튜디오
- 마리오 아티스트 폴리곤 스튜디오
- 마리오 아티스트 커뮤니케이션 세트
- 심시티64
- F-ZERO X 익스펜션 키트
- 랜드넷 디스크

※위의 8개는 랜드넷 가입 시에 배포

- 거인의 도신 해방전선 치빗코치쿠 대집합
- 일본 프로골프 투어 64

※위의 2개는 쇼핑 서비스에서 별매

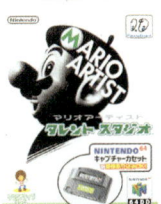

전용 소프트는 겨우 10개. 대히트한 SFC의 『마리오 페인트』의 후계로 점찍은 마리오 아티스트 시리즈는 랜드넷 회원에게만 배포되고 일반 판매되지 않았다.

슈퍼 마리오64

발매일 / 1996년 6월 23일   가격 / 9,800엔   제조사 / 닌텐도

64의 성능을 보여준 걸작 리얼한 마리오에 주목!

3D로 그려진 아름다운 세계를 자유롭게 돌아다니게 되어 마리오의 액션도 크게 늘어났다. 3D 스틱에 의한 직감적인 조작으로, 기존 점프에 이은 10종류 이상의 액션을 구사할 수 있다. 파워업을 담당하는 아이템은 버섯 외에 각종 모자이다. 날개모자는「날개 마리오」, 메탈모자는「메탈 마리오」, 투명모자는「투명 마리오」에 대응하고 있지만, 이들은 일정 시간이 지나면 효과가 사라져버린다. 참고로 이런 아이템은 스테이지 공략에 필요하므로, 찾았을 때 그 효과에 신경 써서 플레이하면 효과적으로 게임을 진행할 수 있다.

성안에는 많은 그림이 걸려 있는데 바로 그것이 스테이지가 된다. 무서워하지 말고 그림 안으로 뛰어들자.

스타폭스64

발매일 / 1997년 4월 27일   가격 / 8,700엔   제조사 / 닌텐도

새로운 모드를 채용하여 SFC판에서 파워업

폴리곤에 의한 3D 공간에서의 싸움은 전작을 크게 뛰어넘는 박력을 실현했다. 난이도가 높았던 전작에 비해 난이도를 크게 낮췄다. 하지만 이번 작품에서는 자기가 발사한 레이저에 동료가 맞는 경우가 있어 조심해야 한다. 또한「올 레인지 모드」를 새롭게 채용했는데, 이 모드에서는 공간이 샌드박스가 되어 게임기의 성능을 풀로 활용한 360도의 뜨거운 공중전이 전개된다. 단, 적을 요격하기까지는 상당한 연습이 필요하다. 스테이지 클리어에는「작전종료」및「작전완료」가 있는데 임무를 완수했을 때는 후자가 선택되어 보다 난이도가 높은 루트를 고를 수 있다.

화면 분할에 의한 2~4인 동시 플레이가 가능한 배틀모드도 채용했다. 재미있긴 한데 각각의 화면이 작은 것이 아쉽다.

동물의 숲

발매일 / 2001년 4월 14일   가격 / 5,800엔   제조사 / 닌텐도

동물이 사는 숲에서 느긋하게 살자!

인기 시리즈의 첫 작품으로 N64에서 조용히 발매되었지만 입소문이 퍼져나가 여성을 중심으로 인기를 모았다. 동물에서 따온 사랑스러운 캐릭터들과 소통을 중심으로 한 게임성이 인기의 비결. 이렇다 할 큰 목표는 없고 매일 조금씩 마음이 가는 대로 플레이하면 된다는 게임성이 크게 평가된 듯하다. 다른 사람의 마을로 외출하는 기능은 이미 채용되어 있으며, 자기 마을에는 최대 4인의 주민을 살게 할 수 있다. 그 외에도 편지 교환과 아이템 선물 등 여성이 좋아할 아이디어가 가득한 작품. 현재 닌텐도를 대표하는 시리즈 중 하나가 되었다.

마을에는 개성 강한 동물들이 많이 살고 있다. 그들과의 소통을 마음껏 즐기자.

골든아이 007

발매일 / 1997년 8월 23일   가격 / 6,800엔   제조사 / 닌텐도

N64에서 등장한 FPS 걸작으로 평가된다

영화「007 골든아이」를 게임화했다. N64에서는 믿기지 않는 FPS인데「슈퍼 동키콩」등 다수의 명작을 배출한 레어사 개발이라 품질은 보장되어 있다. 게임성을 우선한 탓에 그래픽은 약간 떨어지지만 매끄럽게 움직이는 캐릭터, 미세조정 가능한 조준 탑재라는 FPS의 기본은 매우 정성스럽게 만들어져 높은 평가를 얻었다. 이 작품은 스토리 모드도 좋지만 대전 모드도 훌륭하다. 4인 플레이는 그야말로 전장이다. 현재의 FPS와 같은 온라인 대전은 없지만 친구들끼리 모이면 분위기를 띄워준다. Z트리거를 방아쇠로 했다는 점도 좋은 아이디어이다.

호쾌한 산탄총과 반동이 큰 매그넘 등 무기에 따른 특성도 잘 표현하고 있다. N64라는 게임기는 역시 대단하다.

원더 프로젝트J2 코로로의 숲의 조제트

발매일 / 1996년 11월 22일　가격 / 9,800엔　제조사 / 에닉스

SFC에서 호평받은 작품이 파워업 하여 등장

새 모양의 인터페이스 로봇 버그를 조작해 사람의 손에 의해 태어난 기계인간 「조제트」를 키우는 게임. 조제트가 취하는 행동이 올바르면 A버튼으로 YES, 틀렸으면 B버튼으로 NO를 전달함으로써, 조제트를 올바른 방향으로 이끄는 육성 시뮬레이션이다. 조제트가 기억하는 행동은 총 25개. 그 외에도 내부 파라미터가 있는데 수치화되지 않았기 때문에 조제트의 반응을 보고 어떤 상황인지 탐색한다. 때때로 파라미터가 올라간다는 것을 조제트가 암시하는 경우도 있다. 육성 게임인데도 미야자키 하야오의 작품 같은 스토리성이 있다는 점이 대단하다.

조제트는 정말로 표정이 풍부하다. 또한 매우 솔직한 성격을 가졌다. 그녀를 올바른 방향으로 이끌어주자.

젤다의 전설 시간의 오카리나

발매일 / 1998년 11월 21일　가격 / 6,800엔　제조사 / 닌텐도

3D화된 하이랄은 황홀할 정도로 아름답다

N64의 실력을 세상에 널리 알린 시리즈 최초의 3D 작품. 방대한 필드와 고저차를 이용한 장치 등, 3D화에 의해 리얼한 모험을 즐길 수 있다. 또한 3D 특유의 카메라 워크와 특이한 조작성은 「Z주목 시스템」이라는 대단히 참신한 시스템이 되어 훌륭하게 해결되어 더욱 스토리에 집중할 수 있게 되었다. 젤다가 탄생한 일본은 물론 해외에서도 인기가 높아 전 세계적인 대히트를 기록했다. 이후 3D 젤다는 시리즈의 기본이 되어 지금에 이르고 있다. 이야기의 열쇠를 가진 오카리나를 실제로 연주할 수 있다는 것도 포인트인데 비브라토를 거는 등 공들여 만들어졌다.

기존처럼 중요한 아이템은 던전에서 주는 시스템. 새로운 아이템을 손에 넣는다면 바로 써보자.

젤다의 전설 무쥬라의 가면

발매일 / 2000년 4월 27일　가격 / 5,800엔　제조사 / 닌텐도

시리즈 중에서도 상당히 이색적 작품

시간의 오카리나에서 수개월 뒤를 그린 직계 작품. 게임의 열쇠를 쥔 요소가 2개 있는데 바로 「가면」과 「3일」이다. 가면을 쓰면 모습과 능력을 바꿀 수 있으며 세상 사람들의 행동에 큰 영향을 미친다. 또한 이 게임에는 시간이라는 요소가 있는데 모험할 수 있는 시간은 3일로 제한된다. 「시간의 오카리나(세이브)」를 쓰면 첫날 아침으로 돌아갈 수 있다. 시간이 지나 달이 지면 게임이 끝나므로 그 전에 세이브해야 하지만, 던전 안의 퍼즐과 사람들의 이야기 등 일부를 제외하고는 초기 상태로 돌아가 버리므로 세이브 포인트가 매우 중요한 게임이다.

기본적인 시스템은 전작과 동일한데 3일이 지나 달이 지면 게임오버라는 점이 크게 다르다.

요시 스토리

발매일 / 1997년 12월 21일　가격 / 6,800엔　제조사 / 닌텐도

그 유명한 요시가 주인공인 액션게임

SFC의 「슈퍼 마리오 월드」에 처음 등장한 이래로 퍼즐게임 등에서 인기를 얻은 요시가 주인공인 액션게임. 총 6월드 구성이며 각 월드에 4스테이지가 있어 합계 24스테이지의 모험을 할 수 있다. 전부 클리어할 필요는 없으며 월드당 1스테이지만 클리어해도 된다. 즉 6스테이지만 클리어하면 엔딩이다. 스테이지에서 과일 30개를 먹으면 클리어라는 게임 특성상, 정해진 목적지는 없고 과일 30개를 모을 때까지 스테이지가 반복된다. 볼륨이 부족한 느낌은 어쩔 수 없지만 파스텔풍의 선명한 화면은 주목할 만하다.

요시의 색상에 따라 과일의 취향도 다르고 파워회복 숫자도 달라진다. 하지만 어떤 요시든 멜론을 좋아한다.

버철보이

제조사 / 닌텐도
발매일 / 1995년   가격 / 15,000엔

시대를 너무 앞서간 입체영상 게임기

좌우 화면에 다른 영상을 송출해 시각차에 따른 입체화면을 실현했다. 스탠드에 설치된 고글 모양의 디스플레이를 들여다보며 플레이하는 버철보이의 몰입감은 타의 추종을 불허했다. 빨간색 LED 화면과 좌우에 십자버튼이 붙은 그립식 컨트롤러에는 3D 게임을 위한 노력이 들어 있었다. 하지만 눈에 좋지 않다는 등의 이유로 외면받았다. 당시 한신대지진으로 인한 자숙 분위기도 일조했다. 대응 소프트는 19개. 통신 포트가 쓰일 새도 없이 비즈니스로는 실패로 끝났지만 일부 매니아들에게는 인기가 높다. 일본에서 약 15만대, 전 세계에서는 77만대를 출하했다.

닌텐도 최대의 실패작이지만 한번 만져보면 그 대단함을 알 수 있다

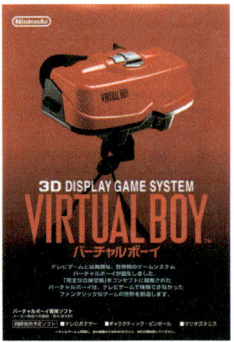

사양

- CPU/NEC V810커스텀(20MHz) ■ RAM/1MB, VRAM/512KB ■ 그래픽/384*224 해상도, 화면 모노 4단계, 화면 밝기는 32단계로 조절가능
- 사운드/16비트 스테레오

왼쪽은 실제 박스, 오른쪽은 상점 전시용 박스

게임 소개

『갤럭틱 핀볼』

 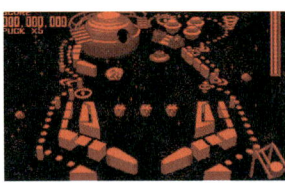

엄청난 입체감에 몸을 뒤로 젖혀버릴 정도이다. VB의 입문작으로 최적이다. 아래의 레드 알람과 함께 런칭 타이틀로 발매되었다.

『레드 알람』

 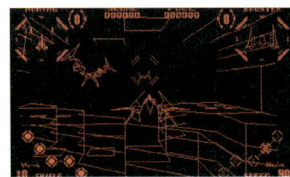

와이어 프레임으로 그려진 3D 슈팅. 손에 땀을 쥐는 도그 파이트가 전개되고 음악도 훌륭하다. 필자의 인생게임이다.

올바른 자세로 플레이하지 않으면 눈이 피곤해진다

아케이드 게임의 잡학 03

가정용 게임기와의 격차가 줄어들다

아케이드 게임이 가장 빛났던 시절은 1980년대~90년대 초반이었다. 타이틀을 열거해도 끝이 없을 정도이다. 「제비우스」「드루아가의 탑」「그라디우스」 등 명작이 많다. 특히 80년대는 슈팅게임의 전성기여서 3화면 캐비넷으로 플레이어를 경악시킨 「다라이어스」와 체감형인 「애프터 버너」 등 수많은 명작이 탄생했다. 그 다수가 가정용 게임기로 이식되는데 완전 이식과는 거리가 멀어서 그때마다 아케이드 기판과 가정용 게임기의 성능 차이를 통감했다.

90년대에 들어서자 슈팅은 쇠퇴하고 대전 격투게임의 시대로 들어선다. 「스트리트 파이터Ⅱ」「아랑전설」 등 개성 강한 격투게임을 플레이하려는 사람들로 오락실이 붐볐다. 오락기 한 구석에 100원 동전이 쌓여 있는 모습을 기억하는 분들도 많을 것이다(다들 소리 없이 차례를 기다렸다).

2D 격투게임이 숨을 돌리자 다음에 등장한 것이 「버쳐 파이터」「철권」으로 대표되는 3D 격투게임들. 그 무렵 가정용 게임기에도 32비트의 파도가 들이닥쳐서 아케이드 기판과의 차이가 상당히 줄어들었다. 어쩌면 이것이 아케이드 쇠퇴의 원인 중 하나가 아닐까 싶다. 집에서 아케이드급의 게임을 플레이할 수 있었으니 말이다.

그런 꿈 같은 시대가 왔지만 아케이드 팬의 입장에서는 조금 아쉽기도 할 것 같다.

COLUMN.03

피핀 ATMARK

제조사 / 반다이
발매일 / 1996년 3월 28일   가격 / 64,800엔

판매 대수는 적지만
시도는 평가할 만하다

가장 주목할 사실은 Mac OS 7.5.x와 호환성을 가진 「pippin OS」를 채용했다는 점이다. 약간 뭉뚱그린 표현이긴 하지만, 피핀용 게임 외에 대응하는 일부 매킨토시용 게임도 플레이할 수 있는 하이브리드 사양이다. 또한 표준 모뎀을 채용해 앞으로의 시대를 대비한 기기이기도 했다. 참고로 피핀은 3DO와 같이 타사에 규격을 라이선스로 제공하는 형식의 사업 모델을 구상했는데, 아일랜드의 한 회사도 같은 OS를 사용한 게임기를 만든 바 있다.

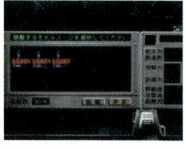

미디어로는 CD-ROM을 채용했다. Mac OS와의 호환성을 가진 너무나 참신했던 게임기!

사양
- CPU/PowerPC603 66MHz ■ RAM/6MB(그중 1MB는 VRAM, 13MB까지 확장가능) ■ 해상도 /640*480

전용 소프트
- Racing Days for Pippin
- GUNDAM VIRTUAL MODELER LIGHT
- GUNDAM TACTICS MOBILITY FLEET 0079
- GUNDAM 0079 THE WAR FOR EARTH
- 기동전사 건담 제13 독립부대 화이트베이스
- SD건담 외전 외 10개

마이 씰 컴퓨터 루피

제조사 / 카시오
발매일 / 1995년 10월   가격 / 25,000엔

조용히 발매되었다가
조용히 사라졌다

라벨 프린터(씰 메이커)와 컴퓨터 게임을 융합시키려는 이색적 도전이 만들어낸 가정용 게임기. 초등학생 정도의 여아가 대상이었는데 당시의 어떤 게임기와도 차별화되었다. 소프트는 씰 작성에 특화된 것과 게임에 특화된 것으로 구분되고, 후자는 어드벤처와 시뮬레이션이 발매되었다. 한편 씰은 전용 컨트롤러 혹은 마우스를 이용해 TV 화면 위에서 데이터를 만들고, 본체에 내장된 프린터와 씰 카트리지로 출력하는 구조였다.

사양
- CPU/SH-1
- 씰 제작 기능 내장

전용 소프트
- 애니메 랜드
- 드림 체인지 코가네짱의 패션 파티
- 멍멍 애정 이야기
- 닮은 얼굴 그림 아티스트
- HARIHARI 씰 파라다이스
- 비디오 씰 워드 프로세서 매지컬 숍
- 퍼스컴 콜렉션
- 리틀 로맨스
- 루피통의 원더 팔레트
- 루피 타운의 방이 필요해!
- 챠크라 군의 주술 파라다이스

플레이디아

제조사 / 반다이
발매일 / 1994년 9월 23일 가격 / 24,800엔

어린이용 애니메이션 영상 재생 머신

저연령층을 대상으로 한 인터랙티브 플레이어. 각 회사가 32비트 기기를 투입하는 와중에 반다이는 8비트 CPU를 사용해 동영상 재생에 특화한 독자노선으로 갔다. 게임은 반다이의 강점인 애니메이션 캐릭터를 사용해 내용을 분기시키는 것이 많았다. MPEG 디코더 칩을 내장해 움직임이 매끄러웠다. 대응 소프트는 33개. 서드파티 참여는 없고 자사 소프트만 있다. 후반에 「엘리먼트 보이스 시리즈」라는 인기 성우에 초점을 맞춘 소프트도 발매했다.

소프트웨어는 독자 규격이라 이 게임기 외에는 쓸 수 없다

사양
- CPU/TMP87C800(Z80 커스텀) ■ RAM/256KB

전용 소프트
- 드래곤볼Z -진 사이야인 절멸계획 지구편-
- 미소녀전사 세일러 문 S -퀴즈대결! 세일러 파워 집결!-
- 울트라맨 파워드 -괴수격멸작전-
- SD건담 대도감
- 엘리먼트 보이스 시리즈
- 날아라! 호빵맨 ~피크닉에서 공부~ 등

3D 영상에 집착하는 게임업계

말이라는 것이 참 재미있어서 그 시대에 반짝 유행했다 사라지기도 한다. 여기서 게임업계를 뒤흔든 단어 몇 가지를 살펴보자. 모두가 잘 아는 단어인 「폴리곤」. 리얼타임 3D 폴리곤을 상업용 게임에 최초로 채용한 것은 무려 1984년 아타리의 『I, Robot』이다. 하지만 당시에는 너무나도 참신했던 탓에 상업적으로는 상당히 실패한 듯하다.

다음으로 살펴볼 단어는 「입체시」. 일명 3D 영상이지만 그 역사는 의외로 오래됐다. 아케이드에서는 세가가 1982년 「서브록3D」라는 게임을 발매했고, 토미는 1983년 「3D 입체 그래픽게임」이라는 전자게임 시리즈(7작품)를 내놓았다. 또한 1987년에는 패미컴용 주변기기 「3D 시스템」이, 같은 해 세가 마크III용으로 「3D 안경」이 발매된다.

현재는 맨눈 3D를 실현한 닌텐도 3DS가 휴대용 게임기 1등을 달리고 있다. 게임과 입체시는 상성이 좋아 앞으로도 끝없이 발전할 전망이다.

드림캐스트

제조사 / 세가
발매일 / 1998년 11월 27일   가격 / 29,800엔

제 6세대 게임기를 시작했지만 후발 게임기에 밀려 사라지다

PS 진영과의 차세대 전쟁에서는 패배했지만 SS는 나름 견조한 판매를 유지하고 있었다. 하지만 가격 인하로 수익을 내지 못한 세가는 사운을 건 차세대 기기 개발에 들어간다. 신문 전면광고와 유카와 전무를 기용한 자학적 TV광고가 성과를 거두어 발매 전에는 상당히 기대를 모았으나, 상위 호환을 준비한 PS2가 발표되자 순식간에 힘을 잃는다. 네트워크 기능을 이용한 『판타시 스타 온라인』 등으로 일부 성과는 있었지만 판매는 호전되지 않았다. 2001년 1월, 세가는 가정용 게임기 시장에서 철수하고, 이로써 하나의 시대가 저물었다.

소용돌이 로고가 눈에 띄는 세가 최후의 자체 생산 기기

사양

- CPU/SH-4 200MHz/360MIPS ■ RAM/메인 16MB, VRAM 8MB ■ 그래픽/PowerVR 2, 초당 300만 폴리곤, 1677만색 동시발색 ■ 사운드/ADPCM 64채널 ■ ODD/GD-ROM 12배속 ■ 모뎀/33,600bps

드림캐스트R7

제조사 / 세가
발매일 / 2001년 9월   가격 / 9,800엔

애초에는 파친코 업소용 네트워크 단말기
파친코 업계 관계자만을 위한 네트워크 서비스로 판매했던 모델을 일반 판매로 돌렸다. 외관은 같지만 업계 관계자 한정의 정보 서비스는 없다.

CX-1

제조사 / 세가, 후지TV
발매일 / 2000년   가격 / 88,800엔

비주얼 메모리

제조사 / 세가
발매일 / 1998년 11월 27일
가격 / 2,500엔

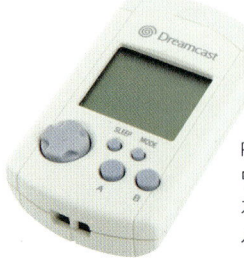

데이터 세이브를 위해서 꼭 필요한 주변기기

PS의 포켓 스테이션보다 먼저 발매되었다. 버튼전지 소모가 생각보다 빨라서 몇 시간 버티지 못했다.

드림캐스트 가라오케

제조사 / 세가
발매일 / 2001년   가격 / 9,800엔

통신 기능을 통해 「세가 가라」를 집에서 즐길 수 있다

통신 기능을 통해 「세가 가라」를 드림캐스트에서 즐길 수 있다. 이 용료는 1일 500엔, 1개월 2000엔으로 나름 저렴했다.

바이오 하자드 CODE: Veronica

발매일 / 2000년 2월 3일   가격 / 6,980엔   제조사 / 캡콤

드림캐스트의 런칭 타이틀로 예정되어 있었다

대히트를 기록한 「바이오 하자드2」 3개월의 이야기가 그려진 이 작품은 처음에는 런칭 타이틀로 발매될 예정이었으나, 게임기 개발이 늦어져 결국 본체 발매와 동시 발매는 불발했다. 이는 후일 DC 본체의 마케팅에 큰 영향을 미치게 되는데, 그 무렵의 사정은 별도로 다룰 예정이다. 시리즈 중에서도 상당한 난이도를 가진 이 작품은 스토리도 상당히 길고 클리어하는 것이 쉽지 않았지만 인기가 높고 외전으로 취급하기 아깝다는 평가도 있었다. 시스템의 시대는 과거작이 바탕이므로 외전이라 해도 시리즈를 플레이해 온 사람들은 바로 익숙해질 것이다.

전반부는 「바이오 하자드2」의 주인공으로 클리어하고, 후반부는 1의 주인공인 크리스로 클리어하며 게임을 진행한다.

크레이지 택시

발매일 / 2000년 1월 27일   가격 / 5,800엔   제조사 / 세가

과격하게 운전해야 손님들이 좋아한다

플레이어는 택시기사가 되어 제한시간 안에 많은 손님을 실어 날라 돈을 벌어야 한다. 그 시간 안에 도착하지 못하면 고객은 지불을 거부하지만 일반적으로 교통 법규를 다 지키면 제한시간 안에 도착하지 못한다. 따라서 교통법규는 자의적으로 지키고 창의적인 운전으로 목적지로 가야 한다. 고객은 거친 운전을 눈감아 주는 정도가 아니라 팁을 주면서 격려한다. 기사가 기사 나름인 것처럼 손님도 손님 나름이다. 다만 일반 차에 부딪치면 팁이 줄어드니까 '사고는 내지 말고 과격하게'가 기본이다. 크레이지 대시와 크레이지 드리프트 등의 기술을 써서 목적지로 가자!

미국풍의 호쾌한 운전으로 고객을 빠르게 목적지에 대령하자. 법규? 그딴 거 나는 몰라!

로도스도 전기 사신강림

발매일 / 2000년 6월 29일   가격 / 6,800엔   제조사 / 카도카와 쇼텐

DC의 숨겨진 명작으로 지금도 팬이 많다

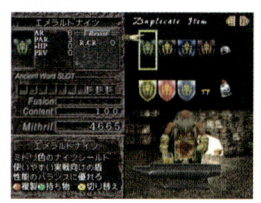

누계 1000만부를 기록한 소설 「로도스도 전기」가 원작으로 「디아블로」 타입의 쿼터뷰 액션 RPG로 만들어졌다. 모험 중 찾아낸 「고대어」를 합성하여 무기를 강화하고 보다 강력한 적에 맞서는 시스템을 채용했다. 하지만 합성을 하려면 통화인 미스릴이 필요하다. 본 작품에서는 이야기를 읽고 습득하는 마법도 있다. 하지만 그것은 어디까지나 보조 수단이며 무기에 의한 육탄전이 기본이다. 게임 자체는 20시간이면 클리어 가능하고 스토리의 볼륨감은 부족하지만, 무기 강화를 주축으로 한 각종 파고들기 요소가 많아 좋아하는 사람이 많다.

대장간에서는 무기 강화 외에도 마법 무기의 형태 변화, 모험에 필수인 록픽과 곡괭이를 만들 수 있다.

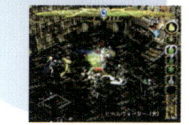

센무 1장 요코스카

발매일 / 1999년 12월 29일   가격 / 6,800엔   제조사 / 세가

거리도 사람도 마치 살아있는 듯하다

리얼하게 재현된 1980년대의 요코스카를 무대로 펼쳐지는 오픈월드 작품. 거리를 마음대로 움직일 수 있는 등, 수백 명에 이르는 NPC는 각각의 생활습관이 설정되어 있어 마치 살아있는 느낌이다. 또한 모션캡처를 사용해 움직임이 참으로 섬세하다. 하지만 그만큼 개발 비용이 눈덩이처럼 불어나 총 11장으로 구성된 이 작품의 스토리는 그 중간까지만 게임으로 만들어졌다. 동일한 오픈월드 작품 중 「용과 같이」가 누계 600만장을 넘는 인기 시리즈가 되었기에 아마도 세가가 속편을 제작하는 일은 없을 것 같다.

거리의 표현력은 정말이지 압권이다. 오락실에서는 「스페이스 해리어」도 플레이할 수 있다.

플레이스테이션2

제조사 / SCE
발매일 / 2000년 3월 4일 가격 / 39,800엔

DVD를 볼 수 있다는 큰 이점이 있었다

PS2가 성공한 이유는 많지만 상위 호환성을 가졌다는 점이 중요한 요인이다. 대량으로 발매된 대부분의 PS용 소프트를 자산으로 활용했기 때문에 전용 소프트 부족에도 대응할 수 있었다. DVD-ROM을 채용했다는 점도 대히트 이유 중 하나일 것이다. 당시 DVD 플레이어는 고가였는데 이를 저렴한 39,800엔에 살 수 있었던 점은 게임을 하지 않는 사람에게도 충분히 매력적이었다. 동시에 본체의 세계적 히트는 DVD 보급에도 큰 영향을 미쳤다. PS2는 발매 이후 전 세계에서 꾸준히 판매되어 10년 11개월 만에 1억 5,500만대 판매를 달성했다.

누계 판매 1억 5천만대 이상! 세계에서 가장 많이 팔린 게임기이다

사양

- CPU/128bit Emotion Engine
- RAM/메인 32MB RD RAM, VRAM 4MB eDRAM
- 그래픽/Graphics Synthesizer 147.456 MHz, 초당 7500만 폴리곤 묘화 가능
- ODD/DVD-ROM 4배속, CD-ROM 24배속

슬림형 PS2 [SCPH-70000]

제조사 / SCE
발매일 / 2004년 11월 3일 가격 / 오픈가격

- 본체 사이즈(mm) / 가로301*세로182*높이78 → 230*152*28mm
- 무게(kg) / 2.0 → 0.9

이전 버전에 비해 매우 작아져서 일명 슬림 PS2라 불린다. 하드디스크 연결이 불가능하고 75000, 77000, 79000번대에는 구동되지 않는 게임이 있다.

PSX

제조사 / SCE
발매일 / 2003년 가격 / 79,800엔

하드디스크를 채용한 DVD 레코더. 기본적으로 PS2+하드디스크 모델로 인식된다. 160G 모델과 250G 모델이 발매되었는데 위는 160G 모델의 가격이다.

하드디스크를 채용해 녹화가 가능한 PS2

EyeToy

제조사 / SCE
발매일 / 2004년 가격 / 3,129엔

카메라 앞에서 몸을 움직여 플레이한다

카메라를 통해 TV에 자신의 모습을 비추고 그것을 이용해 플레이한다. PS3용 후속 기기도 발매되었다.

파이널 판타지X

발매일 / 2001년 7월 19일   가격 / 8,800엔   제조사 / 스퀘어

PS2의 첫 FF는
시스템을 일신했다

PS2에서 FF 시리즈 첫 타이틀이 된 이 작품은 지금까지 RPG의 정석이었던 월드맵을 완전 배제하고 새로운 RPG 시대가 왔음을 알렸다. 전투에서도 VIII, IX에서 문제되었던 적의 밸런스가 개선되었으며, 일반 전투는 시원하게 진행되지만 보스전은 적당히 어려운 난이도가 되었다. 또한 PS의 과거 작품에서 시간을 너무 쓴다고 비판 받았던 마법효과가 화려함은 남기면서 시간이 짧아져 게임을 템포 좋게 진행할 수 있다. PS2의 RPG로서 최고의 성공을 거둔 작품. 2013년에는 PS3와 PS VITA에서 HD 리마스터판이 발매되는 등 아직도 인기가 높은 작품이다.

FF 시리즈 최초로 풀 보이스를 실현했다. 하지만 이것에는 찬반양론이 있는 것도 사실이다.

파이널 판타지XII

발매일 / 2006년 3월 16일   가격 / 8,561엔   제조사 / 스퀘어에닉스

특이하면서도 편리한
갬빗 시스템에 적응하자

PS2 최후의 FF 넘버링 타이틀이자 스퀘어에닉스의 첫 번째 FF 넘버링 타이틀. 게임 시스템이 크게 바뀌어 필드를 마음대로 돌아다닐 수 있다. 전투는 인카운터 방식 대신 필드에 나타나는 방식이 되어 화면이 바뀌지 않고 전투가 시작된다. 전투 시스템은 기존의 ATB를 진화시킨「액티브 디멘션 배틀」, 적대심과 속성, 기후가 크게 영향을 미치는 등 MMO RPG인『FF11』의 요소를 받아들였다. 전투는 갬빗이라는 시스템으로 프로그래밍되어 버튼 입력을 줄였다. 일종의 스크립트이므로「HP 10% 이하의 동료를 우선적으로 회복」등 다양하게 만들 수 있었다.

갬빗은 정말로 편리해서 다른 작품에도 도입하고 싶을 정도. 전투에서는 FF11처럼 체인 연결도 있다.

진・삼국무쌍

발매일 / 2000년 8월 3일   가격 / 6,800엔   제조사 / 코에이

모든 것은 여기서 시작됐다
인기 시리즈의 원점

코에이 하면 역사 시뮬레이션이었지만 그 이미지가 크게 바뀐 계기가 된 것이『진 삼국무쌍』이다. 필드를 마음껏 뛰어다니며 수많은 적을 물리치는 통쾌함이 높은 평가를 얻어 이후 무쌍 시리즈는 코에이의 대명사가 된다. 통상공격, 차지, 무쌍난무라는 공격이 모두 버튼을 누르기만 하는 간단한 조작으로 이루어진다. 삼국지연의에 등장하는 무장들을 모티브로 한 미남 캐릭터들이 여성에게 인기를 모아서, 무쌍 시리즈가 여성용이라는 말이 나올 정도이다. 참고로 PS1에서 발매된 '진'이 붙지 않은 삼국무쌍은 3D 대전격투 장르로 발매된 별개의 작품이다.

엄청난 호쾌함으로 스트레스 해소에 제격이다. 같은 시스템을 사용한 파생 작품도 많다.

OZ -오즈-

발매일 / 2005년 6월 30일   가격 / 6,980엔   제조사 / 코나미

배구를 닮은 삼위일체
시스템이 독특하다

플레이어 캐릭터 1인에 NPC 2인이 동행하는 형태여서「삼위일체 시스템」이라 불린다. 3인이 어떻게 연계기를 잘 뽑는지가 게임의 열쇠다. 적에게 일정 데미지를 입히면 기절 상태가 되는데 그 순간에「띄우기 공격」이나「날리기 공격」을 해 공중에 띄우는 게 연계의 시작이다. 다음 배구의 패스에 해당하는 공격으로 연결하고 필살기(어택)로 마무리. 이것이 삼위일체 공격의 흐름이다. 적을 물리치면 에테리아라는 소재를 떨어뜨린다. 배틀을 시작하기 전에 이를 사용해 캐릭터를 강화할 수 있으므로 어려워지는 후반에 대비해 강화해두자.

게임성은 물론 스토리도 잘 만들어졌다. 제작진은「악마성 드라큘라」,「환상수호전」의 팀이다.

용과 같이

발매일 / 2005년 12월 8일　가격 / 6,800엔　제조사 / 세가

야쿠자의 세계를 그린 오픈월드 게임

세가가 1999년 말에 발매한 DC의 주력 소프트『샌무』장대한 계획이 예정되어 있었던 게임이지만 여러 사정에 의해 세가의 손을 떠났다. 하지만 자유도 높은 샌드박스 게임의 가능성을 알리는 데는 어느 정도 성과를 올렸다. 그 후 샌드박스 게임의 주류는 서구 회사들로 넘어갔고, 오랫동안 침묵하던 세가가 이 장르에 돌아온 것이 이 작품이다. 그간 게임에서는 별로 다뤄지지 않던『야쿠자의 세계』를 리얼하게 재현한 내용과 높은 스토리성,『샌무』『스파이크 아웃』을 계승한 배틀 시스템으로 지금은 세가의 간판 소프트로 성장했다.

손과 무기등 타격중심의 배틀. 상대도 같은 야쿠자이니 만큼 철저하게 때려 눕혀도 상관없다.

브라보 뮤직

발매일 / 2001년 10월 11일　가격 / 4,980엔　제조사 / SCE

오케스트라 지휘자가 되는 리듬게임

그동안 많은 리듬게임들이 주목하지 않았던 지휘자라는 존재에 주목한 작품이다. 플레이어는 소년 오케스트라『Bravoes』의 지휘봉을 잡고 오케스트라 연주의 지휘를 한다. 사용되는 곡은 어디선가 들어본 클래식 명곡으로 클래식 음악에 별로 흥미가 없는 사람에게도 익숙하다. 기본적으로 타이밍 좋게 버튼을 눌러 볼을 맞추는 게임이지만 여기서는 버튼의 선택보다 누를 때의 강약이 중요하다. 단순하면서도 섬세한 인물이야말로 일류 지휘자가 될 수 있는 것이다. 이 작품은 대히트를 달성했고 속편도 만들어졌다.

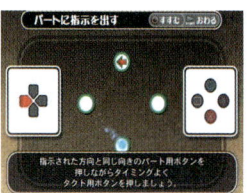

아날로그 입력을 이용해 음의 강약을 조절하는데, 이것이 너무 약해도 너무 강해도 안 된다. 이것이 꽤 어렵다.

그라디우스V

발매일 / 2004년 7월 22일　가격 / 6,980엔　제조사 / 코나미

가정용 게임기의 첫 그라디우스 넘버링 작품

횡스크롤 슈팅의 대표작으로 뿌리 깊은 팬들이 존재하는 그라디우스 시리즈. 그중에서도 아케이드로는 발매되지 않은, 콘솔 독자 소프트로 발매된 것이『그라디우스V』이다. 전작보다 미려한 그래픽이 특징으로 연출에도 상당한 고집이 보인다. 이전보다 탄막 슈팅의 요소가 강해졌고 아름다운 배경을 감상할 여유 없이 초반부터 많은 총알을 마주하게 된다. 하지만 플레이어 기체의 이동 속도 개선, 일반 샷의 연사 속도 개선 등으로 조작성이 크게 좋아져 적응하면 충분히 대응할 수 있다. 루프가 거듭되면 난이도도 올라간다.

자체 개발이 아니라『이카루가』를 만든 트레저가 개발한 게임. 새로운 시대의 그라디우스를 훌륭하게 제시한 걸작이다.

메탈 기어 솔리드3 스네이크 이터

발매일 / 2004년 12월 16일　가격 / 6,980엔　제조사 / 코나미

빅 보스의 과거가 밝혀지는 중요 작품

1987년 MSX2로 발매된 명작 게임『메탈 기어』의 과거 시대를 그렸으며, 주인공은 이전에 솔리드 스네이크가 빅 보스라 불렀던 네이키드 스네이크이다. 이번 작품에서는『위장력』의 개념을 추가했다. 페이스 페인트와 위장복의 그림을 주변 환경에 맞추면 위장력이 상승해, 근거리에서도 적에게 잘 들키지 않는다. 반대로 튀는 옷이나 행동을 하면 위장력이 떨어지므로 조심하자. 적병이 발 소리에 반응하도록 변경되었으므로 전작보다 신중하게 행동해야 한다. 압도적 볼륨과 치밀해진 스토리는 MGS 최고봉이라 일컬어지며 해외에서도 높은 평가를 얻고 있다.

매달리기 등의 액션도 그대로 있다. 새롭게 CQC라는 근접 격투술을 추가했다. 유연한 공격으로 위기를 극복하자.

ICO

발매일 / 2001년 12월 6일　가격 / 5,800엔　제조사 / SCE

소녀를 잃지 않도록
손을 잡고 행동한다

뿔이 자란다는 이유로 제물로서 의문의 성에 갇힌 소년 이코가 그곳에서 만난 말이 통하지 않는 소녀 요르다의 손을 잡고 함께 성에서 탈출하는 액션 RPG. 수치 등이 전혀 없고 보스전다운 보스전도 없으므로, 적과 싸우기보다는 수수께끼를 풀면서 진행하는 퍼즐색이 강한 게임이다. 전체적으로 조용한 풍경 묘사와 이질적인 '그림자'라는 모습으로 묘사되는 적이 독특한 세계관을 연출해 화려한 액션이 없음에도 마지막까지 플레이어를 따분하게 만들지 않는다. 당시 방송된 인상적인 TV광고가 유명했었다. PS2 중에서도 상당한 명작으로 일컬어진다.

「이 사람의 손을 놓지 않아. 나의 혼이 분리되는 것 같으니까」는 게임을 단적으로 표현한 우수한 캐치 카피이다.

완다와 거상

발매일 / 2005년 10월 27일　가격 / 6,800엔　제조사 / SCE

조용한 세계에서
거대한 적과 싸운다

독특한 작품으로 유명했던 『ICO』의 개발팀이 다시 모여 제작한 작품. 주인공 완다가 애마인 아그로와 함께 목숨을 잃은 소녀를 부활시킨다는 금기를 위해 16개의 거상을 물리친다는 설정이다. 실제로 적은 거상뿐이다. 액션 RPG의 전투가 거대 보스전뿐이어서 액션으로 보면 대단히 간단하고 알기 쉽게 만들어졌다. 처음 플레이하면 거상의 크기와 개성적인 디자인에 압도된다. 특징적인 것은 거상에 대한 마지막 일격 장면. 이 작품의 캐치 카피대로 「최후의 일격은, 안타깝다」. 파워업 아이템을 정확하게 얻고 조작법만 알면 난이도는 그렇게 높지 않다.

어느 거상에게도 반드시 약점이 있다. 주인공이 검을 꽂으면 빛이 반사되며 약점이 표시된다.

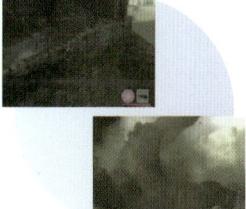

로맨싱 사가 -민스트렐 송-

발매일 / 2005년 4월 21일　가격 / 6,800엔　제조사 / 스퀘어에닉스

리메이크지만 거의 신작
속편을 원하는 사람도 있다

1992년 SFC에서 발매된 『로맨싱 사가』의 리메이크 작품인데, 게임 시스템은 거의 신작이라 봐도 될 정도로 크게 바뀌었다. 프리 시나리오 시스템은 거의 그대로 따라가고 있는 반면 전투는 이전 시리즈에서 호평받았던 것을 조합하고 새로운 요소를 도입해 신작이라고 볼 만큼 내용이 다르다. 또한 반복 플레이가 기본이라 진득하게 파고들 만한 RPG이다. 구입 후 플레이 하지 않은 사람도 많아서 일본에는 아직도 관련 게시판이 살아 있다. '평생'이라 말하면 좀 거창하지만 그만큼 오래 플레이할 수 있는 작품으로 완성되었다.

전투는 매우 화려하지만 바로 죽어서, 그 엄격함에 빠지게 된다. 플레이 시간 100시간, 200시간은 당연할 정도이다.

카마이타치의 밤2 감옥섬의 구전가

발매일 / 2002년 7월 18일　가격 / 6,800엔　제조사 / 춘소프트

뒤죽박죽 구성으로
뭐가 뭔지 알 수 없다

대히트를 기록한 전작의 스토리를 부정하는 내용의 프롤로그가 충격적이다. 그 후 메인 시나리오 「구전가 편」이 시작되고 베스트 엔딩을 보면 계속해서 새로운 이야기가 펼쳐진다. 엔딩 숫자는 전작의 배 이상인 105로 볼륨감은 압도적이다. 추리물이라기보다는 그저 소설만 읽는 시나리오도 적지 않아 호불호가 갈리는 작품이다. 또한 전체적으로 그로테스크한 표현이 늘어나 그런 의미에서도 추리물보다는 호러물에 가까워져 당시 상당한 물의를 빚었다. 칭찬할 부분은 적지만 그래픽은 확실히 향상되었다.

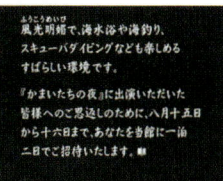

Xbox

제조사 / 마이크로소프트
발매일 / 2002년 2월 22일 가격 / 34,800엔

미국풍의 위압감 있는 본체

미국에서는 게임큐브를 뛰어넘는 매출을 달성하고 PS2에 이은 점유율을 차지했지만, 일본에는 거의 보급되지 않았다. 이질적으로 큰 비디오 느낌의 본체, 쓰기 어려운 컨트롤러, 또한 '서구게임'이라 불리는 농도 진한 게임 등이 아시아인들에게 와닿지 않았던 것으로 분석된다. 한편 윈도우에 사용되는 다이렉트X를 게임 개발에 사용해 개발 환경은 좋았다. 제작비 절감 측면에서 환영받아 일본용 대형 타이틀도 여럿 발매가 예정되어 있었다. 당시에는 접하기 어려웠던 서양 게임을 가볍게 플레이할 수 있다는 이유로 게이머들 사이에서는 소중히 여겨졌던 게임기이다.

사양
- CPU/인텔 펜티엄3 733MHz(128k캐쉬) ■RAM/DDR SDRAM 64MB, CPU/GPU가 공유 ■그래픽/NVIDIA XGPU 233MHz(지포스3 Ti급), 최대해상도 1440*1080 ■폴리곤 묘화능력/초당 1억 2500만 폴리곤(이론적 수치)

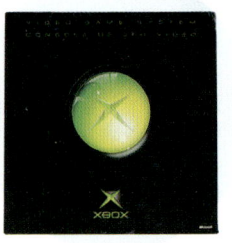

일본 입장에서는 '흑선(서구의 침공)'이지만 바로 격침된다

철기 컨트롤러
제조사 / 캡콤
발매일 / 2002년 가격 / 19,800엔

영상채팅 키트
제조사 / 마이크로소프트
발매일 / 2004년 가격 / 6,800엔

사진으로는 작아 보이지만 가로 880mm, 세로 260mm를 자랑한다.

남심을 자극하는 압도적 중량감!!
버튼 숫자는 40개 이상에 페달도 있었다

위의 웹캠으로 영상채팅을 즐길 수 있다

온라인 서비스「Xbox live」에서 영상채팅을 즐기는 주변기기.
왠지「누군가가 보고 있는 것 같은 느낌」의 디자인이다.

데드 오어 얼라이브3

발매일 / 2002년 2월 22일   가격 / 6,800엔   제조사 / 테크모

하드한 격투게임으로
묻혀버리는 시대로

이번 작부터 가정용 게임기로 무대를 옮긴 『데드 오어 얼라이브』. 일본에서는 킬러 타이틀로 임무가 부여되었는데, 본체 구입자의 1/3이 구입함으로써 기대했던 성과를 거두었다. 격투게임으로 합격점을 받았으며, 3D 격투게임으로는 이례적인 1인칭 시점의 보스전으로 유명했다. 그런데 구매자 대부분이 기대한 DOA 특유의 훈훈한 요소가 생각보다 적어서 다수가 실망했다고 한다. 이후 같은 Xbox에서 비치발리볼 게임을 발매하는데 이쪽이 대히트를 기록한 것은 말할 것도 없다.

DOA라면 누구나 기대하는 그런 요소가 부족해서 팬들의 반감을 샀다.

철기(鉄騎)

발매일 / 2002년 9월 12일   가격 / 19,800엔   제조사 / 캡콤

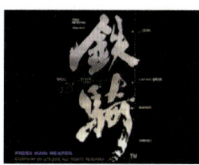

준비된 버튼은
모두 조작에 필요하다

거대한 컨트롤 패널에는 조준과 선회용 스틱에 시프트 레버 1개, 40개 이상의 버튼을 배치했고 여기에 더해 3개의 페달이 있다. 이들은 절대 장식이 아니라 조종하는 데 모두 필요하다. 조종석을 닫기 위한 스위치, 카메라 세척용 버튼, 긴급 탈출장치 버튼 등 실제와 똑같이 만들려는 고집이 엿보인다. 참고로 격추됐을 때 탈출이 늦어지면 전사로 취급되어 세이브가 삭제되는 리얼함까지 갖췄다. 이런 면에서 전무후무한 게임이다. 보통 너무 리얼한 작품은 게임성이 별로인 경우가 많은데, 이 작품은 그 부분까지도 정성 들여 만들어져 많은 추종자들을 낳았다.

리얼한 조종석 영상. 가능하면 큰 화면에서 즐기고 싶어진다. HMD를 쓰면 현장감이 더 좋아질 것이다.

헤일로

발매일 / 2002년 4월 25일   가격 / 6,800엔   제조사 / 마이크로소프트

FPS라는 장르를
대중화시켰다

일본에서 FPS라는 장르가 대중화된 것은 그리 오래되지 않았다. 그 전까지는 일부 매니아들의 전유물이었다. 아마도 Xbox를 대표하는 시리즈인 「헤일로」에서 FPS의 맛을 본 사람이 많을 것이다. FPS의 기본은 그림자에 숨어서 사격하는 것인데 그런 기본을 따라가면서 '약점'과 같은 독자적인 요소를 곳곳에 배치했다. 모든 FPS가 헤드샷을 도입하는 것은 당연하지만 약점을 설정한 작품은 드물다. 이 작품에서는 사람이라면 머리, 대형 갑옷을 입은 적은 갑옷의 이음새를 노리면 한방에 잡을 수 있다. 또한 타격 공격이 가능하다는 점도 색다르다.

해외에서는 FPS가 절대적 인기를 누리고 있지만 일본에서는 전혀 그렇지 못했다. 하지만 헤일로의 히트로 인지도가 크게 올라갔다.

다이노소어 헌팅 ~잃어버린 대지~

발매일 / 2003년 9월 18일   가격 / 5,800엔   제조사 / 마이크로소프트

공룡 사냥을 위해
모인 헌터들

절멸한 공룡들이 1910년 아마존 오지 기아나에서 발견되었다. 공룡 포획을 목표로 전 세계에서 선발된 헌터들이 모이는데, 플레이어도 그 중 한 명으로 헌팅에 참여한다. 공룡의 똥과 사체 등에서 최적의 마취약을 조합하고 라이플과 핸드건 등을 무기로 공룡을 잡는 이 작품은 '몬헌(몬스터 헌터)'의 선구적 작품이다. 메인 타겟을 포획하여 베이스 캠프로 귀환하면 클리어라는 단순한 내용이지만, 다른 헌터들이 노리는 서브 타겟과 레어 타겟을 포획하면 보다 큰 보상을 받을 수 있다. 또한 헌터들끼리의 인간관계도 묘하게 리얼해서 재미있다.

공룡 사냥이라는 말에 '몬헌'이 떠올랐는가? 그 전에 이 작품이 있었다는 것을 기억하자.

닌텐도 게임큐브

제조사 / 닌텐도
발매일 / 2001년 9월 14일   가격 / 25,000엔

광디스크이면서 로딩 시간은 짧다

닌텐도의 가정용 게임기로는 최초로 광디스크를 채용했다. 마츠시타전기(Panasonic)와 공동 개발한 DVD 베이스의 독자규격으로, 디스크 사이즈는 8cm로 작지만 로딩 시간은 대단히 빨라서 광디스크라는 점을 잊을 정도이다. 그런 세심한 배려가 참으로 닌텐도답다. 본체는 휴대가 가능할 정도로 작으면서 PS2를 뛰어넘는 성능을 가졌으나 PS2를 이기지 못했고 세계적으로는 Xbox도 넘지 못했다. 그러나 기기에 대한 평가는 높다. 만약 발매 타이밍이 좋았더라면 1등 자리를 탈환했을지도 모른다. 물론 후속 게임기 『Wii』에서 설욕전이 이어진다. 일본에서는 404만대, 전 세계에서는 2175만대를 판매했다.

사양

- CPU/IBM PowerPC Gekko(485MHz, 1125DMips, 10.5GFLOPS) ■메모리/메인메모리 1T-SRAM 24M BYTE ■그래픽/해상도256*224~640*480, 최대 초당 1200만 폴리곤 연산 ■사운드/시스템 LSI "Flipper"에 내장

타루콩가 (단품)

제조사 / 닌텐도
발매일 / 2003년 12월 12일
가격 / 3,000엔

※사진은 소프트 동봉판

『동키콩가』 시리즈 전용 컨트롤러

전용 소프트
- 동키콩가
- 동키콩가2 히트송 퍼레이드
- 동키콩가3 무한리필! 봄에 갓 수확한 50곡

리듬 액션게임 『동키콩가』 시리즈 외에 『동키콩 정글비트』에도 쓸 수 있는 주변기기.

게임보이 플레이어

제조사 / 닌텐도
발매일 / 2003년 3월 21일   가격 / 5,000엔

GB 시리즈의 게임을 TV 화면으로 즐길 수 있는 주변기기

GB 시리즈의 호환성을 실현한 기기. 본체 동봉 세트인 『엔조이 플러스팩』도 발매되었다.

GBA케이블

제조사 / 닌텐도
발매일 / 2001년 12월 14일   가격 / 1,400엔

GBA케이블로 GBA와 링크도 가능. 『동물의 숲』 시리즈 등 GC 소프트와 GBA 소프트의 데이터를 연결할 수 있는 주변기기이다.

닌텐도로서는 대단히 이례적인 자극적인 광고 전략도 펼쳤다

게임큐브 컬러 배리에이션

본체
- 실버
- 바이올렛
- 오렌지
- 블랙
- 심포닉 그린
- 한신 타이거즈 2003년 센트럴 리그 우승 기념 한정 모델
- 샤아 전용 컬러
- 메탈 기어 솔리드 더 트윈 스네이크 프리미엄 패키지
- 스타 라이트 골드
- 크리스탈 화이트 칼라

컨트롤러
- 실버
- 에메랄드 블루
- 바이올렛
- 오렌지
- 블랙
- 블랙&클리어

한정 컬러 외에 비매품(경품)도 존재했다

컬러 배리에이션에 대해서는 오른쪽에 정리했다. 지금부터 GC를 모으고자 하는 사람은 거의 없겠지만 비매품 등도 있어서 올 컬렉션은 대단히 어렵다.

휴대용 게임기의 역대 랭킹

여기서 잠깐 가정용 게임기에서 벗어나 휴대용 게임기 얘기를 해보자.

휴대용 게임기 중 일본에서 가장 많이 팔린 것은 2004년에 발매된 『Nintendo DS』이다. 2011년에 전 세계 누적 1억 5천만대를 넘어, 부동의 1위를 지켰던 『게임보이』의 일본 기록을 넘어섰다.

따라서 역대 2위는 GB. GB도 누계로 1억대를 넘는 초히트 상품이다. 3위는 『플레이스테이션 포터블』. 발매부터 우여곡절이 있었던 PSP이지만 『몬스터 헌터 포터블』 발매로 매출이 늘어나 일본에서는 2000만대를 넘을 기세이다. 하지만 후속 기기인 『PS VITA』가 발매되어 어디까지 늘어날지는 미지수이다.

참고로 일본 4위는 300만대의 『원더스완』이다. 스완 크리스탈 등을 포함한 누계는 350만대로 나름 많은 숫자이다. 그 다음은 최근 단종된 PS VITA가 올랐다.

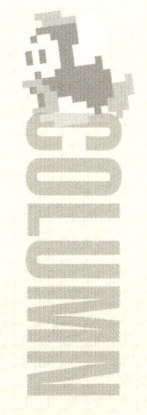

루이지 맨션

발매일 / 2001년 9월 14일 가격 / 6,800엔 제조사 / 닌텐도

드디어 루이지
염원의 주인공 자리

「드디어!」, 「정말로 동생인가?」, 「다행이네, 녹색남」 등 반응이 뜨거웠던 작품이다. 그것도 신형 게임기 『게임큐브』의 런칭 타이틀이다. 나중에 등장한 와리오와 요시에게 주인공 자리를 빼앗기며 여러 차례 고배를 마셨던 루이지가 주인공으로 등장한다. 스토리는 귀신을 잡으며 행방불명된 마리오에게 가는 것. 원래 루이지는 무서움을 타는 성격이라는 설정이라서 마리오와 같은 점프는 불가능. 공격 방법은 오야마 박사가 발명한 귀신을 빨아들이는 청소기 「오바큠」뿐. 이것으로 마음을 단단히 먹고 귀신 퇴치를 하는 루이지. 어떤 결말이 기다리고 있을까?

무서움을 잘 타는 루이지이지만 사랑하는 형을 구하기 위해서 꾹 참고 실행한다. 오 바큠을 한손에 쥐고 힘내는 모습이 멋있다.

동물번장

발매일 / 2002년 2월 21일 가격 / 6,800엔 제조사 / 닌텐도

변태를 거듭하며
강해지는 게임

제목을 보고 이상한 게임이라 생각할 수 있지만, 약육강식이 지배하는 매우 엄격한 세계를 무대로 한 독특한 분위기의 퍼즐액션 게임이다. 때로는 적에게 먹히기도 하는 약육강식의 세계가 펼쳐진다. 플레이어는 먼저 가장 약한 동물로 태어나 다른 동물의 색상(=능력)을 받아들여 정점을 목표로 나아간다. 색을 특정 조합으로 맞추면 여러 형태로 변태(=변화)하는데, 강해지는 것뿐만 아니라 귀해질 때도 있다. 최종적으로 백수의 왕을 물리치면 게임 클리어가 되는 시스템이다. 그래픽도 상당히 특이해서 게임의 모든 것이 사각형으로 표현되어 있다.

플레이어는 동물 캐릭터의 혈육을 자신의 것으로 소유하거나 암컷과의 『교미』로 자손을 남기는 방법 등으로 점점 강해진다.

젤다의 전설 바람의 지휘봉

발매일 / 2002년 12월 13일 가격 / 6,800엔 제조사 / 닌텐도

카툰 렌더링의 고양이 눈
링크가 매우 귀엽다

3D라는 점에서 N64로 발매된 두 작품과 같으며 기본적인 시스템도 거의 그대로이다. 이 작품의 특이한 시스템이라면 부제인 『바람의 지휘봉』에서 짐작되는 지휘봉의 존재이다. 필드에서 필드로 이동할 때는 배를 쓰는데 배의 이동에는 바람이 크게 영향을 미치기 때문에 바람의 지휘봉을 써서 배를 컨트롤한다(그 외에도 쓸모가 있다). 이 작품에 등장하는 링크의 생김새는 이전 작품과 많이 다른데 카툰 렌더링이라는 당시 최신 기술로 만들어졌다. 마치 애니메이션에서 나온 듯한 캐릭터가 움직이는 모습에 감동할 것이다.

액션은 시간의 오카리나보다 확실히 파워업이 었다. 공격에 맞추어 사운드가 변하는 것도 좋다.

killer7

발매일 / 2005년 6월 9일 가격 / 6,800엔 제조사 / 캡콤

어드벤처인데
액션 요소가 강하다

『실버 사건』, 『꽃과 태양과 비와』로 유명한 크리에이터 스다 코이치가 이끄는 그래스호퍼 매뉴팩처의 작품. 앞의 작품과는 달리 액션성이 강하게 만들어졌으나 스다 특유의 대사 처리와 세계관은 건재하다. 플레이어는 스미스 동맹인데 스미스 성을 가진 8종류의 다층 인격으로 구성된다. 다중인격과는 다른 일종의 초능력으로 인격이 바뀌면 신체도 바뀐다는 것이 특징이다. 일부 이벤트를 빼고는 임의로 인격을 바꿀 수 있지만, 각 이야기가 시작된 직후에는 많은 인격이 휴면 상태여서 특정 요건을 만족시켜 인격을 각성시켜야 한다. 인격 활용이 게임의 관건이다.

잔혹성 및 과격한 성적 표현으로 인해 일본 CERO의 심의에서 18세 이상 제한에 걸렸다.

GAME CONSOLE COMPLETE GUIDE

제 6 장

재밌으면 그만이지, 게임이니까

신시대편

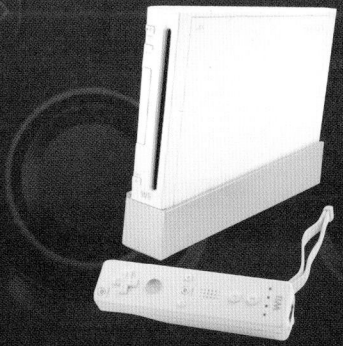

스펙 지상주의에서 탈피하는 시기. 아무리 영상미가 좋아도 게임이 재미있지 않으면 의미가 없다. 이 단순한 사실을 많은 사람들이 알게 되어 닌텐도의 『Wii』는 대히트했다. DS로 휴대 기기를 제패한 닌텐도는 다시 왕좌에 올랐다.

Xbox360

제조사 / 마이크로소프트
발매일 / 2005년 12월 10일   가격 / 39,795엔

매니악한 유저들에게 사랑받다

1920*1080의 풀HD에 대응한 Xbox의 후속 기기. 전 세대의 웅장함은 사라지고 디자인도 세련되게 바뀌었다. 다만 라이벌인 PS3와 비교하면 약간 크고 비행기가 이륙하는 수준의 디스크 회전 소리가 문제였는데, 이후 HDD 인스톨 기능이 추가되어 문제가 해결된다. 게임은 PS3 버전과 같이 발매되는 경우가 많았는데, PS3보다 2배 많은 메모리 용량과 트리거 버튼 사양에 따라 (FPS를 플레이할 때는) Xbox360 쪽이 우수하다는 평이 지배적이다. 2013년 10월에 전 세계 8000만대를 돌파했다. 일본에서는 『아이돌 마스터』의 대히트로 전 세대에서 흥행했으나 PS3의 시장 규모에는 역부족이었다.

양질의 소프트가 많아 초기형보다 판매량이 늘었다

사양

- CPU/Xenon 3.2GHz, 3코어 6스레드
- GPU/ATI Xenos 500MHz, 초당 5억 삼각형 폴리곤 묘화능력
- RAM/512MB(CPU와 GPU가 공유)
- 미디어/12배속 DVD-ROM, 20~500G 하드디스크, 외장 HD-DVD 드라이브

하드디스크

제조사 / 마이크로소프트
발매일 / 2010년   가격 / 오픈가격

외장 하드디스크로 초기 용량은 120G였다

Kinect for Xbox360

제조사 / 마이크로소프트
발매일 / 2010년   가격 / 14,800엔

Xbox360의 알테마 웨폰급 존재감

센서에 RGB 카메라, 심도 센서, 멀티 어레이 마이크로폰을 내장하여 플레이어의 위치, 움직임, 목소리, 얼굴을 인식한다. 여기엔 모션 캡처 기술이 쓰였는데, 특별한 의상을 입을 필요는 없으며 자신의 몸을 이용한 체감게임을 플레이할 수 있다. 대표작은 코나미의 댄스 에볼루션.

 고찰 | 일본시장에서 Xbox360이 패권을 잡지 못한 이유

물론 이전에 나온 Xbox의 실패가 가장 크겠지만 그 외에도 의도를 알 수 없는 광고 전략 등 말하자면 끝이 없다. 그러나 유저의 만족도는 비교적 높았다. 특히 매니아층은 PS3보다 Xbox360을 높게 평가하는 분위기이다. 최근 서구 게임도 일본에서 꽤 팔리고 있으며, 『엘더스크롤4:오블리비언』『폴아웃3』『콜 오브 듀티』 등을 이 기기로 즐긴 분도 많았을 것이다. 이들 게임을 PS3에서 플레이할 경우, 본체 스펙의 문제로 인한 버그가 눈에 띄는데 Xbox360의 경우는 그런 트러블을 접할 일이 적다는 것이 큰 장점이다. 결국 떠도는 소문 탓에 실패했다고 생각한다. 참으로 일본다운 현상이라 할 수 있다.

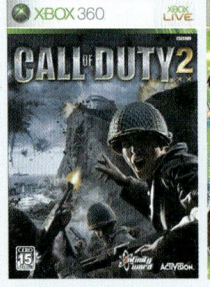
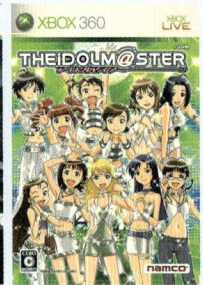

엘더스크롤5: 스카이림

발매일 / 2011년 12월 8일　가격 / 7,600엔　제조사 / 베데스다 게임 스튜디오

순식간에 경이적인 매출을 기록하다

전작 오블리비언을 위해 개발된 「Radiant AI」라 불리는 인공지능 시스템이 개량을 거듭하여 사용되었다. 시스템 향상 결과, NPC들의 싸움이 랜덤으로 생기는 등 세계가 보다 생생해졌다. 판타지 오픈월드의 결정판이라 해도 과언이 아니다. 발매 전부터 전 세계 게이머들의 기대감이 올라 발매 1개월 만에 1000만장 판매라는 기록을 세운다. 이로써 「세계에서 가장 많이 팔린 RPG」란 결과를 만들어냈다. 일본에서도 인기는 높았으나 JRPG에 비하면 지명도가 낮은 것으로 평가된다.

이번에는 하얀 설경이 대단히 인상적이다. 이 정도 세계를 구현할 수 있다는 것은 역시나 개발환경이 달라서일까?!

콜 오브 듀티4 모던 워페어

발매일 / 2007년 12월 27일　가격 / 6,800엔　제조사 / 액티비전

제 2차 세계대전에서 현대전으로

오래전부터 이어져 온 시리즈. 본 작품은 실존했던 2차대전을 소재로 한 것이 아니라 가공의 현대전을 그리고 있다. 2007년 가장 많이 팔린 게임으로 「모던 워페어」의 속편이 3개나 만들어지는 데 영향을 미쳤다. 시스템은 전형적인 FPS이지만 일반 FPS와는 다른 점이 있다. 즉 드라마틱한 연출과 어떤 장면에서 만나는 충격적인 씬을 보면 이 작품이 대단하다는 것을 알 수 있다. 게임의 묘미를 확인하려면 직접 플레이하는 방법뿐이다. 특히 이 시리즈는 임의로 난이도를 고를 수 있는데 최고 난이도인 '베테랑'은 정말로 깐깐하다. 한 번 플레이해보길 권한다.

난이도를 베테랑으로 설정하고 플레이하면 전쟁의 심각함을 실감할 수 있다. 거의 즉사이므로 패턴을 기억하지 않으면 클리어는 어렵다.

엘더스크롤4: 오블리비언

발매일 / 2007년 7월 26일
가격 / 7,800엔　제조사 / 스파이크(베데스다 게임 스튜디오)

일본에서도 대히트 서구 게임의 파도가 닥치다

「엘더스크롤」 시리즈 제4탄으로 전 세계 누적 300만개 이상의 매출을 기록했다. 「GameSpot」은 이 작품을 「사상 최고의 RPG 중 하나」라고 평했다. 제목의 「오블리비언」은 다른 차원의 세계로, 플레이어는 그 세계와 연결되는 문 「오블리비언 게이트」에서 들이닥치는 데이드라와 드러모라들로부터 세계를 지키기 위해 싸운다. 정통파 판타지 RPG로 세계적으로 팬이 많은 작품이다. 일본에서는 매니아에 의해 플레이되다가 본 작품으로 대중적 인지도를 얻었다. 일본 RPG에는 없는 압도적 오픈월드에 많은 게이머들이 열광했다.

메인 퀘스트 외에도 다수의 퀘스트와 이벤트가 있는 작품. 모든 면에서 합격점 이상의 품질이다.

테스트 드라이브 언리미티드

발매일 / 2007년 4월 26일
가격 / 5,800엔　제조사 / 마이크로소프트

다양한 자동차로 하와이 섬을 드라이브

드라이브에 초점을 맞춘 게임. 총 1600㎢에 이르는 하와이 오아후섬의 도로와 관광지 등을 오픈월드로 구축했으며 주행 중에 로딩으로 진행이 멈추지 않는다. 단순하게 드라이브를 즐겨도 좋고 NPC에게 받는 운반 미션과 곳곳에서 열리는 레이스를 즐겨도 좋다. 게다가 온라인에 접속해서 친구와 여행을 즐길 수도 있다. 그저 달리기만 하는데 이렇게까지 즐겁다는 것을 누가 상상이나 했을까? 이 모든 것은 정성스럽게 묘사된 하와이의 풍경 덕분이다. 차의 움직임은 그저 그렇지만 그런 것과 상관없이 느긋하게 하와이 생활을 즐겨보자.

온라인에서 레이스를 만들 수도 있다. 물론 관심이 없으면 지나가도 된다. 모든 것이 자유다.

폴아웃3

발매일 / 2008년 12월 4일
가격 / 7,600엔   제조사 / 베데스다 게임 스튜디오

핵전쟁 후의 세계에서 당당하게 살아간다

핵전쟁 후의 세계를 무대로 한 오픈월드 RPG. 북미에서는 첫 주 470만장이라는 경이적인 출하량을 기록할 정도로 유명한 게임이지만 일본에서의 지명도는 낮다. 서구 게임 특유의 찐한 캐릭터 탓인지 단순한 취향 차이인지는 모르겠지만, 이 게임을 플레이하지 않는다는 것은 좀 아깝다고 생각한다. 매우 황폐한 세계를 그려 그 분위기가 싫다면 할 수 없지만 폐허를 좋아한다면 참을 수 없는 작품이다. 오블리비언이나 스카이림과는 다른 감각으로 세계를 모험할 수 있다. 언젠가 인류에게 닥칠 종말 전쟁 후의 세계를 그리고 있다.

선택지가 표시된 경우에는 성패 판정이 이루어진다. 성공하면 유리하게 진행되기 때문에 스킬을 확실히 올려두는 것이 좋다.

폴아웃: 뉴 베가스

발매일 / 2011년 12월 8일
가격 / 7,800엔   제조사 / 베데스다 게임 스튜디오

뉴 베가스에는 카지노도 설치되어 있다

『폴아웃3』의 파생작품으로 볼 만한 내용이다. 핵전쟁 후의 세계를 무대로 했으나 폭심지에서 다소 거리가 있어 폴아웃3 정도로 황폐하지는 않다. 오히려 서부영화를 연상시키는 청량감이 특징이라서 수록된 BGM도 그 분위기에 맞춘 컨트리 뮤직이 많다. 전작에서의 변경점은 많지만 전투를 유리하게 이끌기 위한 「V.A.T.S」 시스템이 약체화되었다는 점이 가장 크다. 또한 필드에 카사도레스라는 매우 강한 적이 초반부터 배치되어 플레이어를 괴롭힌다. 전체적으로 난이도가 올라간 느낌이다. 물론 게임 자체는 플레이할 가치가 충분하다.

전작만큼 황폐하지는 않기에 폐허 애호가에게는 조금 아쉽다.

블루 드래곤

발매일 / 2006년 12월 7일
가격 / 6,800엔   제조사 / 마이크로소프트

360 본체의 매출 증대를 떠맡았던 꿈의 RPG

저조한 본체 판매량을 끌어올리는 역할을 맡은 RPG. 발매 첫 주에 약 8만장을 판매했고 본체 매출도 올라 그 역할을 충분히 해냈다. 제작 지휘는 FF 시리즈의 아버지 사카구치 히로노부가 맡았고, 캐릭터 디자인은 토리야마 아키라가 담당해 「크로노 트리거」 이후 꿈의 조합이 실현되었다. 이 작품의 캐릭터는 환수와 같은 형태의 그림자를 조종하는데, 그 성장 시스템은 이전에 사카구치 자신도 참여한 FF5의 성장 시스템에 가깝다. 스핀오프 작품과 애니화 등 다양한 전개를 보여준 작품. Xbox계에서 파생된 작품으로는 성공한 부류에 속한다.

어딘지 모르게 FF나 DQ와 닮았다고 할까? 꿈의 협연이 재현되었다고 해서 서둘러 산 사람도 많았을 것이다.

드림 클럽 ZERO

발매일 / 2011년 1월 27일   가격 / 6,800엔   제조사 / D3 퍼블리셔

호스트 걸과의 연애를 1년 안에 성공해야

캬바쿠라(와 매우 유사한 업소)를 테마로 한 게임. 그곳에는 정말로 귀여운 여자아이들만 있다는 설정으로 돈만 있으면 평생 다니고 싶을 정도이다. 하지만 세상은 그렇게 간단하지 않다. 순수한 마음을 가진 자만이 입점할 수 있는 어른의 사교장 「DREAM C CLUB」의 회원이 된 플레이어가 이곳을 드나들 수 있는 기간은 1년뿐이다. 이 사이에 「호스트 걸」과의 연애에 성공해야 한다. 또한 캬바쿠라는 아니지만 이곳에 가면 다양한 서비스가 유료로 제공된다. 음식은 물론 가라오케 등도 있다. 참고로 컨트롤러의 오른쪽 스틱을 기울여서 술을 마신다는 설정이다.

호스트 걸과의 스킨십도 중요한 요소이다. 식사를 제공해 관계가 가까워지는 등 방법은 다양하다.

아케이드 게임의 잡학 04

게임센터(오락실)의 미래는?

가정용 게임기가 나날이 진화하고 있는 와중에 아케이드는 서서히 변신을 해나갔다. 격투게임 전성기의 분위기는 거짓말처럼 사라졌다. 게임을 줄인 만큼 뽑기 기계와 프리크라 등을 많이 설치한 오락실이 늘고 있다. 전자는 몰라도 후자의 경우는 「남자 2인 출입금지」 등이 쓰여 있는 경우도 많아 이전에 아케이드 게임을 즐긴 게이머들은 착잡한 기분일 것이다.

하지만 2002년 첫 트레이딩 카드 아케이드 게임인 「WORLD CLUB Champion Football」이 설치된 것을 계기로 일시적으로는 위독 상태에 이르렀던 오락실이 다시 숨을 돌렸다. 이어서 「삼국지대전」「전국대전」 등의 카드 게임이 유행을 일으켰다. 또한 같은 시기에 「기동전사 건담 전장의 인연」이 도입되어 높은 요금에도 불구하고 줄이 생길 정도의 인기를 모았다.

이렇게 부활한 아케이드이지만 옛날과 같은 소박한 경영을 이어온 소규모 오락실은 상황이 다르다. 캐비넷을 구입・리스할 여유도 없어 소규모 오락실의 폐점이 줄을 잇고 있다. 30년 전, 그 담배 냄새에 쩔은 독특한 공간이 일본에서 완전히 자취를 감추는 날도 그리 멀지 않은 것 같다.

COLUMN.04

플레이스테이션3

제조사 / SCE
발매일 / 2006년 11월 11일   가격 / 59,800엔

처음엔 실패라 생각됐지만 서서히 세력을 회복했다

PS3의 가격이 발표되자 많은 이들이 그 폭력적인 숫자에 비명을 질렀다. 용량이 적은 20GB 버전이 소비세 포함 6만엔을 넘었기 때문이다. SCE는 과거의 성공 신화를 믿고 그대로 밀어 붙였지만, 닌텐도의 『Wii』가 예상 이상의 페이스로 팔려나가면서 PS, PS2로 쌓아 올린 1위 자리를 내주고 만다. 하지만 게임기의 수명으로는 PS3 쪽이 더 길었다. Cell이라 불리는 특수한 CPU로 한때 소프트 개발에 난항을 겪었지만 문제를 해결하고 나서는 PS2급까지는 안 되더라도 착실하게 매출을 늘려나갔다. 보급되기 시작한 블루레이의 채용도 크게 일조했다.

사양
- CPU/Cell Broadband Engine 3.2GHz 1+8코어 ■ RAM/메인 2 56MB, VRAM 256MB ■ GPU/N VIDIA RSX Reality Synthesizer ■ 미디어/2배속 Blu-ray, 20~500G 하드디스크

중반부터 PS2 호환성은 사라졌다

모션 컨트롤러 (MOVE)

제조사 / SCE
발매일 / 2010년   가격 / 3,980엔

어디에서 본 듯한 디자인. 자이로 센서 등이 내장되었다

스틱 모양의 컨트롤러. 그 모습을 보면 라이벌 기기인 『Wii』를 강하게 의식한 것이 분명하다.

플레이스테이션3 [CECH-2000 이후]

제조사 / SCE
발매일 / 2009년 9월 1일   가격 / 29,980엔

경량화, 슬림화가 이루어졌으며 로고 디자인도 바뀌었다

미세 공정 진행으로 발열이 줄었고 시스템의 최대 소비전력이 줄어들어 부품 크기가 작아졌으며 메인 전원 스위치는 제거되었다.

torne

제조사 / SCE
발매일 / 2010년 3월 18일   가격 / 3,980엔

nasne

제조사 / SCE
발매일 / 2012년 8월 30일   가격 / 22,000엔

「torne」은 지상파 방송의 녹화, 「nasne」는 BS, 110도 케이블 TV의 시청·녹화를 지원한다. 대응하는 스마트폰과 PS VITA로 외부에서 녹화 예약도 할 수 있다.

PS VITA와의 연동 기능이 의외로 편리하다

RESISTANCE ~인류 몰락의 날~

발매일 / 2006년 11월 11일 가격 / 5,695엔 제조사 / SCE

PS3의 런칭 타이틀 유럽에서 인기를 얻었다

『라쳇&클랭크』 시리즈로 잘 알려진 인섬니악 게임즈가 개발한 PS3 런칭 타이틀 중 하나. 전 세계에서 350만개 이상을 판매한 FPS로 본체 보급에 공헌했다. 1951년 '또 하나의 영국'을 무대로 지구 침략을 꾀하는 의문의 생물 「키메라」와 미국 육군, 영국 육군의 격렬한 싸움을 그렸다. 1인 플레이는 물론 2인 플레이에서도 협력하면서 스토리가 진행되고 어느 쪽이 쓰러진 경우에는 가까이 다가가 부활시킬 수도 있다. 이 게임은 온라인 대전 기능이 기본으로 준비되어 있어 최대 40명까지 멀티 대전도 지원한다.

FPS라는 일본에서는 마이너한 장르가 런칭 타이틀로 채택되는 날이 오다니…

버쳐 파이터5

발매일 / 2007년 2월 8일 가격 / 7,800엔 제조사 / 세가

오랜만에 등장한 VF 아케이드에도 뒤지지 않다

아케이드판은 5년 만의 완전 신작으로 등장해 유저들에게 인기를 얻었다. 본 작품은 아케이드판과 다르지 않은 완전 이식을 실현했는데, '게임도 여기까지 왔나'라는 생각이 들 정도로 퀄리티가 좋았고 '이런 것이 집에서 되면 오락실은 안 가게 되겠네' 하는 복잡한 생각이 들 정도였다. 게다가 온라인 대전까지 구현하고 있어 정말로 집에서 모든 것을 다 하는 시대가 되어 버렸다. PS3판 오리지널 요소로는 가정용판의 상식인 연습(DOJO) 모드가 있어 충분히 실력을 연마할 수 있다. 업그레이드판인 「파이널 쇼다운」이 2012년 발매되었다.

수많은 3D 격투게임 중에서도 가장 깊이가 있는 VF 시리즈. 집에서 실력을 올려 아케이드에서 승리하자.

AFRIKA

발매일 / 2008년 8월 28일 가격 / 5,695엔 제조사 / SCE

방대한 사바나에서 사진 촬영에 흠뻑 빠지다

내셔널 지오그래픽 협찬으로 아프리카의 생태계를 재현한 획기적인 게임. 게임기의 진화가 느껴지는 작품이다. 플레이어는 사진가가 되어 사바나의 동물을 촬영하러 간다. 하지만 사진에는 촬영 조건이 있다. 아무리 높은 평가를 받는 사진을 찍어도 조건을 만족시키지 않으면 클리어가 되지 않는다. 메일을 읽으면 촬영 조건을 대부분 알 수 있으므로 항상 체크해야 한다. 기본은 의뢰를 진행하는 심부름 게임이므로 사람에 따라서는 빨리 질릴 수 있지만, 집에서 사바나를 마음대로 돌아다닐 수 있다는 것은 대단하다.

동물의 움직임이 꽤 리얼해서 그것을 지켜보는 것만으로도 즐겁다. 내셔널 지오그래픽을 좋아한다면 더더욱!

화이트 앨범2 행복의 저편

발매일 / 2012년 12월 20일 가격 / 6,800엔 제조사 / 아쿠아 플러스

원작은 야게임으로 유명한 최루게임

원작은 Leaf가 발매한 Windows용 18금 연애 어드벤처. PS3판에서는 신규 오프닝 애니메이션이 추가되는 등 과거에 발매되거나 공개된 『화이트 앨범2』의 소설 및 드라마 CD도 수록했다. 또한 엑스트라 에피소드도 추가되는 등 전체적으로 내용을 파워업 했다. 물론 PS3라는 점에서 야릇한 묘사는 없지만 시나리오 자체가 높은 평가를 받은 작품이라 그런 요소가 없어도 충분히 즐길 만하다. 하지만 그 내용이 한마디로 삼각관계라서 사람을 가리는 건 틀림없다. 삼각관계 트라우마를 가진 사람에겐 비추다.

서 있는 그림이 모션 포트레이트의 도입으로 애니메이션이 된다. PS3판에서 추가된 요소이다.

더 라스트 오브 어스

발매일 / 2013년 6월 20일　가격 / 5,696엔　제조사 / SCE

여러 가지 소리를 구분해 위험을 회피하자

세계적으로 대 히트한 「언차티드」 시리즈의 너티독이 개발했다. 일명 서바이벌 호러. 이 작품에서는 「소리」가 중요한 요소인데, 잡음 등을 들으면 벽 너머의 적대자 모습이 가시화된다는 시스템이 참신하다. 반대로 말하면 이것을 잘 활용하지 않으면 게임 클리어는 어렵다. 갑자기 생겨난 의문의 기생균에 의해 인류는 절멸의 위기에 이른다. 사람들은 「격리시설」에서 살아가는데, 그곳에서는 군대가 모든 결정을 내리고 사람들을 관리한다. 어떤 사건을 계기로 엘리라는 14세 소녀를 동료가 있는 곳으로 데려오는 일을 맡은 주인공은…

애틋한 장면도 많아 청소년 이용 불가 등급을 받았다. 긴박감의 연속이므로 심호흡을 하고 시작하자. 속편은 없다.

슈퍼 스트리트 파이터Ⅳ

발매일 / 2010년 4월 28일　가격 / 4,753엔　제조사 / 캡콤

울트라 콤보가 추가되다

『스트리트 파이터Ⅲ 서드 스트라이크』로부터 9년 만의 신작이 된 『스트리트 파이터Ⅳ』. 『스파』의 원점 회귀를 콘셉트로 개발이 진행되어 그래픽은 3D이면서도 2D 게임성을 갖고 있다. 이 스파4에 다양한 요소가 추가된 것이 이 작품이다. 그중에도 네트워크 요소 확충이 유저로부터 환영받아 발매 초기에는 매일 뜨거운 싸움이 펼쳐졌다. 이번 작품에서는 전작에서 잠겨 있던 캐릭터도 처음부터 해금되어 있어 마음껏 세계의 강자와 싸울 수 있다. 여담이지만 2011년에는 3DS에도 발매되었다. 휴대 기기에서 재현되다니 놀라울 뿐이다.

연습 모드도 탄탄하다. 초보자가 온라인 대전을 즐기는 어려운 일이므로 어느 정도 실력을 쌓은 후에 도전해보자.

428 ~봉쇄된 시부야에서~

발매일 / 2009년 9월 3일　가격 / 6,800엔　제조사 / 스파이크

이야기의 무대는 시부야 팬이 고대한 신작

Wii용 타이틀을 이식했다. 직접적인 연결고리는 약하지만(10년 후의 무대?), 공간적으로는 사운드 노벨의 걸작 「거리」의 속편으로 이번에도 시부야를 무대로 복잡한 스토리가 펼쳐진다. 참고로 「거리」는 각 이야기가 병행되는 형태로 전개됐지만, 본 작품은 등장인물 전부의 이야기가 같은 사건에 관련된다는 것이 큰 차이점이다. 일정 장소까지 이야기를 진행하면 「KEEP OUT」이 표시되면서 일시적으로 진행이 멈추는 것도 전작에는 없던 시스템이다. 이 경우에는 다른 누군가의 「JUMP」로 해방되는 구조이다.

시나리오의 품질은 「거리」와 비슷하다. 하지만 놀이 요소는 매우 옅어졌고 전체적으로 탄탄한 내용으로 구성되었다.

Grand Theft Auto V

발매일 / 2013년 10월 10일　가격 / 7,400엔　제조사 / 락스타 게임즈

세계적으로 유명한 GTA 시리즈 최신작

전 세계적으로 대 인기를 모은 오픈월드 범죄액션, 그 최신작이 『GTA5』이다. 이번에는 시리즈 최초로 복수의 주인공이 동시에 등장하는 시스템을 채용하여 캐릭터를 바꾸면서 메인 스토리를 진행하는 구조를 채용했다. 탈것도 전투기, 여객기, 잠수정, 자전거가 추가되어 보다 자극적인 액션을 즐길 수 있다. 무대는 『GTA 산안드레아스』에 등장한 산안드레아스주에 있는 「로스 산토스」이다. 게임의 전체 영역이 매우 넓어서 자동차와 바이크로 돌아다니기만 해도 즐거울 정도이다. 물론 중요한 스토리도 잘 만들어져 있다.

마약과 술에 빠진 전 미국 파일럿인 트레버, 세 명의 주인공 중에서도 가장 개성 있어서 팬들이 많다.

HISTORY OF CONSOLE GAME

일본 가정용 게임기의 발전을 견인한 에폭

1980년대에 들어 일본 전자업계를 띄운 것은 액정과 형광표시관을 이용한 저렴한 핸디 타입의 LSI 게임이었다. 그 와중에 매년 꾸준히 비디오 게임을 투입한 곳은 에폭뿐이다. 1981년 발매한 「카세트 비전」은 패미컴이 나올 때까지 일본에서 가장 많이 팔린 가정용 게임기이다. 본체는 13,500엔으로 장난감 회사답게 저렴한 가격이다. 도트는 크고 사운드는 약해서 결코 새로운 게임은 아니었지만, 지명도가 높은 에폭의 게임도 이식되어 거실에 정착했다.

일시적으로는 70%의 점유율을 유지하던 카세트 비전이지만 패미컴을 시작으로 비슷한 가격대의 고성능 기기가 계속 발매되면서 점유율을 서서히 빼앗기게 되었다. 1984년에는 사양을 크게 강화한 「슈퍼 카세트 비전」을 발매했지만, 1986년을 마지막으로 게임기 시장에서 철수한다. 에폭은 일본의 가정용 게임기를 개척하고 발전을 지지하면서 업계를 이끌어온 회사란 사실엔 틀림이 없다. 그 이름은 가정용 게임기 역사에 영원히 남을 것이다.

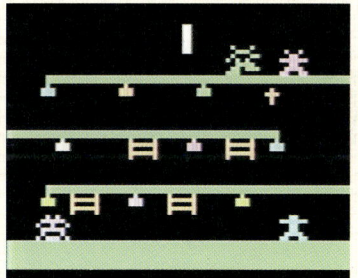

패미컴과 비교하면 그 차이는 확실하다. 커다란 도트로는 표현 능력에 한계가 있었다.

Vol.5

Wii

제조사 / 닌텐도
발매일 / 2006년 12월 2일　가격 / 25,000엔

게임이란 무엇인가?
닌텐도가 답을 내놓았다

「Wii리모콘」에 의한 직감적인 조작으로 가정용 게임기의 상식을 깨뜨려 PS2를 뛰어넘는 속도로 거실에 침투한다. 그것도 일본을 넘어 전 세계에서 일어난 현상이다. 컨트롤러를 라켓과 골프클럽 삼아 집에서 스포츠를 흉내 내거나 다이어트가 테마인 주변기기를 준비하는 등, 타 게임기에서는 불가능한 즐거움이 가득한 이 게임기는, 게임을 하지 않던 사람들을 끌어들이는 데 성공한다. 같은 세대에서 스펙은 가장 떨어졌지만, 성능지상주의에 빠져있던 게임업계에 경종을 울렸다. 게임은 재미가 기본이라는 점을 업계를 이끌어온 닌텐도 자신이 일깨우는 계기가 되었다.

전혀 새로운 모양의 가정용 게임기가 탄생했다!

사양
- CPU/IBM PowerPC Broadway 729 MHz
- 그래픽/ATI Hollywood 243 MHz
- 메모리/88MB
- 미디어/Wii전용 DVD 및 게임큐브 전용 미니 8cm 디스크
- 무선통신/Wi-Fi 802.11 b/g

Wii 밸런스 보드 [Wii Fit]

제조사 / 닌텐도
발매일 / 2007년 12월 1일　가격 / 8,800엔

발매 후 약 1년 동안 300만개를 판매했다. 체지방 수치를 측정하는 기능과 요가와 근육 단련, 유산소운동 등 헬스클럽의 환경을 집에 마련할 수 있었다.

Wii 모션 플러스

제조사 / 닌텐도
발매일 / 2009년 6월 25일
가격 / 1,500엔

다이어트 기기로서의 기대감으로 대히트 상품으로! Wii가 히트하는 계기 중 하나가 되었다

Wii 눈차크

제조사 / 닌텐도
발매일 / 2006년 12월 2일
가격 / 1,800엔

Wii리모콘의 움직임이 보다 부드러워진다

Wii 리모콘을 단독으로 쓰면서 「Wii 눈차크」가 필요한 경우도 있다. 또한 「Wii 모션 플러스」에는 고성능의 자이로센서가 채용되어 Wii 리모콘의 움직임을 보다 정확하게 탐지할 수 있다.

Wii 재퍼

제조사 / 닌텐도
발매일 / 2007년 10월 25일　가격 / 1,500엔

총 형태의 주변기기로 눈차크와 리모콘을 붙여서 쓸 수 있다. 「링크의 사격 트레이닝」 등에 대응한다.

Wii 핸들

제조사 / 닌텐도
발매일 / 2008년 4월 10일 가격 / 1,200엔

재퍼와 마찬가지로 핸들에 리모콘을 장착해 사용한다. 사진의 골든 핸들은 비매품.

Wii 클래식 컨트롤러 PRO

제조사 / 닌텐도
발매일 / 2009년 8월 1일
가격 / 2,000엔

일반적인 컨트롤러

젤다의 전설 황혼의 공주

발매일 / 2006년 12월 2일　가격 / 6,476엔　제조사 / 닌텐도

전체적으로 어둡고 무겁지만 시나리오는 멋지다

젤다의 전설 20주년 기념 작품으로 전 세계 누적 판매는 800만개 이상. 이는 스위치/Wii U의 『야생의 숨결』 다음으로 높은 매출이다. 전작 「바람의 지휘봉」과는 반대로 어두운 세계가 배경. 주인공 링크는 황혼이라 불리는 불가침 영역에 들어가면 강제로 늑대로 변신해버리고 만다. 그 상태에서는 「센스」의 능력에 의해 좁은 곳을 이동하거나 혼이 된 존재를 보거나 기억한 냄새를 추적할 수 있다. 하지만 인간일 때처럼 아이템을 쓸 수 없다. 이 작품은 모션센서 대응으로 리모컨을 휘둘러 링크가 실제로 검을 휘두르는 액션을 취한다.

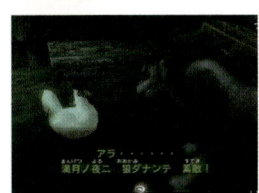

늑대 상태에서는 동물의 말을 이해할 수 있는 능력이 생긴다. 젤다의 전설 특유의 섬세한 설정이다.

Wii Sports

발매일 / 2006년 12월 2일　가격 / 4,571엔　제조사 / 닌텐도

Wii 본체와 동시 구입하는 소프트의 정석

Wii 리모컨의 특징을 최대한 살려 「테니스」「야구」「골프」「볼링」「복싱」 5종류의 스포츠를 실제에 가까운 형태로 플레이할 수 있다. Wii의 장점을 실감할 수 있는 게임으로 호평받아 겨우 2개월 만에 100만장 판매를 달성했다. Mii를 캐릭터로 쓸 수 있는 것도 재미있는 사양으로 이후 이런 형태의 쓰임새는 다른 게임으로도 이어진다. 필자 개인적 취향을 묻는다면 「골프」가 가장 재미있었다. 다른 종목도 물론 재미있지만 골프장에 갈 일이 없어서일지도 모르겠다. 이 작품이 크게 유명해지면서 Wii의 기세가 올라갔다.

5개 종목 중에서 고를 수 있다. 「볼링」을 플레이해보면 알겠지만 볼의 움직임에 플레이어의 습관이 나타난다는 게 대단하다.

펀치 아웃!!

발매일 / 2009년 7월 23일　가격 / 5,523엔　제조사 / 닌텐도

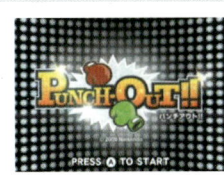

복싱 게임의 명작이 리메이크되다

갑작스럽게 리메이크가 이루어졌다. 아케이드판과 패미컴판으로부터 20년 이상의 시간이 지났다니 새삼 세월이 빠른 것 같다. 리메이크라는 점에서 기본은 원본을 따르고 있으며, 등장인물도 일부 설정이 바뀐 점은 있으나 익숙했던 캐릭터들이 다시 나와서 반갑다. 이 게임은 기본적으로 기억하는 게임이라서 여러 번 적의 공격을 받으며 반복해서 싸워야 한다. 즉 몸으로 공격 패턴을 기억해야 한다. 모든 적이 일정한 공격 패턴을 가지는데 그 빈틈을 찾아 펀치를 날려 적의 체력을 깎고 강력한 일격으로 다운시키자.

FC판과 마찬가지로 특정 조건을 만족시키고 스타를 획득할 수 있지만, 상대의 펀치가 히트해버리면 모두 잃는 사양으로 변경되었다.

대난투 스매시 브라더스X

발매일 / 2008년 1월 31일　가격 / 6,476엔　제조사 / 닌텐도

소닉과 스네이크가 참전하다

마리오와 커비, 피카츄라는 닌텐도의 간판 캐릭터들이 직접 치고받는 것으로 유명한 「대난투」 시리즈의 Wii판이라 할 수 있다. 내용은 매우 호화로우며 세가에서는 소닉(소닉 더 헤지혹)이, 코나미에서는 스네이크(메탈기어)가 참전한다. 스네이크는 종이박스를 갖고 있기를 고집한다. 이 작품은 기본적인 대전뿐 아니라, 어드벤처 모드 『대난투 스매시 브라더스X ～아공의 사자～』도 수록해 어쨌든 볼륨이 있다. 사운드 면에서도 충실한데 이를 듣는 것만으로도 충분히 가치가 있다. 2014년 WiiU 및 3DS의 멀티 플랫폼으로 속편이 발매되었다.

타사 캐릭터의 뜻밖의 참전. CQC에서의 결투를 메인으로 하는데 「마지막 카드는 그레네이드 런처」

Wii U

제조사 / 닌텐도
발매일 / 2012년   가격 / 25,000엔

독자 노선의 닌텐도
거치기에도 2화면을 실현

Wii의 후속 기기이자 닌텐도의 첫 HD 게임기. 최대 특징은 6.2인치의 터치 패널을 채용한 컨트롤러 「Wii U GamePad」로 TV와 연동된 플레이 뿐 아니라 컨트롤러 화면만으로도 플레이할 수 있다. Wii와 호환되며, Wii 소프트는 물론 Wii 리모콘과 Wii U 게임패드를 사용한 파티 플레이가 강점이다. Miiverse와 각 서비스 어플 등 네트워크를 통한 놀이에도 집중했다. 하지만 본체의 강점을 활용한 소프트는 적었고 스마트 기기를 이용한 소셜 게임의 인기에 눌려 고전을 면치 못했다. 발매 초기에는 내장 메모리와 동봉 상품이 다른 2종류의 세트가 존재했다.

사양

- CPU/IBM Power Architecture Based Espresso 3코어 ■ RAM/메인 2GB, GPU 전용 eDRAM 32MB ■ GPU/AMD Rade on HD ■ 미디어/Wii용 게임 디스크(4.7G/8.51G), Wii U용 게임디스크(25G)

Wii U Game Pad로 새로운 놀이가 가능해졌다

처음 발매된 것은 검정, 나중에 화이트를 추가했다

6.2인치 FWVGA(864*480) 사이즈의 액정 디스플레이를 채용했다. 터치 패널과 카메라, NFC와 모션 센서도 들어 있어 TV에 연결하지 않아도 즐길 수 있다. 본체 신호가 닿는 범위에 있으면 TV에서 떨어진 곳에서 게임을 플레이할 수 있다.

Wii U Game Pad 사양

■ 사이즈/255.4*133.4*41mm(돌출부 제외) ■ 화면/6.2인치 액정, 화면비율은 16:9, 854*480 해상도 ■ 기타/가속도 센서, 자이로 센서, 지자기 센서, 진동기능, 내측 카메라, 마이크, 센서바, 이어폰 단자

Wii U Game Pad 앱

(2014년 3월 현재)

- Miiverse
- 인터넷 브라우저
- 닌텐도 e숍
- Wii U Chat
- Wii 가라오케U
- Nintendo TVii
- Youtube
- Hulu
- 니코니코 동화
- Wii Street U Powered by Google

동영상 사이트용 전용 앱은 나름 편리했다. 인터넷도 문제없고 태블릿 대신으로는 충분하다는 느낌이다.

Game Pad만으로 게임을 즐길 수 있다

플레이스테이션4

제조사 / SCE
발매일 / 2014년 2월 22일   가격 / 39,980엔

PS 최초의 쉐어 기능으로 게임방송 지원

개발자를 혼란에 빠뜨린 이유 중 하나인 CPU의 독자 개발을 포기하고 기성품을 커스텀해 PC에 가까운 구성이 되었기에, 게임 개발환경이 대단히 좋아졌다. 컨트롤러「듀얼쇼크4」의 중앙부에는 멀티 터치와 그립 조작에 대응하는 터치패드가 배치되어 다양한 활용법이 나왔다. 셀렉트 버튼을 대체한 SHARE 버튼으로 유저에 의한 게임방송을 지원했다. 하위 호환 기능은 없지만 기존 소프트는 클라우드 환경에서 플레이 가능하거나 풀HD 리마스터되어 발매되었다.

사양
- CPU/AMD 재규어(8코어) 1.6GHz, 2.1GHz(Pro)
- RAM/메인 GDDR5 8GB, 코프로세서 전용 256MB / 1GB ■ GPU/AMD GCN아키텍쳐 그래픽 엔진(HD7870급)

Xbox One

제조사 / 마이크로소프트
발매일 / 2014년 9월 4일   가격 / 39,980엔

체감 게임이 늘어난다? 가장 새로운 Xbox

세 번째 싸움을 시작한 Xbox 진영. 호평받은 2세대「Kinect」를 표준 장비로 채용했으나 이는 가격 인상으로 이어졌다. 북미와 유럽에서는 나름 선방했지만 아시아에서는 마케팅에 거의 손을 놓은 관계로 이보다 심할 수 없는 참패를 기록하며 게임기의 덤핑이 이어졌다. 절치부심 끝에 PS4 Pro와 같은 시기에 기본 성능을 약간 높인 Xbox One S와 진정한 4k 게임기인 Xbox One X를 내놓았지만 눈부신 성능에도 불구하고 빈약한 소프트웨어로 인해 전세를 뒤집는 데는 실패했다.

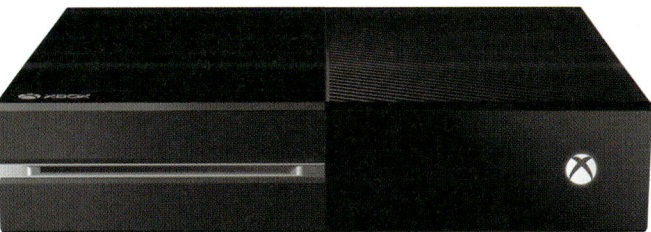

먼저 해외에서 발매되고
일본에서는 2014년도에 발매되었다

사양
- CPU/AMD 재규어(8코어) 1.75GHz ■ RAM/메인 DDR3 8GB, ESRAM 32M ■ GPU/AMD GCN아키텍쳐 그래픽 엔진(HD7770급)

> 마지막으로…

가정용 게임기는 계속 진화한다!

지금까지 살펴본 가정용 게임기의 역사, 어땠는가? 이 정도 볼륨에도 불구하고 아직 소개하지 못한 게임기도 있으니 정말로 큰 세상이다. 그래도 대부분은 이 책으로 커버하고 있을 테니 그야말로 영구보존판에 적절한 내용이라 할 수 있을 것이다. 그리고 지금부터 시작하는 권말의 매니악 대특집에는 가정용 게임기 리스트를 수록했다. 소개하지 못한 기종에 대해서는 여기서 확인하면 된다.

세계 최초의 가정용 게임기가 생긴 후, 지금까지 거의 50년이다. 그동안 가정용 게임기는 진화를 거듭해왔다. 이후의 가정용 게임기는 어떻게 변신할까? 물론 아무도 미래를 아는 능력을 갖고 있지 않으므로 모르는 게 당연하지만, 혹시 영화『2001 스페이스 오디세이』에 나오는 컴퓨터 HAL처럼 AI를 채용한 게임기가 나올지도 모른다. 때로는 플레이의 상대가 되고 때로는 고민 상담도 해줄 수 있다. 가정용 게임기의 반란이 있지는 않을까 상상해 본다. 앞으로도 게임기는 계속 진화하며 우리 게이머들을 즐겁게 해줄 것이다.

... COLUMN

매니악 대특집

GAME
CONSOLE
COMPLETE
GUIDE

게임은 역시 내가 만드는 게 최고!?

**1970년대 후반에 크게 유행한
자작 비디오 게임의 제작 키트를 소개한다**

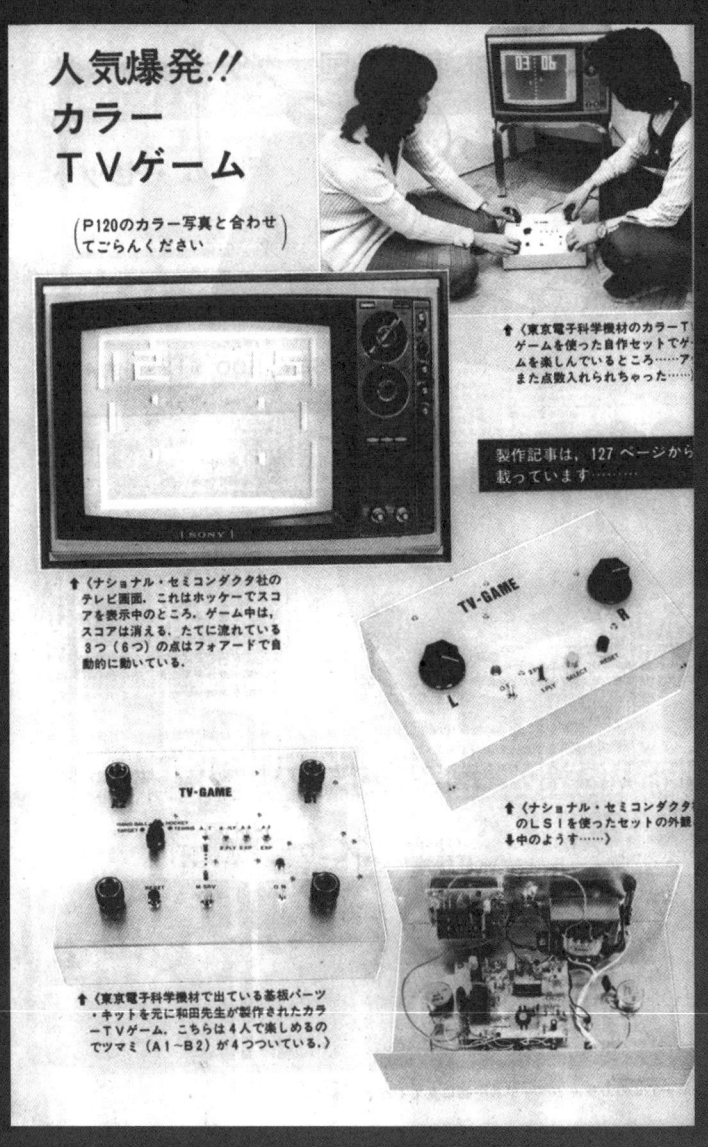

자작 키트

제조사 / 불명   발매일 / 불명   가격 / 불명

철판 위에 크고 작은 스위치들이 배치되어
심플한 컨트롤 패널

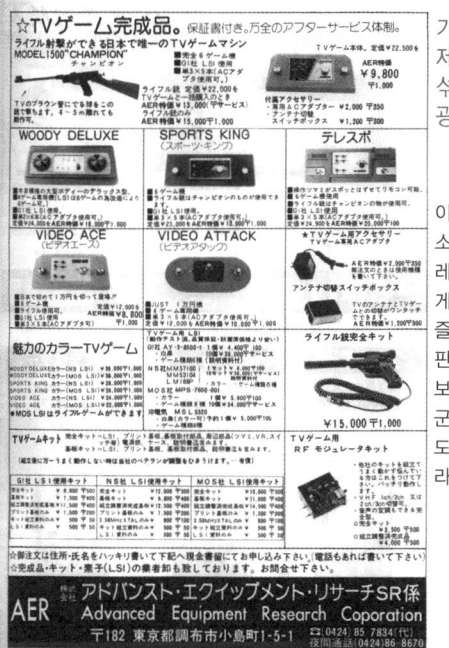

아래는 『AER-8600C』라는 게임기 광고. 이름 그대로 AER이라는 회사가 판매했다. 8종류의 게임을 즐길 수 있었고 가격은 19,000엔. 현재로서는 '세상에서 가장 아름다운 칼라 화면을 발색한다'라는 광고 문구의 진위를 확인할 수 없다. 3자리 우편번호에서 풍기는 옛날 분위기가 정겹다.

다양한 스포츠 게임을 즐길 수 있다

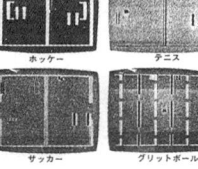

갑자기 완성품을 손에 넣는 것도 가능!

완전한 키트의 시세는 12,000~18,000엔. 이것을 비싸다고 봐야 할지 싸다고 봐야 할지…. 부품 단위로도 취급한다는 것을 알 수 있다. 그런데 부업을 권유하는 문구가 있다는 점이 재미있다.

자작키트 [COLOR TV GAME MODEL-7600]

제조사 / 마루젠전자공업   발매일 / 1977년   가격 / 21,500엔

정면에 다양한 스위치를 배치해
매우 깔끔한 이미지

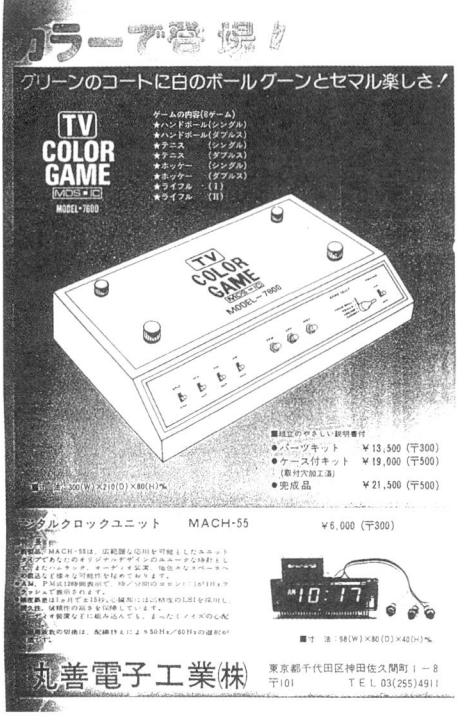

본체 일러스트는 7800이지만 왼쪽의 로고는 7600…

『TV COLOR GAME MODEL-7800』 광고에는 사진 대신 일러스트를 쓰고 있다. 핸드볼과 테니스, 그리고 하키 싱글과 더블 게임도 있다.

잡지에서 자작 키트 특집을 다루기도

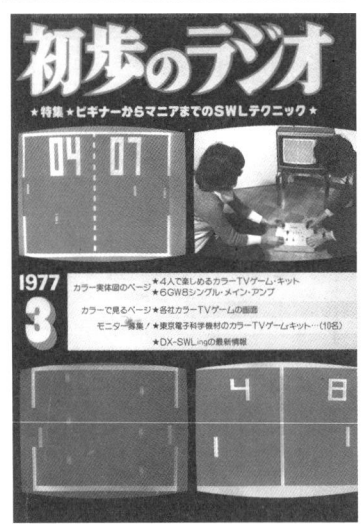

『초보의 라디오』 1977년 3월호

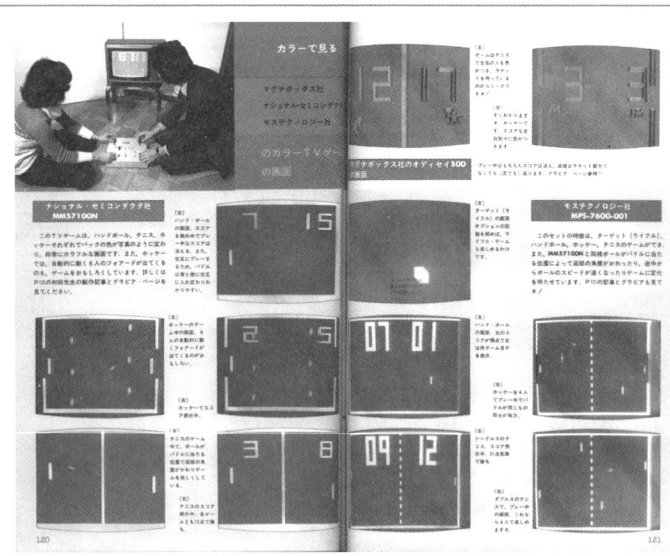

당신은 『초보의 라디오』를 기억하는가?

1948년 7월 창간된 월간지 『초보의 라디오』(성문당 신광사). 원래는 전자 전문 입문지로서 라디오를 비롯한 전자 공작 분야의 기사를 주로 올려왔는데, 시대의 흐름에 맞추어 아마추어 무선과 자작 게임 키트도 다루었다. 가끔 매니아들이 열광할 특집을 내보내는 등, 매우 충실한 잡지였으나 서서히 부수가 줄어들어 1992년 5월호를 마지막으로 휴간한다.

NS557106K

제조사 / 와카마츠 통상 발매일 / 1977년 가격 / 불명

Color TV Game CT-7600C

제조사 / 칸토전자 발매일 / 불명 가격 / 15,000엔

본체가 매우 무겁다

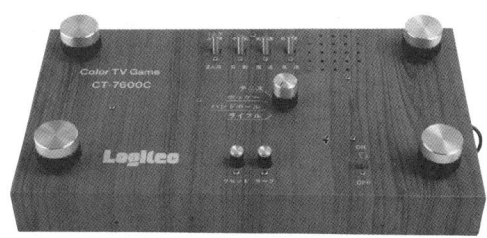

나뭇결을 살린 미려한 디자인에 새겨진 「Logitec」 로고

탱크 전쟁 게임

제조사 / AER 발매일 / 1977년 가격 / 29,500엔

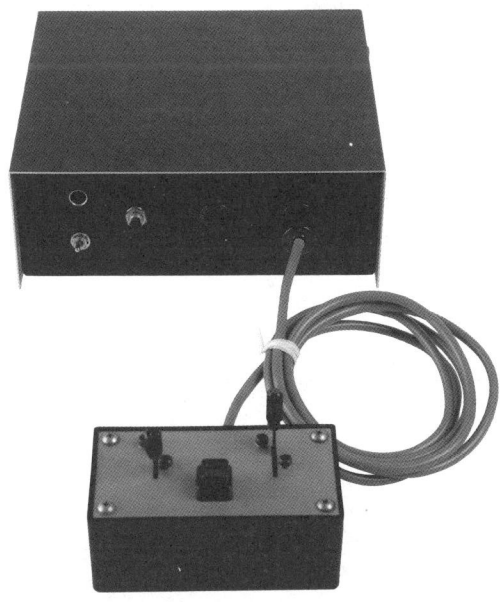

탱크는 32방향으로 전환할 수 있다

체험단을 모집하는 마케팅도 펼친다

입수가 어려운 초 레어 경품을

칼라 텔레비전 게임6 / 하우스 샨멘 Ver.

제조사 / 닌텐도, 하우스식품공업
발매일 / 1977년 가격 / 비매품

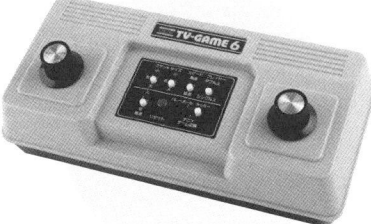

※이쪽은 일반판

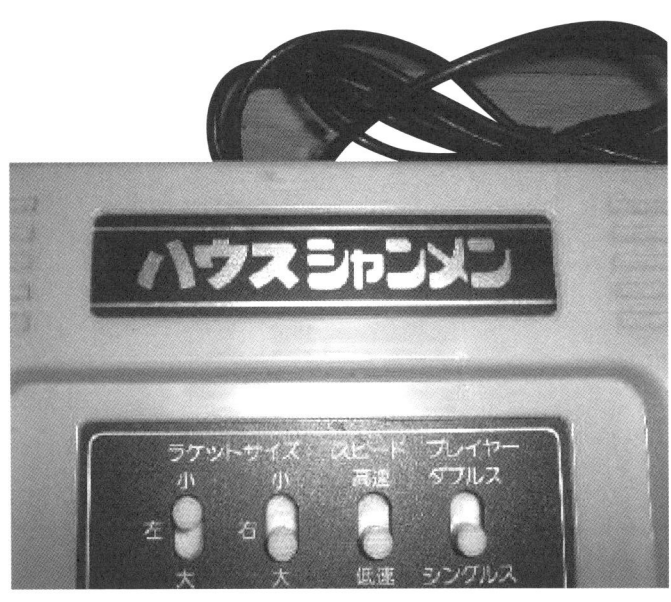

즉석 라면과의 콜라보. 일반판의 칼라 텔레비전 게임6과 로고와 본체 색상이 다르다

하우스식품의 즉석면 「샨멘」의 경품. 빈 봉투 10장을 모아 응모하면 추첨을 통해 4000명에게 증정했다. 로고 외에는 일반판과 같다.

칼라 텔레비전 게임6 / 손톤 Ver.

제조사 / 손톤식품공업주식회사
발매일 / 1977년 가격 / 비매품

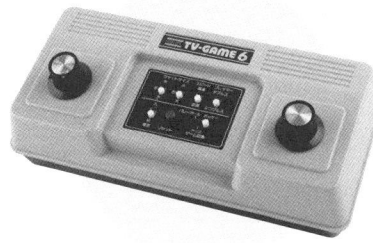

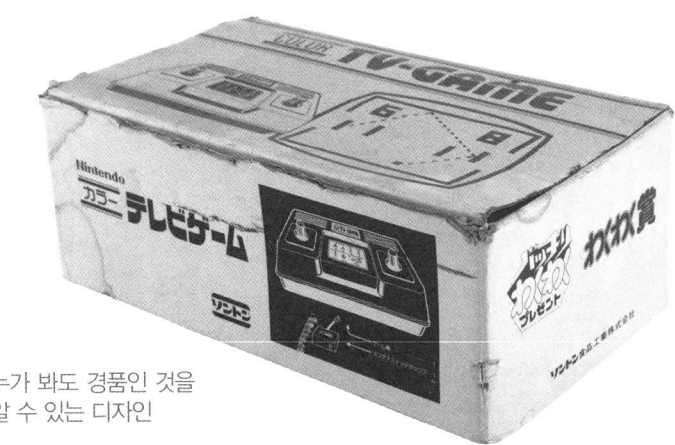

누가 봐도 경품인 것을 알 수 있는 디자인

빵과 과자 제조사인 손톤식품의 「진짜 두근거리는 선물」의 경품. 본체와 패키지에 「6」이란 글자가 들어가 있지 않다.

일반 패키지에는 「6」이란 글자가 있다

1977년 시작된 공전의 비디오 게임 붐은 식품, 음료수, 치약, 카메라용품, 음악제품, 의료품 등 여러 상품의 판촉에도 이용되었다. 낮은 가격을 실현하기 위해서는 대량 판매가 필요했고, 붐이 끝나면서 쌓인 재고를 줄이려는 각 제조사의 노력이 배경으로 작용했으리라 본다.

TV-FUN model 601 / 이무라야 Ver.

제조사 / 토미공업, 이무라야제과
발매일 / 불명   가격 / 비매품

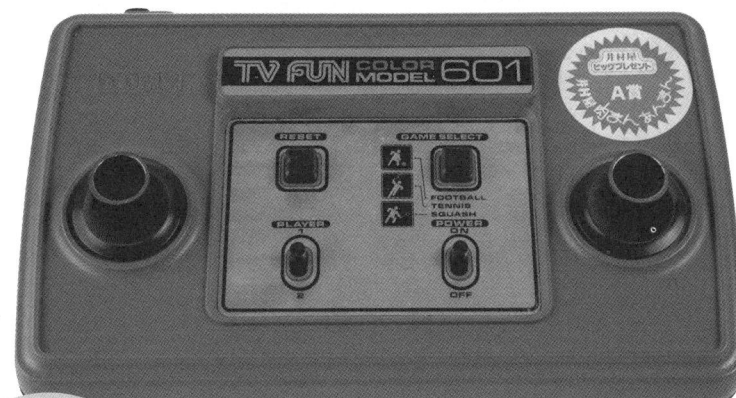

이무라야제과의 만두와 단팥빵 경품. 추첨으로 11000명에게 증정되었다. 본체에 이무라야의 경품 씰이 붙어 있는 점 말고는 똑같다.

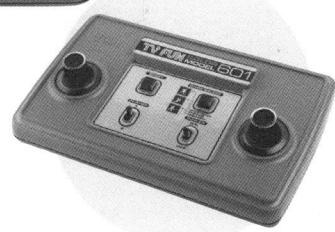

우측 상단에 경품이라는 사실을 알리는
씰이 붙어 있을 뿐 사양에는 차이가 없다

패밀리 컴퓨터 / 챠르메라 Ver.

제조사 / 닌텐도, 묘죠
발매일 / 1986년경   가격 / 비매품

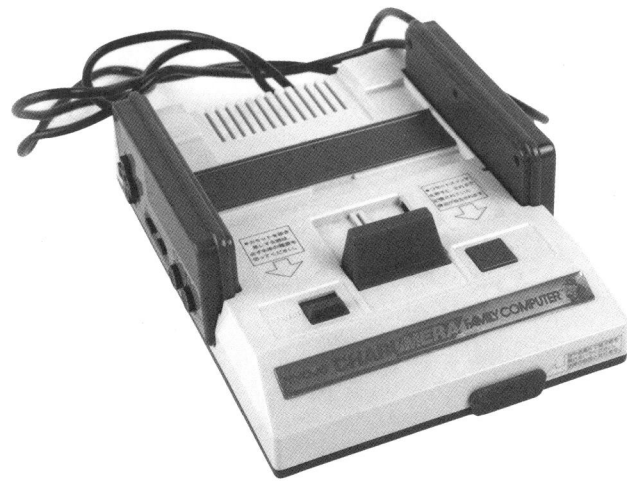

아래의 일반 버전과 다른 점은 씰 하나뿐

「챠르메라 아저씨」가 붙어 있는 오리지널 씰,
이것만으로 가치가 수직으로 상승한다

묘죠 챠르메라 발매 20주년 기념 경품. 패미컴 및 디스크의 본체와 라벨이 다른 디스크 카드 등 호화 4종 세트. 추첨으로 1500명에게 증정했다. 제2탄도 있다.

귀중한 경품을 2개 더!

텔레비전 스포츠 트론 / 코카콜라 Ver.

제조사 / 일본 코카콜라 보틀링
발매일 / 1977년   가격 / 비매품

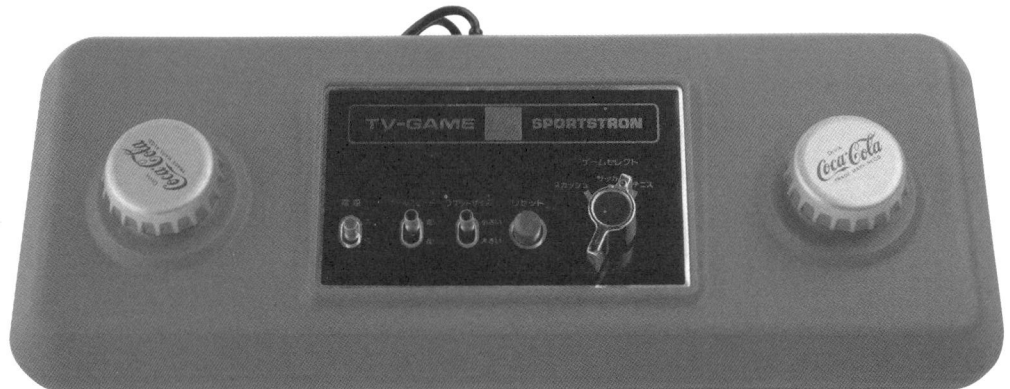

코카콜라의 로고와 왕관이 당당하게 자리하고 있어 디자인적인 임팩트도 충분

코카콜라의 경품. 드링크의 왕관 10개를 모으거나 현금 7500엔을 지불하면 손에 넣을 수 있었다. 총 수량은 약 25000대.

KODAK TV GAME

제조사 / 나가세 산업(기획)
발매일 / 1977년   가격 / 비매품

코닥 칼라필름의 경품으로 어지간해서는 보기 힘든 초 레어품

코닥필름의 경품. 박스와 본체 컬러는 코닥의 이미지 색상인 황색과 검은색. KODAK Color Film이란 글씨도 있다. 수량은 9000대.

유행에 뒤처지지 마라!

거리에는 유상·무상의 아류가 범람했다!
퐁 테니스 아류 대백과

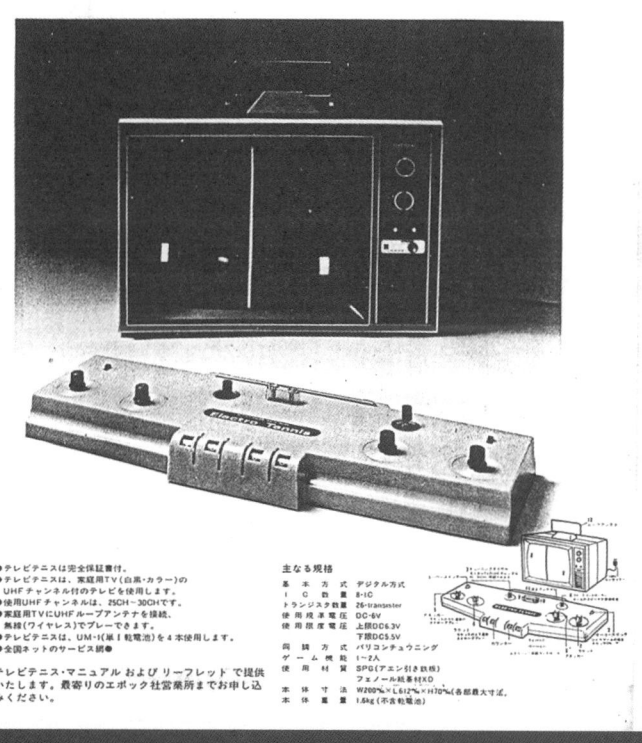

TVmateBARON

제조사 / 팟켈측기
발매일 / 1977년   가격 / 9,800엔

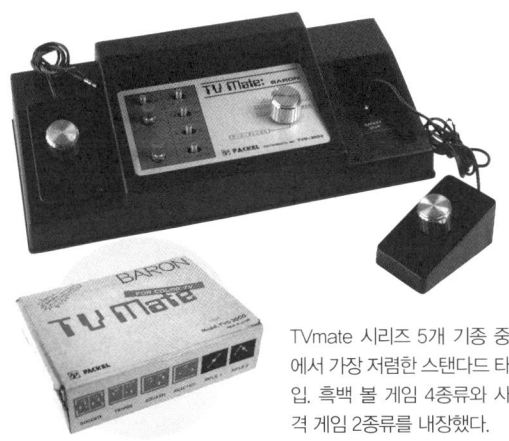

TVmate 시리즈 5개 기종 중에서 가장 저렴한 스탠다드 타입. 흑백 볼 게임 4종류와 사격 게임 2종류를 내장했다.

UFO-007

제조사 / 후지전기
발매일 / 1977년   가격 / 불명

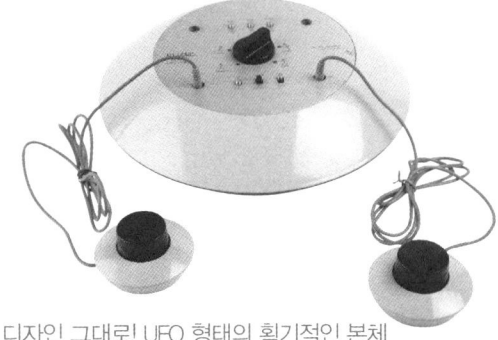

디자인 그대로! UFO 형태의 획기적인 본체

이름 그대로 본체도 패들도 UFO 모양을 하고 있다. 4종류의 볼 게임을 내장했고 4인용 컨트롤러 단자가 포함되었다.

시저 101

제조사 / 렉스 전연
발매일 / 1977년   가격 / 불명

흑백 볼 게임 4종류와 사격 게임 2종류를 내장했다. 귀족 분위기의 로고가 멋지다.

HOMER

제조사 / 스테이츠 토호
발매일 / 1977년   가격 / 불명

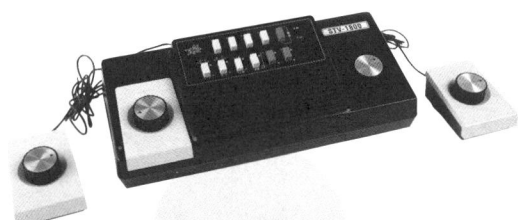

패키지에 크게 업계 최초의 푸시 버튼을 채용했음을 밝히고 있다. 칼라 볼 게임과 사격 게임을 내장했다.

코멧8000

제조사 / 스테이츠 토호
발매일 / 1977년   가격 / 19,800엔

패키지에 크게 「21세기의 비디오게임」이라고 쓰여있다. 6종류의 볼 게임과 2종류의 사격 게임을 내장했다.

텔레비전메이트 4000

제조사 / 불명
발매일 / 1977년   가격 / 불명

여러 회사에서 이름과 컬러를 바꾸어 판매된 것 중 하나. 2인용을 지원하는 4종류의 볼 게임을 내장하고 있다.

다즈라 M-020-5

제조사 / 사쿠라이 산상・DAZZLA
발매일 / 1977년   가격 / 불명

몇 종류의 볼 게임을 내장했으며 다양한 형태로 판매됐다. 본체는 오렌지색으로 5가지 게임을 내장했고 아케이드용도 있었다.

스포츠 킹 [model-101]

제조사 / YSA
발매일 / 1976년   가격 / 23,000엔

본체는 검정 이외에 흰색과 빨강이 있었다

흑백 볼 게임 6종류를 내장했다. 당시 여러 회사가 이 제품을 판매했다. 본체 컬러가 다른 것도 있다.

TV 스포츠 스타

제조사 / 타케미, YSA
발매일 / 1977년   가격 / 19,800엔

칼라와 흑백, 2가지 타입의 게임이 있다. 내장 게임은 총 6종류로, 광선총이 별매인 것과 세트인 것이 있다.

비디오 어택 [TG-7800]

제조사 / KIYO, 세이와
발매일 / 1977년   가격 / 12,000엔

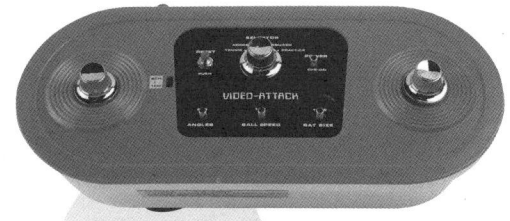

빨강과 검정의 조합이 아름답다

흑백 볼 게임 4종류를 내장. 본체 컬러는 빨강인데, 광선총을 플레이할 수 있는 노란색 「VIDEO ATTACK7」도 있다.

ODYSSEY 200

제조사 / 마그나복스
발매일 / 1975년   가격 / 불명

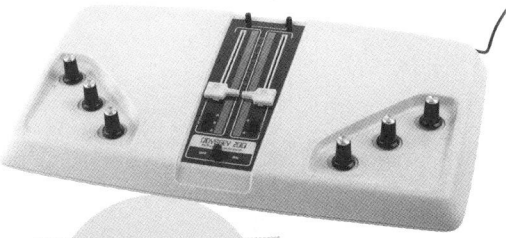

해외에서만 판매되었던 오디세이 시리즈 10종류 중 하나. 볼 게임 3종류에 특화되었고 4인용을 지원한다.

오토론 TV 스포츠 [GAMATIC-7600]

제조사 / 불명
발매일 / 1977년   가격 / 불명

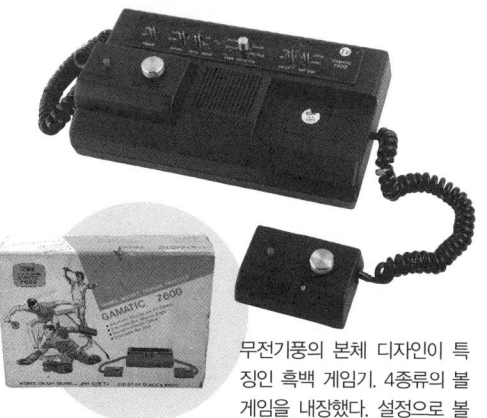

무전기풍의 본체 디자인이 특징인 흑백 게임기. 4종류의 볼 게임을 내장했다. 설정으로 볼의 반사각을 바꿀 수 있다.

칼라 텔레비전 게임 [XG-106]

제조사 / 샤프
발매일 / 1977년　가격 / 불명

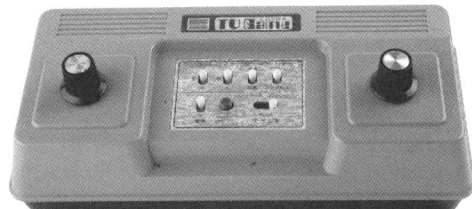

닌텐도의 「텔레비전 게임6」의 호환 기기로 샤프에서 발매되었다. 로고와 박스 외에는 동일하다. 어댑터 동봉의 XG-106V도 있다.

칼라 텔레비전 게임 [XG-115]

제조사 / 샤프
발매일 / 1977년　가격 / 불명

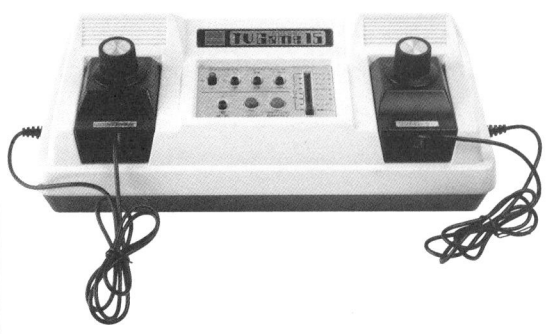

닌텐도의 「텔레비전 게임15」의 호환 기기로 샤프에서 발매되었다. 본체 색상은 흰색으로 로고와 박스 외에는 같다.

와코 비디오

제조사 / 와그너상회
발매일 / 1977년　가격 / 18,000엔

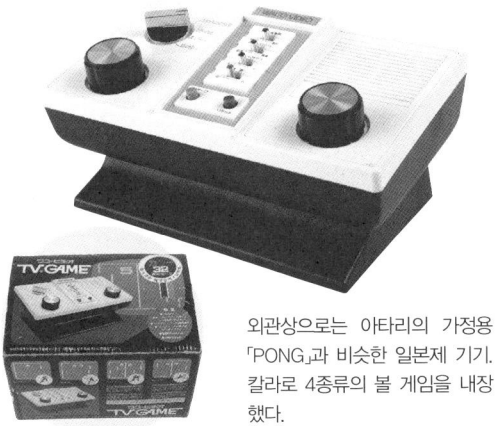

외관상으로는 아타리의 가정용 「PONG」과 비슷한 일본제 기기. 칼라로 4종류의 볼 게임을 내장했다.

COLOR VIDEO ATTACK [S-560C]

제조사 / 세이와
발매일 / 1977년　가격 / 불명

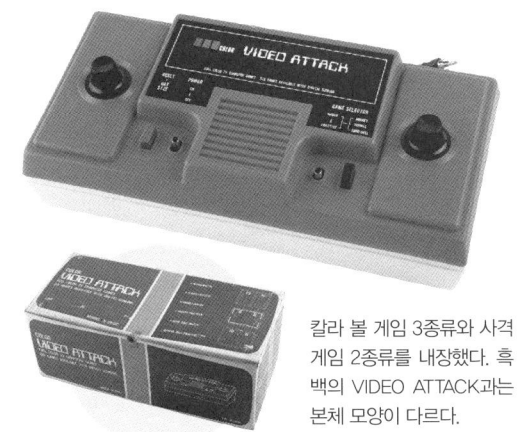

칼라 볼 게임 3종류와 사격 게임 2종류를 내장했다. 흑백의 VIDEO ATTACK과는 본체 모양이 다르다.

ULTRA PONG DOUBLES

제조사 / 아타리
발매일 / 불명　가격 / 불명

아타리가 발매한 10개 기종에 있는 「PONG」 시리즈 중 하나로 4인용까지 지원. 해외에서만 발매되었다.

비디오 패밀리 G-5500

제조사 / 토다카
발매일 / 1977년　가격 / 불명

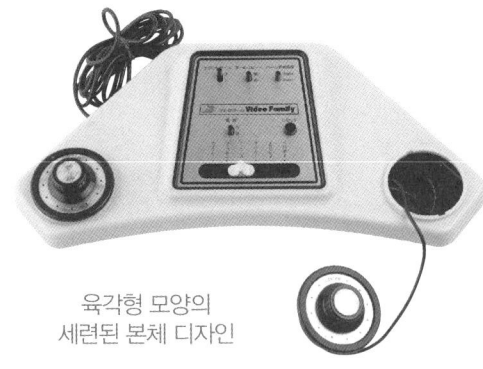

육각형 모양의
세련된 본체 디자인

다른 곳에선 볼 수 없는 특이한 황색 하우징에 분리 가능한 컨트롤러를 채용했다. 칼라로 볼 게임 4종류와 사격 게임 2종류를 내장했다.

과대광고를 조심하자!

꿈으로 가득한 매혹적인 카탈로그
광고 카탈로그 대박람회

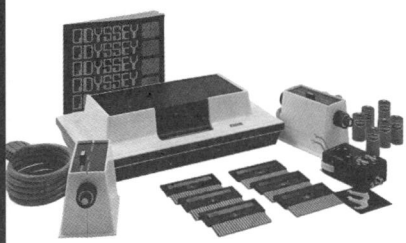

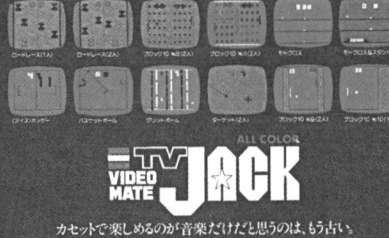

텔레비전 게임 6, 텔레비전 게임 15, 레이싱 112

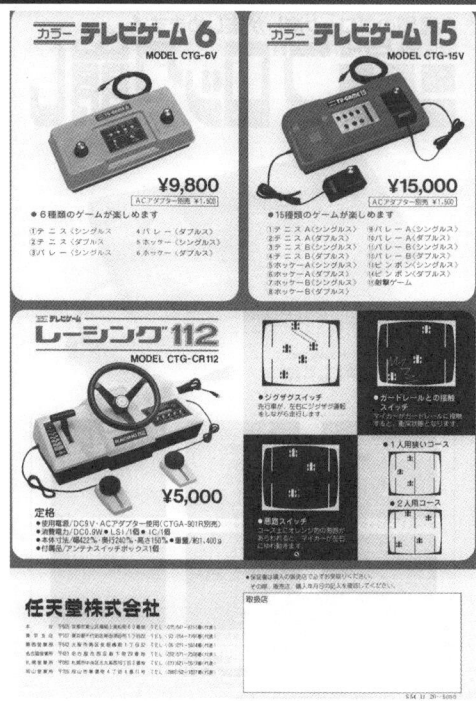

위는 닌텐도에서 발매된 비디오 게임의 광고지. 지금으로서는 매우 귀중한 자료들이다.

오디세이-2

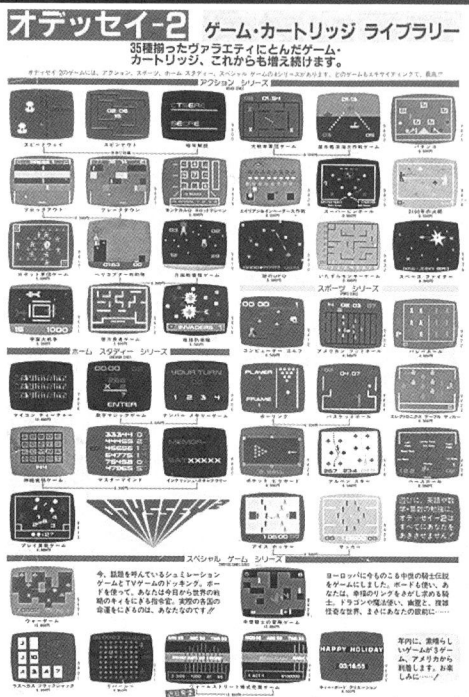

광고지에 나열된 것은 대응 게임. 보기만 해도 즐거울 정도다. 컬러 광고지여서 색도 선명하다.

1977년의 신문광고

매주 1000대를 선물로 증정하는, 그것도 9주 연속 진행된 대형 이벤트.

GAME CONSOLE COMPLETE GUIDE

슈퍼 카세트 비전의 광고지

슈퍼 카세트 비전의 팩을 부채꼴로 배치한 인상적인 광고지. 옆의 브라운관 TV를 보니 감상에 젖게 된다.

어떤 것을 잡아도 설레는 게임!!

비지콘

플레이하면서 배운다는 광고 문구, 「박사」라는 별명이 어울릴 듯한 안경 소년이 인상적이다.

비디오 카셋티 록 광고지

일러스트를 활용한 광고, 미국 분위기가 물씬한 광고지인데 실제 게임과는 괴리가 있다.

게임 퍼스컴

실제로는 거의 실물 크기임을 강조하는 광고지. 유명 게임의 로고를 넣어서 게임의 재미를 강조했다.

게임은 퍼스컴의 시대, 퍼스컴은 패밀리의 시대!

채널F

팩으로 도미노를? 채널F의 팩에는 번호가 크게 프린트되어 있다.

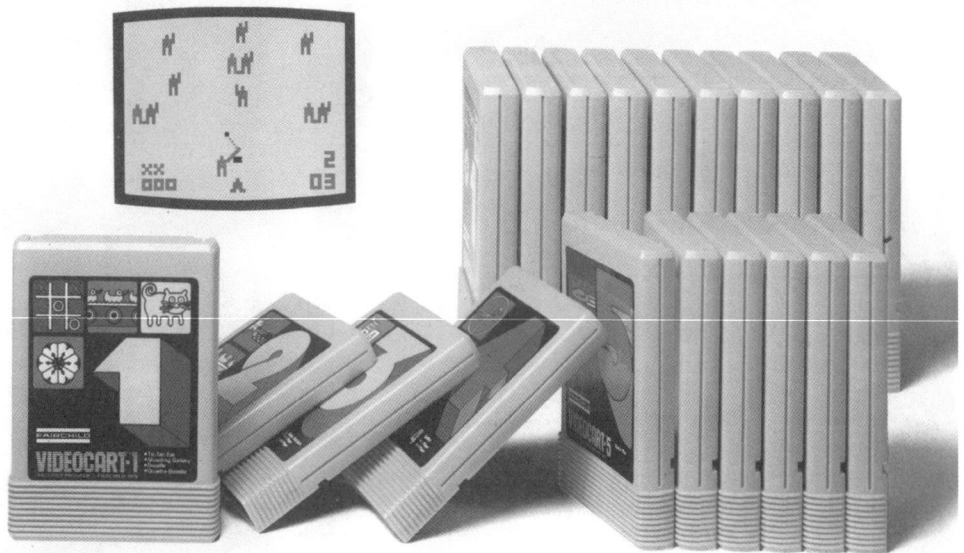

TV보이

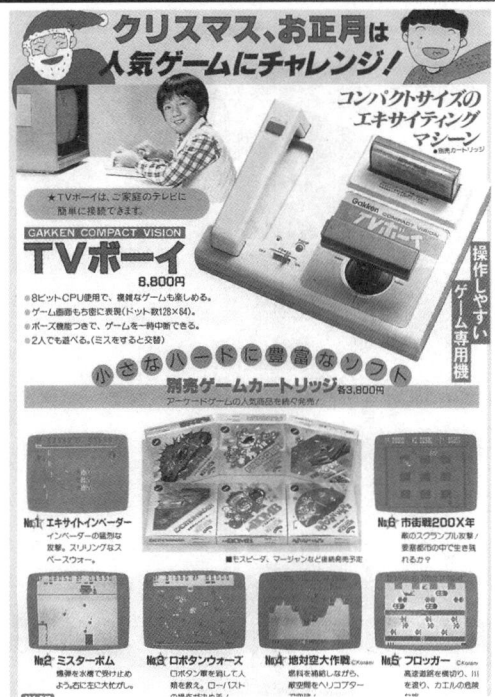

연말연시 특수용으로 제작된 듯한 광고지. 가격도 저렴하므로 산타한테 부탁할 만하지 않을까?

RX-78

CG로 그려진 익룡이 멋있다. 「기체」라 쓰고 「기대」라고 읽는 개그는 알아차리기 힘들다.

PV-1000

파친코를 즐길 수 있다는 점을 강조한 「아빠와 함께 열중 게임 타임」의 광고 문구. 레트로 퓨처 느낌이 가득하다.

크리에이트 비전

리얼한 움직임의 박력 게임. 당시 사람들이 지금의 게임을 플레이한다면 아마 실사라고 착각할지도 모른다.

세가 마크III

하늘을 나는 마크Ⅲ. 게임이 날 수 있다는 광고 문구는 언뜻 무엇을 뜻하는지 알 수 없지만 그것까지 감안한 노림수일지도…

SG-1000

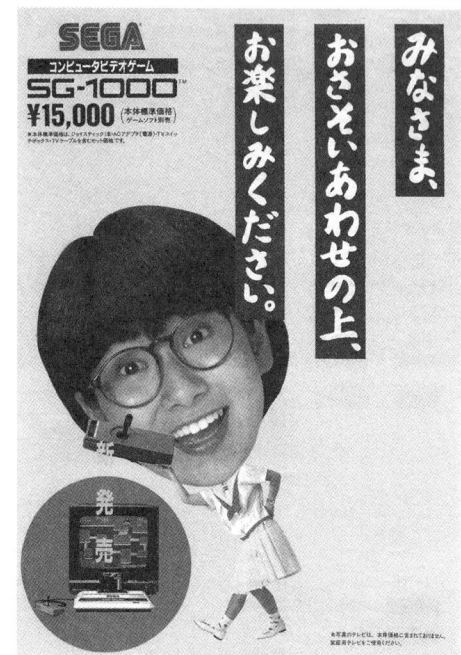

예능돌의 원조로 인기를 얻었던 사이토 유코를 기용했다. 한때 은퇴했으나 성우로서 복귀한다.

세가새턴

세가의 광고는 임팩트로 승부하는 듯한 압도적인 존재감을 보여준다.

핸들 컨트롤러

광고판의 「말보로(담배)」는 「Narllobo」, 「굿이어(타이어)」는 「GOODDAYS」로 변경했다.

나카야마 미호의 두근두근 하이스쿨

나카야마 미호를 기용한 게임. 게임 중에 표시된 번호로 전화를 걸면 게임의 힌트와 나카야마 미호의 메시지를 들을 수 있었다.

트윈 패미컴

초등학생을 중심으로 절대적인 인기를 자랑했던 타카하시 명인. 아직도 게임업계에서 일하고 있다.

사테라뷰

당시에는 줄을 서도 절대 살 수 없었던 드래곤 퀘스트, 그것을 역으로 이용한 멋진 광고지.

패미컴 TV C1

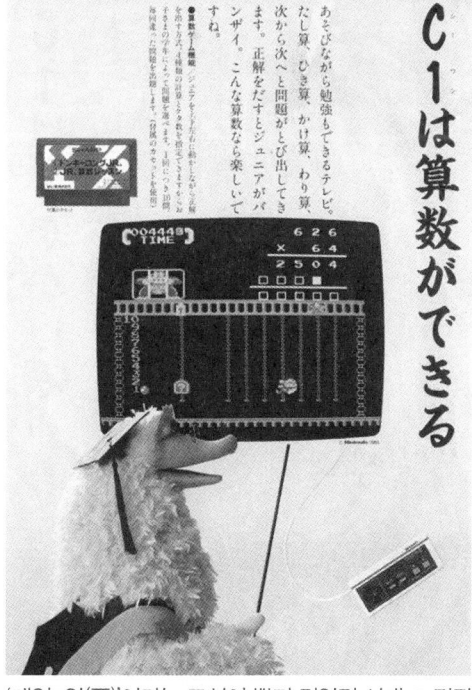

'게임=악(惡)'이라는 도식이 뿌리 깊었던 시대, 고정관념을 불식하고자 제조사는 필사의 노력을 했다.

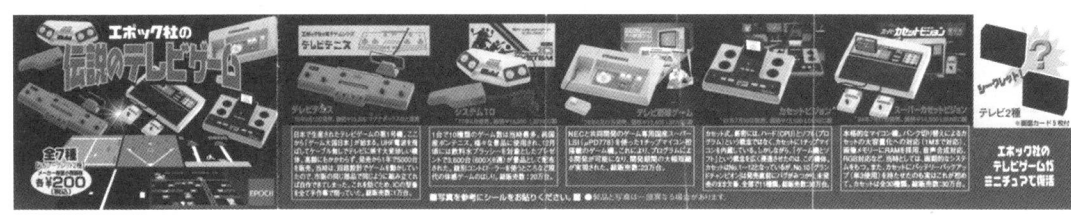

명품 기기가 부활한다!!
멋진 캡슐토이의 세계

에폭이 만든 전설의 비디오 게임

2004년에 발매된 가챠. 1회 200엔, 총 7종류(그중 시크릿 2종류)의 구성이다. 책에서 소개한 게임기의 미니어처인데, 정교한 디테일로 많은 레트로 게임 팬을 기쁘게 해주었다.

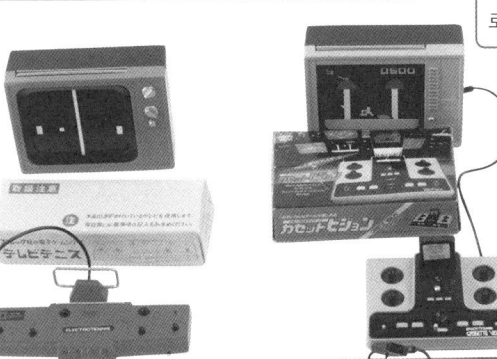
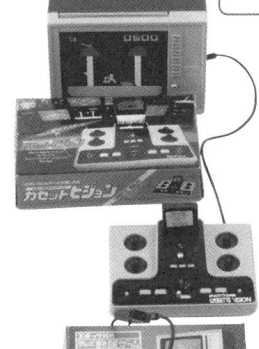

패키지를 재현!
2종류의 브라운관 TV는
시크릿 상품

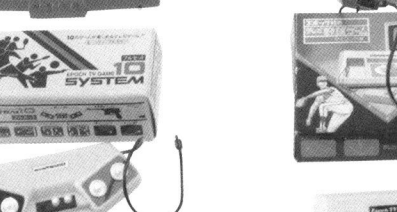

뒤쪽이 실제 기기이고 앞쪽이 미니어처. 보다시피 매우 작지만 패키지에 쓰여 있는 문구 등은 당시 그대로이다. 본체도 거의 똑같이 재현되어 놀라울 따름이다.

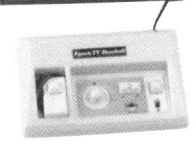

SR NINTENDO HISTORY COLLECTION 패밀리 컴퓨터 편

2005년 타카라 토미 아츠가 발매했는데, 시리즈 작품이 많다. 2013년에는 개정판도 발매되었다.

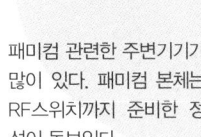

패미컴 관련한 주변기기가 많이 있다. 패미컴 본체는 RF스위치까지 준비한 정성이 돋보인다.

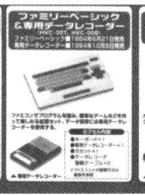
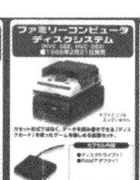

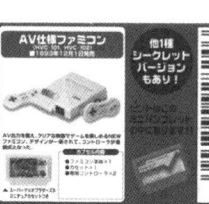

가정용 게임기 리스트

※ 제작 키트의 비디오 게임기는 제외

기종명	제조사명 (판매/수입/개발사 등)	발매년도	당시 가격
텔레비전 테니스	에폭	1975년	19,500엔
PONG	세이부 백화점 시어스 판매부/ 나카무라 제작소/아타리	1976년	24,800엔
비디오 게임(텔레비전 테니스 銀)	에폭/히타치	1976년	불명
텔레스포	GA-다이신	1976년	24,900엔
챔피언	팟켈 측기	1976년	22,500엔
챔피언 디럭스	팟켈 측기	1976년	불명
스포츠 킹 [model-101]	YSA	1976년	23,000엔
COLOR TV GAME MODEL-7600	마루젠 전자공업	1977년	21,500엔
비디오 에이스	닌신 신판	1977년	12,000엔
WOODY DELUXE	AER	1977년	24,000엔
히타치 비디오 게임	히타치 제작소	1977년	24,800엔
벨콘	츠쿠다	1977년	29,800엔
TVmateKING	팟켈 측기	1977년	13,800엔
TVmateQUEEN	팟켈 측기	1977년	24,500엔
TVmateBARON	팟켈 측기	1977년	9,800엔
TVmateDUKE	팟켈 측기	1977년	15,800엔
TVmate 슈퍼카	팟켈 측기	1977년	32,000엔
비디오 어택	세이와/KIYO	1977년	12,000엔
비디오 어택7	세이와/KIYO	1977년	불명
COLOR VIDEO ATTACK	세이와/KIYO	1977년	불명
코닥 TV 게임	나가세 산업/KIYO	1977년	비매품
비디오 스포츠	가네마쓰 가전판매	1977년	불명
내셔널 텔레비전 게임 (TV-TG40)	마츠시타 전기	1977년	24,800엔
와코 비디오	와그너 상회	1977년	18,000엔
T.U.G	타카토쿠	1977년	22,800엔
칼라 텔레비전 게임6	닌텐도	1977년	9,800엔

칼라 텔레비전 게임15	닌텐도	1977년	15,000 엔
칼라 텔레비전 게임 (XG-106)	샤프	1977년	불명
칼라 텔레비전 게임 (XG-115)	샤프	1977년	불명
TV-FUN model 401	토미	1977년	18,000 엔
TV-FUN model 501	토미	1977년	13,000 엔
TV-FUN model 601	토미	1977년	9,980 엔
TV-FUN model 602	토미	1977년	12,800 엔
TV-FUN model 701	토미	1977년	16,000 엔
TV-FUN model 801	토미	1977년	18,000 엔
TV-JACK 1000	반다이	1977년	9,800 엔
TV-JACK 1200	반다이	1977년	12,800 엔
TV-JACK 1500	반다이	1977년	16,000 엔
TV-JACK 2500	반다이	1977년	29,000 엔
TV-JACK 3000	반다이	1977년	38,000 엔
텔레비전 스포츠 트론 (코카콜라 버전)	일본 코카콜라 보틀링/ 후지 전기가전	1977년	비매품
시스템10	에폭	1977년	15,000 엔
텔레스포 주니어	GA-다이신	1977년	8,800 엔
블랙 재규어4	타카라	1977년	8,900 엔
블랙 재규어6	타카라	1977년	14,800 엔
도시바 텔레비전 게임	도시바	1977년	9,800 엔
채널F	페어차일드/ 마루베니 주택판매	1977년	128,000 엔
비디오 카셋티 록	지엘/틸드	1977년	9,800 엔
비디오 파이터 (G2200)	계전사	1977년	9,800 엔
비디오 파이터 (G6600)	계전사	1977년	9,800 엔
비디오 패밀리 (G-5500)	토다카	1977년	불명
텔레비전 게임 Model 213V	일행신판	1977년	21,200 엔
코멧 8000	스테이츠 토호	1977년	19,800 엔
TV 스포츠 스타	타케미/YSA	1977년	14,800 엔

오트론 TV 스포츠	올림포스 전자	1977년	불명
텔레비전 게임 다즈라 (M-20-5)	사쿠라이 산상㈜/DAZZLA	1977년	불명
텔레비전게임 다즈라 (M-100-4)	사쿠라이 산상㈜/DAZZLA	1977년	불명
텔레비전 게임 다즈라 (C-011-6)	사쿠라이 산상㈜/DAZZLA	1977년	불명
텔레비전 게임 다즈라 (TVG300)	사쿠라이 산상㈜/DAZZLA	1977년	불명
텔레비전 메이트 4000	불명	1977년	불명
슈퍼 칼라 비디오 X	ROBARTS ELECTRONICS	1977년	불명
비디오 스포츠	세이와/KIYO	1977년	불명
바리에이션12	불명	1977년	불명
칼라 비디오 게임	세이와/KIYO	1977년	불명
UFO-007	후지전기	1977년	불명
HOMER	협양산업/스테이츠 토호	1977년	불명
아타리VCS	아타리/토요물산	1977년	94,800 엔
비지콘	도시바	1978년	54,800 엔
텔스타 아케이드	스나카와 산업/콜레코	1978년	29,800 엔
레이싱 112	닌텐도	1978년	18,000 엔
텔레비전 야구 게임	에폭	1978년	18,500 엔
TV-FAN model 901	토미공업	1978년	18,000 엔
TV-FAN model 902	토미공업	1978년	9,800 엔
TV-JACK 애드온 5000	반다이	1978년	19,800 엔
비디오 핀볼	토요물산/아타리	1978년	38,700 엔
스턴트 사이클	토요물산/아타리	1978년	불명
벽돌깨기	닌텐도	1979년	13,500 엔
텔레비전 블록	에폭	1979년	13,500 엔
텔레비전 블록MB	에폭	1979년	13,500 엔
시스템10M2	에폭	1979년	9,800 엔
카세트 TV 게임	에폭	1979년	57,300 엔

슈퍼 비전 8000	반다이	1979년	59,800 엔
카세트 TV 게임 (아타리 VCS)	에폭/아타리	1979년	47,300 엔
컴퓨터 TV 게임	닌텐도	1980년	48,000 엔
텔레비전 베이더	에폭	1980년	16,500 엔
카세트 비전	에폭	1981년	13,500 엔
인 텔레비전	반다이/마텔	1982년	49,800 엔
퓨타	토미	1982년	59,800 엔
엑셀러	P.I.C	1982년	39,800 엔
크리에이트 비전	체리코	1982년	54,800 엔
다이나 비전	아사히 통상	1982년	49,800 엔
오디세이2	북미 필립스	1982년	49,800 엔
마이컴 마작	일본 메일 서비스	1982년	48,800 엔
M5	소드	1982년	49,800 엔
게임 퍼스컴	타카라	1982년	59,800 엔
맥스 머신	코모도어 재팬	1982년	34,800 엔
아르카디아	반다이	1983년	19,800 엔
마이비전	칸토전자/일본물산	1983년	19,800 엔
아타리 2800	아타리 인터내셔널 일본 INC	1983년	24,800 엔
SC-3000	세가	1983년	29,800 엔
퓨타 Jr.	토미	1983년	19,800 엔
SG-1000	세가	1983년	15,000 엔
패밀리 컴퓨터	닌텐도	1983년	14,800 엔
마이 컴퓨터 텔레비전 C-1 (14인치)	샤프	1983년	93,000 엔
마이 컴퓨터 텔레비전 C-1 (19인치)	샤프	1983년	145,000 엔
게임팩 SD-G5	파이오니아	1983년	19,800 엔
카세트 비전 Jr.	에폭	1983년	5,000 엔
광속선	반다이	1983년	54,800 엔
TV 보이	학습연구사	1983년	8,800 엔
PV-1000	카시오	1983년	14,800 엔

PV-2000 라쿠가키	카시오	1983년	29,800엔
오델로 마이비전	츠쿠다 오리지널	1983년	19,800엔
RX-78 (GUNDAM)	반다이	1983년	59,800엔
M5 Pro	소드	1983년	39,800엔
M5 Jr.	소드	1983년	29,800엔
게임 퍼스컴 M5	타카라	1983년	49,800엔
퓨타 MK II	토미	1984년	29,800엔
SC-3000H	세가	1984년	33,800엔
슈퍼 카세트 비전	에폭	1984년	15,000엔
SG-1000 II	세가	1984년	15,000엔
오델로 멀티비전 (FG-2000)	츠쿠다 오리지널	1984년	19,800엔
슈퍼 카세트 비전 레이디스 세트	에폭	1985년	19,300엔
세가 마크III	세가	1985년	15,000엔
트윈 패미컴	샤프	1986년	32,000엔
PC 엔진	NEC 홈일렉트로닉스	1987년	24,800엔
세가 마스터 시스템	세가	1987년	16,800엔
X1 twin	샤프/NEC 홈일렉트로닉스	1987년	99,800엔
메가 드라이브	세가	1988년	21,000엔
PC 엔진 GT	NEC 홈일렉트로닉스	1988년	44,800엔
PC-KD863(PC 엔진 내장 RGB 모니터)	NEC 홈일렉트로닉스	1988년	138,000엔
PC 엔진 셔틀	NEC 홈일렉트로닉스	1989년	18,800엔
PC 엔진 슈퍼 그래픽스	NEC 홈일렉트로닉스	1989년	39,800엔
PC 엔진 코어 그래픽스	NEC 홈일렉트로닉스	1989년	24,800엔
트윈 패미컴 (연사 버튼 내장)	샤프	1989년	32,000엔
편집 패미컴 패미컴 타이틀러	샤프	1989년	43,000엔
네오지오	SNK	1990년	58,000엔
슈퍼 패미컴	닌텐도	1990년	25,000엔
PC 엔진 코어그래픽스II	NEC 홈일렉트로닉스	1991년	19,800엔
PC 엔진 DUO	NEC 홈일렉트로닉스	1991년	59,800엔

테라 드라이브	세가 / IBM	1991년	148,000엔
슈퍼 패미컴 내장TV SF-1 (14인치)	샤프	1991년	100,000엔
슈퍼 패미컴 내장TV SF-1 (21인치)	샤프	1991년	133,000엔
PC 엔진 LT	NEC 홈 일렉트로닉스	1991년	99,800엔
원더메가 (빅터 버전)	일본 빅터	1992년	82,800엔
원더메가 (세가 버전)	세가	1992년	79,800엔
PC 엔진 DUO-R	NEC 홈일렉트로닉스	1993년	39,800엔
메가 드라이브2	세가	1993년	12,800엔
원더메가 M2	일본 빅터	1993년	59,800엔
레이저 액티브	파이오니아	1993년	89,800엔
레이저 액티브	NEC	1993년	89,800엔
NEW 패밀리 컴퓨터	닌텐도	1993년	7,400엔
FM TOWNS MARTY	후지츠	1993년	99,800엔
메가제트	세가	1994년	15,000엔
PC 엔진 DUO-RX	NEC 홈일렉트로닉스	1994년	29,800엔
3DO REAL	마츠시타 전기	1994년	54,800엔
네오지오 CD	SNK	1994년	49,800엔
3DO TRY	산요	1994년	54,800엔
3DO REAL II	마츠시타 전기	1994년	44,800엔
세가새턴(HST-001)	세가	1994년	44,800엔
V 새턴(RG-JX1)	일본 빅터	1994년	44,800엔
플레이스테이션	SCE	1994년	39,800엔
PC-FX	NEC 홈일렉트로닉스	1994년	49,800엔
TV 보이	NICS	1994년	5,000엔
플레이디아	반다이	1994년	24,800엔
카 마티	후지츠 텐	1994년	120,000엔
CSD-GM1	아이와	1994년	45,000엔
재규어	아타리	1994년	24,800엔
하이새턴	히타치 제작소 / 히타치 미디어포스	1995년	64,800엔

네오지오 CDZ	SNK	1995년	39,800엔
게임 & 카 네비 HI새턴	히타치 제작소	1995년	150,000엔
마이 씰 컴퓨터 루피	카시오	1995년	25,000엔
플레이스테이션 (SCPH-3500)	SCE	1996년	19,800엔
세가새턴 (화이트 새턴)	세가	1996년	20,000엔
V 새턴 (RG-JX2)	일본 빅터	1996년	20,000엔
닌텐도64	닌텐도	1996년	25,000엔
피핀 ATMARK	반다이 디지털 엔터테인먼트	1996년	64,800엔
플레이스테이션 (SCPH-5000)	SCE	1996년	19,800엔
세가 새턴 (토이저러스 한정 버전)	세가	1997년	불명
세가 새턴 (스켈레톤)	세가	1997년	20,000엔
슈퍼 패미컴 주니어	닌텐도	1998년	7,800엔
NINTENDO64 (토이저러스 한정 골드)	닌텐도	1998년	12,799엔
드림캐스트	세가	1998년	29,800엔
세가 새턴 (더비 스탈리온 버전)	세가	1999년	불명
드림캐스트 (사쿠라대전 모델)	세가	1999년	불명
드림캐스트 (모델 시맨)	HMV	1999년	불명
드림캐스트 (헬로 키티 버전)	세가	1999년	34,800엔
닌텐도64 (클리어 레드)	닌텐도	1999년	14,000엔
닌텐도64 (클리어 블루)	닌텐도	1999년	14,000엔
드림캐스트 (모델 시맨 크리스마스 패키지)	HMV/세가	1999년	34,800엔
닌텐도64 (토이저러스 한정 미드나이트 블루)	닌텐도	1999년	12,799엔
닌텐도64 (다이에 한정판)	닌텐도	1999년	14,000엔
닌텐도64 (클리어 블랙)	랜드넷DD/닌텐도	1999년	39,600엔
닌텐도64 (JASCO 한정 클리어 그레이)	닌텐도	1999년	13,480엔
헬로 키티 드림캐스트 세트	세가	1999년	34,800엔
드림캐스트 (클레어 버전)	세가	2000년	34,800엔
드림캐스트 (S.T.A.R.S. 버전)	세가	2000년	34,800엔

플레이스테이션2	SCE	2000년	39,800엔
PS one	SCE	2000년	15,000엔
드림캐스트 (슈퍼 블랙 모델)	세가	2000년	21,000엔
CX-1	후지TV/세가	2000년	88,888엔
사쿠라대전 드림캐스트 for Internet	세가	2000년	25,800엔
피카츄 닌텐도64 (블루&옐로)	닌텐도	2000년	14,000엔
피카츄 닌텐도64 (오렌지&옐로)	닌텐도	2000년	14,000엔
드림캐스트 R7	세가	2001년	9,800엔
닌텐도 게임큐브	닌텐도	2001년	25,000엔
PS2 (유로피안 오토모빌 칼라 콜렉션)	SCE	2001년	50,000엔
PS one COMBO	SCE	2001년	오픈가격
Q	마츠시타 전기	2001년	39,800엔
Xbox	마이크로소프트	2002년	34,800엔
플레이스테이션2 (오션 블루)	SCE	2002년	30,000엔
플레이스테이션2 (젠 블랙)	SCE	2002년	30,000엔
Xbox (팬저 드라군 오르타 리미티드 모델)	마이크로소프트	2002년	35,800엔
플레이스테이션2 (사쿠라 한정판)	SCE	2002년	25,000엔
Xbox (디노 크라이시스3 리미티드 모델)	마이크로소프트	2003년	28,140엔
플레이스테이션2 (미드나이트 블랙/미드나이트 블루)	SCE	2003년	19,800엔
플레이스테이션2 BB pack	SCE	2003년	35,000엔
플레이스테이션2 새틴 실버	SCE	2003년	19,799엔
Xbox 플래티넘 팩	마이크로소프트	2003년	19,800엔
플레이스테이션2 레이싱팩 (세라믹 화이트)	SCE	2003년	22,000엔
플레이스테이션2 기동전사 건담 백식 골드팩	SCE	2003년	35,000엔
닌텐도 게임큐브 + 게임보이 플레이어 [엔조이 플러스 팩]	닌텐도	2003년	19,800엔
테일즈 오브 심포니아 + 엔조이 플러스팩 심포닉 그린 에디션 동봉판	닌텐도	2003년	28,000엔
닌텐도 게임큐브 엔조이 플러스팩 한신타이거스 2003년 우승기념 한정모델	닌텐도	2003년	27,700엔

닌텐도 게임큐브 샤아 전용 BOX 모델	닌텐도	2003년	21,000엔
PSX	SCE	2003년	79,800엔
Xbox 퓨어 화이트 한정판	마이크로소프트	2004년	19,800엔
Xbox 카스미짱 골드팩	마이크로소프트	2004년	22,800엔
Xbox 플래티넘 팩2	마이크로소프트	2004년	19,000엔
토이저러스 도트 고무 한정 Xbox 스페셜팩	마이크로소프트	2004년	25,999엔
플레이스테이션2 펄 화이트	SCE	2004년	19,800엔
닌텐도 게임큐브 (스타라이트 골드)	닌텐도	2004년	13,799엔
닌텐도 게임큐브 메탈기어 솔리드 더 트윈 스네이크 프리미엄 패키지	닌텐도/코나미	2004년	21,000엔
Xbox 카스미짱 블루	마이크로소프트	2004년	22,800엔
Xbox 플래티넘팩3	마이크로소프트	2004년	19,000엔
플레이스테이션2 (SCPH-70000 번대)	SCE	2004년	19,800엔
플레이스테이션2 두근두근「아이토이」팩	SCE	2004년	23,940엔
플레이스테이션2 레이싱 팩 (SCPH-70000GT)	SCE	2004년	26,040엔
Xbox360	마이크로소프트	2005년	37,900엔
진삼국무쌍4 & 플레이스테이션2 일기당천 팩	SCE	2005년	26,040엔
플레이스테이션2 세라믹 화이트	SCE	2005년	오픈가격
플레이스테이션2 파이널 판타지XII 팩	SCE	2006년	오픈가격
Xbox360 블루 리미티드 에디션 - 2006 FIFA 월드컵 공식 가정용 게임기	마이크로소프트	2006년	오픈가격
플레이스테이션2 (SCPH-77000)	SCE	2006년	16,000엔
Xbox360 코어시스템	마이크로소프트	2006년	29,800엔
플레이스테이션3 (20GB)	SCE	2006년	49,980엔
플레이스테이션3 (60GB)	SCE	2006년	오픈가격
플레이스테이션2 (새틴 실버)	SCE	2006년	16,000엔
플레이스테이션2 (핑크)	SCE	2006년	16,000엔
Wii	닌텐도	2006년	25,000엔
Xbox360 코어 시스템 블루 드래곤 프리미엄 팩	마이크로소프트	2006년	29,800엔

건담무쌍3 with PS3	SCE/코에이넷	2006년	오픈가격
Xbox360 아케이드	마이크로소프트	2007년	27,800엔
플레이스테이션3 블루레이 디스크 「007 카지노 로얄」 동봉	SCE	2007년	49,980엔
Xbox360 코어 시스템	마이크로소프트	2007년	오픈가격
블레이드 스톰 with PS3	SCE/코에이넷	2007년	61,886엔
Xbox360 헤일로3 스페셜 에디션	마이크로소프트	2007년	오픈가격
Xbox360 엘리트	마이크로소프트	2007년	47,800엔
Xbox360 밸류팩	마이크로소프트	2007년	34,800엔
플레이스테이션3 (CECHH00 시리즈)	SCE	2007년	39,800엔
플레이스테이션2 (SCPH-90000 시리즈)	SCE	2007년	16,000엔
Xbox360 데빌 메이 크라이4 프리미엄팩	마이크로소프트	2008년	37,800엔
플레이스테이션3 데빌 메이 크라이4 BD 팩	SCE	2008년	47,800엔
Xbox360 아케이드	마이크로소프트	2008년	27,800엔
플레이스테이션3 새틴 실버	SCE	2008년	39,980엔
플레이스테이션3 「용과 같이 켄잔!」 팩	SCE/세가	2008년	47,040엔
메탈기어 솔리드4 GUNS OF THE PATRIOTS 프리미엄팩	코나미	2008년	51,800엔
플레이스테이션3 메탈기어 솔리드4 세트	SCE	2008년	49,800엔
플레이스테이션2 시나바 레드	SCE	2008년	16,000엔
플레이스테이션3 리틀 빅 플래닛 드림박스	SCE	2008년	44,800엔
플레이스테이션3 UEFA Champions League 애니버서리 BOX	SCE/코나미	2008년	46,980엔
Xbox360 스타오션4 프리미엄팩	마이크로 소프트/스퀘어 에닉스	2009년	24,800엔
Xbox360 바이오 하자드5 프리미엄팩	마이크로 소프트/캡콤	2009년	34,800엔
플레이스테이션3 바이오하자드5 프리미엄 리미티드 BOX	SCE	2009년	48,980엔
플레이스테이션3 클라우드 블랙 HDD 160GB + FF7 어드벤트 칠드런 세트	SCE	2009년	49,980엔
Wii (블랙)	닌텐도	2009년	25,000엔
플레이스테이션3 (CECH-2000A)	SCE	2009년	29,980엔

Xbox360 엘리트 밸류팩	마이크로소프트	2009년	29,800엔
위닝 일레븐 2010 프리미엄팩 (PS3판)	코나미	2009년	34,800엔
위닝 일레븐 2010 프리미엄팩 (Xbox360판)	코나미	2009년	34,800엔
전국무쌍3 with Wii	코에이	2009년	27,300엔
Xbox360 콜 오브 듀티 모던 워페어2 리미티드 에디션	마이크로소프트	2009년	39,800엔
플레이스테이션3 파이널 판타지XIII 라이트닝 에디션	SCE / 스퀘어 에닉스	2009년	41,600엔
플레이스테이션3 「마이클 잭슨 This is it」 스페셜 팩	SCE	2010년	33,500엔
플레이스테이션3 (CECH-2500)	SCE	2010년	36,980엔
플레이스테이션3 지상파 디지털 레코더팩	SCE	2010년	36,980엔
플레이스테이션3 니노쿠니 매지컬 에디션	SCE	2010년	33,780엔
플레이스테이션3 스플래시 블루 & 스칼렛 레드	SCE	2010년	25,980엔
플레이스테이션3 스타터팩	SCE	2010년	25,980엔
플레이스테이션3 그란 트리스모5 레이싱팩	SCE	2010년	35,980엔
플레이스테이션3 파이널 판타지XIII-2 라이트닝 에디션 Ver.2	SCE	2010년	33,170엔
플레이스테이션3 진 북두무쌍 레전드 에디션	SCE	2010년	33,170엔
Wii 라스트 스토리 스페셜팩	닌텐도	2011년	25,800엔
플레이스테이션3 차콜 블랙 (CECH-4200C)	SIE	2011년	34,980엔
플레이스테이션3 테일즈 오브 엑실리아 X 에디션	SIE	2011년	34,980엔
플레이스테이션3 원피스 해적무쌍 골드 에디션	SIE	2012년	38,170엔
Wii U 프리미엄 세트	닌텐도	2012년	31,500엔
Wii U 베이직 세트	닌텐도	2012년	26,250엔
몬스터 헌터3(트라이) G HD Ver Wii U 프리미엄 세트	닌텐도	2012년	42,000엔
드래곤 퀘스트X 각성한 다섯 종족 온라인 Wii U 프리미엄 세트	닌텐도	2013년	42,000엔
Wii U 프리미엄 세트 SIRO	닌텐도	2013년	31,500엔
플레이스테이션4	SIE	2013년	41,979엔
Xbox One	마이크로소프트	2014년	41,979엔

당신은 언제나 옳습니다. 그대의 삶을 응원합니다. — 라의눈 출판그룹

가정용 게임기 컴플리트 가이드

초판 1쇄 2022년 8월 24일

지은이 야마자키 이사오 옮긴이 정우열
펴낸이 설응도 편집주간 안은주
영업책임 민경업 디자인책임 조은교

펴낸곳 라의눈

출판등록 2014년 1월 13일 (제 2019-000228호)
주소 서울시 강남구 테헤란로 78길 14-12(대치동) 동영빌딩 4층
전화 02-466-1283 팩스 02-466-1301

문의 (e-mail)
편집 editor@eyeofra.co.kr
마케팅 marketing@eyeofra.co.kr
경영지원 management@eyeofra.co.kr

ISBN : 979-11-92151-26-7 13500

이 책의 저작권은 저자와 출판사에 있습니다.
저작권법에 따라 보호를 받는 저작물이므로 무단전재와 복제를 금합니다.
이 책 내용의 일부 또는 전부를 이용하려면 반드시 저작권자와 출판사의 서면 허락을 받아야 합니다.
잘못 만들어진 책은 구입처에서 교환해드립니다.

家庭用ゲーム機コンプリートガイド

©Isao Yamazaki & Shufunotomo Infos Co., LTD. 2014
Originally published in Japan by Shufunotomo Infos Co., Ltd.
Translation rights arranged with Shufunotomo Co., Ltd.
Through TUTTLE-MORI AGENCY, INC. & DOUBLE J Agency

이 책의 한국어판 저작권은 더블에이 에이전시를 통해 저작권자와 독점 계약한 라의눈에 있습니다.
저작권법에 의해 한국 내에서 보호를 받는 저작물이므로 무단 전재와 무단 복제를 금합니다.

디자인 | 마츠자키 유, 이시자키 토모
편집협력 | 스토 히로야키, 사이토 마사미치, 야마토 사치아키
편집 | 우치다 아키요 (주부의 벗 인포스)